학교사로 읽는 일본근현대사

학교사로 읽는 일본근현대사

역사교육자협의회 엮음 · 김한종 외 옮김

cum libro
책과함께

머리말

　이 책은 근현대사 학습에 학교사료를 활용할 때 필요한 하나의 길잡이로 엮은 것입니다. 학생들에게 학교는 가정 다음으로 친근한 곳입니다. 그러나 이처럼 친근한 학교에서 매일같이 보거나 반복되는 것들도 그 역사나 유래를 물어보면 대답하지 못하는 경우가 적지 않습니다. 수업시작을 알리는 신호음, 수업을 시작할 때의 '기립, 경례, 착석'이라는 동작, 매일 등에 메고 다니는 란도셀, 언제나 입는 교복, 학교급식, 청소당번, 운동회 등등이 그런 예입니다.

　또한 "학교의 보건실은 언제 만들어졌을까?", "학교건물은 왜 이런 모습일까?" 등은 평소에는 생각지도 않습니다. 과거 에도시대의 농촌운동가로 근면성실을 실천한 긴지로金次郎의 동상을 보아도 뭔지 모르기 때문에, "륙색을 멘 채 책을 읽고 있는 아저씨"라고 대답하는 어린이도 나오는 것입니다.

　이처럼 학교에서 '눈에 보여도 보지 못하는' 것을 '볼 수 있게' 한다면 학생들에게도 즐겁고, 또 그것을 수업에서 살린다면 교사에게도 틀림없이 보람이 있을 것입니다. 이 책은 그런 생각에서 기획되었습니다.

　이 책의 전반부인 교육사 부분에서는 될 수 있는 한 많은 학교사를 활용했습니다. 따라서 전국 공통의 것을 소개하는 경우도 있고, 한정된 지역에서 일어난 일도 있습니다. 독자 여러분이 거주하는 지역의 교육사나 학교사에서 확인해보셔도 좋을 것입니다. 이 책의 후반부에서는 학교사나 지역의 역사를 발굴한 수업실천의 사례를 소개했습니다. 이처럼 학교나 지역에서 만든 교재가 수업을 생생하게 만들 수 있다는 것을 알 수 있습니다.

　이 책은 역사학습만이 아니라 지역조사나 가정의 과제학습에도 시사점을 줄 수 있을 것이라고 확신합니다. 널리 활용해주시기를 바라 마지않습니다.

편집위원회

차례

제1부 · 학교의 역사를 안다

제1장 · 메이지기 明治期

제2장 · 다이쇼기 大正期

제2부 · 학교의 역사를 조사한다

제1장 · 변천을 조사한다

제2장 · 부部 활동으로 조사한다

제3부 • 학교의 역사를 공부한다

제1장 • 수업에서 공부한다

제2장 • 학교 전체에서 공부한다

일러두기

1. 이 책은 歷史敎育者協議會 編,《學校史でまなぶ日本近現代史》(地歷社, 2007)를 완역한 것이다.
2. 각주는 모두 옮긴이가 단 것이며, 원주에는 '—원주'라고 표시했다.

학교의 역사를 안다

・ 제1장 ・
메이지기
明治期

1. 취학률은?

초기에는 낮았던 취학률_ 일본의 학교제도(1872년)는 "마을에 배우지 못하는 집이 없고, 집집마다 배우지 못하는 사람이 없게 한다"(〈학제 서문〉)는 방침으로 시작되었지만, 처음에는 아이들을 학교에 취학시키기가 쉬운 일은 아니었다. 소학교의 기초가 된 것은 에도^{江戸}시대 말기부터 메이지 초기에 걸쳐 농촌까지 보급된 데라코야^{寺子屋}1와 사숙^{私塾}이었다. 그곳에서는 단기간(1년간 재학이 가장 많았던 것으로 보인다)에 기초적인 읽기와 쓰기를 배우는 데 그쳤다. 그리고 생활을 하는 데는 그것만으로도 충분했다. 그러나 이것은 학제 서문에서 말하는 "학문은 사회적 성공의 밑바탕"이라는 의식

---

1) 일본 중세시대부터 사원^{寺院}에서 서민 자제(6~7세)를 기거시키면서 초보적인 읽기 · 쓰기 · 산술을 가르친 사설 교육기관. 에도시대에는 도시는 물론이고 전국 농어촌까지 널리 보급되어 1만 5,000여 개소에 이르렀다. 메이지 유신^{明治維新} 이후 사립 소학교의 모태가 되었다.

과는 거리가 멀었다.

메이지 초기, 전국의 취학률은 〈표 1〉과 같이 매우 낮았다. 학제 공포 이듬해에는 남녀 평균 28.1%에 불과했고, 1877년(메이지 10)에도 39.9% 였다. 취학률이 50%를 넘어선 것은 1882년 이후였다. 그동안 각지의 학구 임원과 학사 관계자는 열심히 취학을 독려했다. 아키타현秋田縣에서는 가로 · 세로 · 두께가 각각 4센티미터 · 6센티미터 · 6밀리미터인 나무 패찰 앞면에 '취학'이라는 소인을, 뒷면에 학생의 성명을 기입한 취학 패찰을 아동들이 의무적으로 휴대하게 하고, 휴대하지 않은 아동에 대해서는 순사가 그 부형父兄을 심문 · 훈계하는 방법까지 취했다.(《아키타현 교육사》 제5권)

표 1 학령 아동의 취학률(메이지 6년~18년)

연도	남(%)	여(%)	평균(%)
메이지 6	39.9	15.1	28.1
7	46.2	17.2	32.3
8	50.8	18.7	35.4
9	54.2	21.0	38.3
10	56.0	22.5	39.9
11	57.6	23.5	41.3
12	58.2	22.6	41.2
13	58.7	21.9	41.1
14	62.8	26.8	45.5
15	67.0	33.0	50.7
16	69.3	35.5	53.1
17	69.3	35.3	52.9
18	65.8	32.1	49.6

자료: 문부성, 《학제 백년사》

취학률이 낮았던 이유_ 남 · 녀의 취학률을 보면 여자 쪽이 더 낮았다. 여자의 취학률이 50%를 넘어선 것은 청일전쟁이 끝난 뒤인 1897년(메이지 30)이 되어서였다. 여자의 취학률이 낮았던 이유는 여자에게 학교교육은 쓸모없는 것이라고 생각했기 때문이다. 즉 부모 밑에서 재봉을 익히는 편이 더 낫다고 여겼고, 가사를 돕거나 아이들을 돌보는 편을 더 중시했기 때문이다.

또 취학률은 지역에 따라 상당한 격차가 있었다. 오키나와沖繩는 당시 현이 된 지 얼마 지나지 않은 탓도 있지만, 1885년에도 3.23%에 머물렀다.(〈표 2〉 참조)

표 2 취학률이 높은 5개 지역과 낮은 5개 지역

연도	높은 5개 지역	낮은 5개 지역
1881	군마(64.32), 오사카(59.87), 시가(57.08), 나가노(57.36), 기후(57.08)	오키나와(2.81), 가고시마(30.14), 아키타(30.64), 아오모리(31.49), 니이가타(33.85)
1882	군마(70.31), 나가노(68.14), 시가(65.49), 기후(64.50), 미에(62.74)	오키나와(3.16), 삿포로(31.53), 가고시마(32.82), 하코다테(34.85), 아키타(36.37)
1883	나가노(71.51), 군마(68.61), 시가(66.97), 기후(66.91), 아이치(64.30)	오키나와(2.85), 가고시마(29.13), 나가사키(33.29), 아오모리(37.09), 하코다테(38.60)
1884	나가노(71.64), 시가(65.78), 군마(64.49), 기후(64.43), 아이치(64.29)	오키나와(2.61), 가고시마(27.94), 에히메(33.92), 나가사키(34.80), 삿포로(34.86)
1885	나가노(71.61), 오카야마(66.46), 아이치(65.32), 시가(63.26), 오사카(61.38)	오키나와(3.23), 가고시마(24.30), 나가사키(33.41), 삿포로(34.00), 미야자키(35.49)

주: 각 연도 《문부성연보》에서 작성.(국립교육연구소 엮음, 《일본근대교육 백년사》3)

이처럼 취학률이 높고 낮은 것은 지역 사람들의 제반 수준(경제력)과 큰 관계가 있었다. 왜냐하면 초기에는 소학교에서도 수업료를 받았기 때문이다. 수업료에 관해서는 별도로 언급하겠지만, 학제시기 소학교 수업료는 지역마다 달라서 월액 3~10전錢인 곳도 있었고, 쌀로 내는 것을 허용한 곳도 있었다. 규정에는 월 50전이었는데, 25전인 경우도 인정했다. 수업료를 내야 하고(데라코야의 경우는 사례금이 얼마 되지 않아서 자기 집에서 재배한 작물의 수확물로도 낼 수 있었다), 더구나 일할 수 있는 아이들을 학교에 보내야 하는 학제에 반대하는 잇키一揆[2]나 학교를 때려 부수는 일도 일어났다. 메이지 초기에 취학률이 낮았던 것은 그러한 이유 때문이다. 그러므로 "지주제가 진전된 지역에서는 취학률이 낮고, 반대로 지주제가 더딘 지역에서는 취학률이 높다고 하는 상관관계가 성립했다".(야스카와 주노스케安川壽之輔,《일본 근대교육의 사상구조》)

1904년이 되자 여자의 취학률도 90%를 넘어섰고, 1909년에는 평균 98%에 달했다. 이는 1900년의 소학교령 개정이 큰 영향을 준 것이었다. 소학교령 개정으로 원칙상 수업료를 받지 않게 되었기 때문이다. 다만 유념해야 할 것은 취학률의 내용이다. 통계숫자에는 장기결석이나 중퇴자를 반영하기 어렵기 때문에 실질 취학률은 훨씬 낮아진다. 야스카와 주노스케의 연구에 따르면, 1905년의 실질 취학률은 86.9%였다고 한다. 그러면 취학할 수 없었던 것은 어떤 사회계층의 아이들이었을까?《여공애사女工哀史》의 자료는 그것을 짐작할 수 있는 힌트를 준다. 또한 미카이호부라쿠未解放部落[3] 아동들은 가까이에 있는 소학교 취학을 거부당한 역사가 있다

---

2) 일본의 중세·근세에 농민이나 하급 무사, 도시 하층민 등이 특정 목적을 이루기 위해 일으킨 폭동.
3) 근세 이후 봉건적 신분제에서 최하층에 위치한 사람들을 중심으로 형성되어, 신분이나 사회적으로 차별을 받았던 지역.

표 3 메이지기 의무교육 취학률 추이

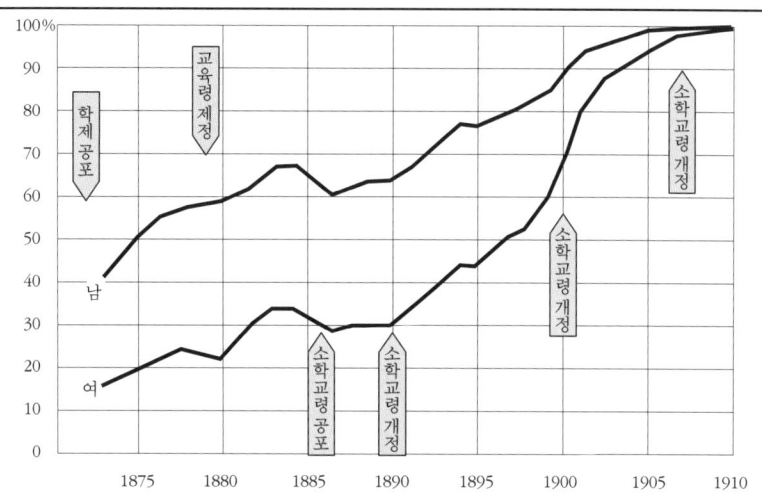

- 1886년 소학교령 공포 : 심상·고등의 2등급으로 나누되, 심상과 4년을 의무교육으로 함
- 1890년 소학교령 개정 : 학령 아동의 교육은 공립소학교에서 하는 것을 원칙으로 정함
- 1907년 소학교령 개정 : 심상과를 6년, 고등과를 2~3년으로 하고, 의무교육을 6년으로 연장

자료: 문부성, 《눈으로 보는 교육 100년의 발자취》

표 4 1920년대 여공의 취학 상황

의무교육 중퇴자	3,000명	41.6%
의무교육 졸업자	2,640명	36.6%
고등소학교 중퇴자	81명	1.1%
고등소학교 졸업자	79명	1.1%
중학 정도 이상의 학교에 입학한 자	5명	0.1%
불취학자	1,405명	19.5%
합계(23개 공장)	7,210명	

자료: 호소이 와키조細井和喜藏, 《여공애사》, 이와나미문고岩波文庫

는 점도 잊을 수 없다.

2. 수업료의 부담은?

학제의 규정_ 〈학제〉에서는 "교육을 받는 것은 사람들이 입신^{立身}을 하는 기본으로, 그 비용을 모두 정부의 세금에 의존할 수 없다는 것은 말할 필요도 없다"(제89장)고 하여 수익자 부담의 원칙을 밝혔다. 수업료에 대해서도 "학생은 자신이 부담할 수업료^{受業料}를 납부해야 한다"(제93장)고 했다.(1879년의 교육령에서 수업료^{授業料}로 바뀔 때까지 초기에는 수업료^{受業料}라는 글자를 사용했다). 그리고 그 수업료는 소학교의 경우 "한 달에 50전^錢을 기본으로 하되, 그 밖에 한 달에 25전을 내는 1등을 둔다"(제94장)고 했다. 또한 한 가정에 2명의 취학자가 있는 경우에 1명은 25전을 납부하고, 한 가정에 3명 이상인 경우에는 1명의 수업료를 면제해주었다.

그러나 당시 농민의 1년 평균수입(지주에서 소작인까지 대강의 평균)은 30~40엔이었다. 중등 이하의 농민은 이 가운데 3~4할을 정조^{正租}(국세), 1~2할을 공비^{公費}(정·촌비^{町村費}), 2~3할을 지주에게 납부했다. 남는 것은 1~2할에 지나지 않았다. "하등^{下等} 농가의 생계를 계산하면 대략 하루 의식주 비용을 합쳐 2~3전에서 4~5전에 그쳤다"고 한다(《메이지 이후 교육제도 발달사》 제1권). 1872년 당시 쌀값은 1되〔升〕에 4~5전이었기 때문에 학제에 규정된 수업료는 너무나 고액이었다. 이래서는 취학을 장려할 수가 없었다. 이를 인정했는지, 학제도 "그 학교의 형편에 따라 수업료를 약간 조정할 수 있다"(제96장)든지, "각 구의 형편 및 학교의 사정에 따라 당분간 하등보다 적게 정할 수 있다"(제97장)는 예외 규정을 둘 수밖에 없었다. 결국 한 달에 50전이라는 수업료의 원칙은 처음부터 실질적으로는 시행되지 않은 셈이다.

각지의 수업료 그러면 소학교의 수업료는 실제로 어느 정도였을까? 이는 지역에 따라, 또 빈부의 등급에 따라 가지각색이었다. 몇몇 지역의 예를 들어보자.

- 나가노현長野縣 — 월액이 상등 1등 25전, 2등 15전이었으며, 하등의 1등은 10전, 2등 5전이었다. 한 가구에 2명 이상의 입학자가 있는 경우에는 "1명 외의 수업료는 적절히 조정"하고 "가난한 사람의 자제는 수업료를 내지 않는다"(1873년).
- 치쿠마현筑摩縣 — 상등 12전 5리厘, 중등 6전 3리, 하등 3전. 쌀·신탄 (장작과 숯) 등의 물품으로 내는 것도 가함(1873년).
- 가이치학교開智學校4 — 치쿠마현과 같음. 한 가구에서 2명이 입학하는 경우에는 나중에 입학한 학생의 수업료 상등을 중등으로 하고, 중등은 하등으로 한다. 한 가구에서 3명 이상 입학하는 경우에는 2명의 월사금을 납부하고, 그 뒤로는 여러 명이 입학해도 월사금을 내지 않는다. 현내에서 가장 번화한 마쓰모토松本에 있는 이 학교에서도 하등

---

4) 나가노현 마쓰모토시松本市에 있었던 가이치학교는 1873년에 개교하여 1963년까지 90년간 유지된, 일본에서 가장 오래된 소학교 중 하나이다. 1965년부터는 메이지 시대의 교육자료를 전시하는 박물관으로 이용되고 있다.

으로 3전을 납부하는 학생이 72%에 이르는 것으로 추산되었다(1877년).(《나가노현 교육사》제1권, 제9권)

- 아오모리현靑森縣 — 상등 10전, 중등 6전 2리 5모毛, 하등 3전. 지방에 따라서는 3전도 무리여서 "그때그때 사정에 따라 1전을 징수했다"(1874년).(《아오모리현 교육사》제1권)

- 아키타현 — 아이카와정鮎川町 우에스기학교上杉學校. 1명당 월 8전 8리 9모(1875년).(《아키타현 교육사》제5권)

- 도쿄부東京府(현재의 아다치구足立區) — 이코소학교伊興小學校 4전(이하 '소학교' 생략), 우메쿠리梅栗 10전, 아야후치綾淵 7전, 시카하마鹿浜 8전, 오키노興野 8전, 지카마쓰近松 8전, 도네리舍人 5전, 교와協和 8전, 보쿠도朴堂 평균 6전 3리, 모토키本木 평균 2전 8리, 세이쿄正橋 7전, 누마타沼田 6전, 시카하마분교鹿浜分校 4전, 히로미치弘道 8전, 센주千壽 12전(1882년).(《아다치구 교육백년의 발자취》)

- 효고현兵庫縣 — 다바타소학교多畑小學校(현재의 고베시神戸市 스마구須磨區). 1개월 약 10전(1877년경).(《효고현 교육사》)

- 돗토리현鳥取縣 — 돗토리시. 상등 6전, 중등 4전, 하등 2전으로 하고, 한 가구에 2명 이상 취학하는 경우에 1명은 반액, 3명째부터는 무료(1876년).(《돗토리시 교육백년사》)

- 후쿠시마현福島縣과 기후현岐阜縣은 다음의 〈표 1〉, 〈표 2〉와 같다.

수업료의 폐지 이처럼 실제 수업료는 학제의 규정보다 훨씬 낮았다. 그런데도 학부형이 징수에 응하지 않기도 하고, 아이들을 취학시키지 않는 경우도 있었다. 이를 보고 정부도 1879년에는 학제의 획일성을 고치는 교육

표 1 메이지 초기의 소학교 수업료 월액(후쿠시마현)

(단위: 전)

	메이지 6년		메이지 7년		메이지 8년	
와카마쓰현 若松縣					1가구 1명 1가구 2명 1가구 3명	1 1.5 2
이와사키현 磐前縣	1등 ⋮ 4등	25 ⋮ 3	1가구 1명 1가구 2명 1가구 3명 이상 　월사금 면제	6.25 8.25	1가구 1명 1가구 2명째 1가구 3명째	6 2 면제
후쿠시마현	상 중 하	연액 150 75 12	상 중 하	25 ⋮ 6.25	전년과 동일	

자료:《문부성 연보》

표 2 수업료 금액별 학교 수(기후현)

수업료(월액: 전.리)	학교 수
0	45
0.1~0.9	31
1.0~1.9	141
2.0~2.9	163
3.0~3.9	73
4.0~4.9	66
5.0~5.9	25
6.0~6.9	39
7.0	5
계	588

자료: 나카 아라타仲新,《메이지의 교육》

령을 공포하여, "수업료를 징수할 것인가 말 것인가는 그 형편에 따를 수
있다"(제43조)고 하지 않을 수 없었다. 그러나 이 임의징수의 성격을 띤 규

정도 1886년에는 "부모나 후견인 등이 (…) 수업료를 지불해야 하고 그 금액은 부지사나 현령이 정하는 바에 따른다"(소학교령 제6조)고 하여 다시 의무징수로 돌아갔다. 결국 1900년의 소학교령 개정(제57조)을 통해 시·정·촌립市町村立 학교의 수업료를 법령상 "징수할 수 없다"고 하여 폐지하기에 이르렀다. 그러나 이 법령도 "특별한 사정이 있는 경우에는 부·현 지사의 인가를 얻어 (…) 수업료를 징수할 수 있다"는 특례를 두었기 때문에 실제로는 폐지되지 않은 곳도 있었다. 예를 들어 아오모리현 히로사키 시弘前市의 경우 수업료가 완전히 폐지된 것은 1918년이었다.

3. 신학기는 몇 월부터?

제각각이었던 수업시작 시기ㅣ 학제 발포 이후, 메이지 정부와 문부성은 교육에 관한 칙령과 포고를 차례로 발표했는데, 거기에 학년이 시작되는 시기와 끝나는 시기를 명시한 대목은 어디에도 없다. 1900년(메이지 33)의 소학교령 개정과 그에 따른 소학교령 시행규칙(동년 8월 21일, 문부성령)에서야 "소학교의 학년은 4월 1일에 시작해서 다음해 3월 31일에 끝난다"(제25조)고 규정하여 처음으로 학년력學年曆을 확정했다. 따라서 그때까지는 학년의 수업을 시작하는 시기가 부·현마다 제각각이었다. 몇 가지 예를 들어보자.

• 아오모리현 — 메이지 10년대에는 모든 소학교가 1월에 시작해서 12

월에 끝나는 역년제^{曆年制}5였다. 1886년의 소학교령 시행에 따라 연도 시작은 군장^{郡長}에게 일임했다. 나카쓰가루군^{中津輕郡}은 9월 1일부터 다음해 7월 21일까지, 그 밖의 군은 5월 1일부터 다음해 4월 30일까지로 되었다. 그러던 것이 1890년의 개정교육령 시행에 따라 1892년 4월부터는 현내의 모든 학교가 4월 1일부터 다음해 3월 31일까지로 되었다.(《아오모리현 교육사》 제1권)

- 야마가타현^{山形縣} — 입학하는 날은 자유였으나, 미시마 미치쓰네^{三島通庸} 현령의 통달에 의해 1877년부터 입학은 매월 1일이 되었다. 그러다가 소학교령 공포와 함께 1887년부터 일제히 학년은 9월 1일부터 다음해 7월 31일까지로 개정되었다. 또한 5년 후인 1892년 5월을 기해서 학년은 5월 1일부터 다음해 4월 30일까지로 되었고, 1898년 8월 현지사의 포고로 1899년 4월부터 학년은 4월 1일에 시작하여 다음해 3월 31일에 끝나는 것으로 바뀌었다.(덴도시^{天童市} 발행, 《덴도의 메이지 시기 학교》)

- 나가노현 — 1885년경까지는 입학 기일이 연 2회로 2월과 8월, 또는 3월과 9월인 지역이 많았다. 그러다가 1886년 1월에 입학이 연 1회로 바뀌었고, 같은 해 11월 나가노현 〈소학교규칙〉에 따라 학년은 4월 1일부터 다음해 3월 31일로 정해졌다.(《나가노현 교육사》 제2권)

- 도야마현^{富山縣} — 1886년까지는 1년에 여러 번(그해에는 1월, 4월, 7월, 10월로 4회)의 입학을 인정했는데, 1887년부터 입학을 연 1회, 4월로 정하고 졸업은 다음해 3월 하순이 되었다.(《도야마현 교육사》 상권)

---

5) 회계연도가 매년 1월 1일에 시작하여 12월 31일에 종료되는 방식. 우리나라의 일반 회계연도는 역년제이지만, 학교는 2012년 현재 3월~2월제이다.

1887년경부터 4월 시작으로_ 이상에서 본 바와 같이 메이지 초기부터 메이지 10년대까지 학년력은 일정하지 않았다. 당시에는 취학률을 높이는 것이 초미의 과제여서, 수업료의 금액과 마찬가지로 입학 시기 등도 지역의 실정에 따르지 않을 수 없었다.

그러다가 1887년 전후부터 4월에 수업을 시작하게 되었다. 그 이유는 무엇일까? 가장 큰 이유는 교원을 양성하는 사범학교에서 4월에 학기가 시작되었기 때문이다. 작고한 사토 히데오佐藤秀夫 씨의 연구에 따르면, 4월에 수업을 시작하는 제도를 최초로 실시한 곳은 1886년의 고등사범학교였다. 1888년에는 문부성의 지시로 부립이나 현립 심상사범학교尋常師範學校가 이를 따랐다. 문부성에서 말하는, 4월에 수업을 시작하는 이유는 대략 다음의 세 가지였다.

① 육군과의 인재획득 경쟁 — 1886년 12월에 징병령이 개정되어 장정(징병적령 20살)의 신고날짜가 종래의 9월 1일 기점에서 4월 1일 기점으로 변경되었다. 사범학교에는 징병적령의 신입생이 많았기 때문에, 사범학교가 종래의 9월 기점을 그대로 둔다면 우수한 인재가 육군 쪽으로 빠져나간다(당시 사범학교생은 징병을 면제받을 수 있었다).

② 1886년부터 국가와 현縣의 회계연도가 종래의 7월부터 다음해 6월까지였던 것을 개정하여 4월부터 다음해 3월까지로 바꾸었다(징병사무도 그에 맞춰졌다).

③ 종래와 같이 9월에 수업을 시작하면 학년말 시험을 무더운 6월 중순에 시행해야 하므로 학생들의 건강에 좋지 않다.

이러한 이유들을 보면서 사토 씨는 제국대학과 구제舊制 고등학교가 1920년까지 종래대로 9월에 수업을 시작했으므로 ②의 이유만으로는 설명이 되지 않는다고 지적한다. 또한 ③의 이유 역시 4월에 신학기를 시작하더라도 혹한의 2~3월에 시험을 보아야 하므로 설득력이 없다고 지적했다. "결국 군부와 관료들의 편의에 따라 4월로 결정하게 되었던 것"이라고 말하고 있다.(《'학교의 시작' 사전》, 쇼가쿠칸^{小學館})

이러한 것을 토대로 지역의 학교가 개교했을 때 입학 시기를 언제로 정했는지 찾아보는 것도 지역사를 고찰하는 하나의 관점이 될 수 있을 것이다.

4. 수업시작을 알리는 신호음은?

수업시작을 알리는 신호로 무엇을 사용할지에 대한 규정은 눈에 띄지 않는다. 각지에서 나름으로 생각을 모았을 텐데, 대개는 딱따기^[拍子木], 조종^{釣鐘,6} 큰북, 방울, 사이렌 등을 거쳐 현대에는 차임벨이 되었다. 몇 가지를 소개해보자.

• 1872년경 오사카부^{大阪府}의 규칙. "매일 시각을 알리는 것은 일반적으로 큰북으로 했다. 각 학교에서는 시세를 정오에 맞추어 놓고 정각이 되면 북을 쳐서 알려, 화재가 일어났을 때 치는 종소리와 구별했다. 이를 위해 각 지구에 있던 종루의 종을 학교가 넘겨받아서 화재가 일

| 6) 절의 종루 등에 걸어놓는 큰 종, 범종.

어났을 때는 종을 쳐서 알렸다.(《오사카부립대학 도서관문서》,《오사카부 교육백년사》제1권, 개설편)

- 1874년 9월에 간행된 치쿠마현(현재의 나가노현 서남부·기후현) 사범학교의 교원인 이다 마사노부飯田正宣·오타 고와시大田幹·다카하시 게이주로高橋敬十郎가 편집한 《상하소학교수업법 세기上下小學敎授業法細記》에는 수업 전에 교사는 "학생들에게 알리는 종소리에 따라서 (학생들이) 오는 것을 기다린다"고 되어 있어 종소리가 신호였다는 것을 알 수 있다. 같은 해 11월에 출간된 도치기사범학교栃木師範學校 교원 하야시 다이치로林多一郎가 편술한 《소학교사필휴 보유小學敎師必携補遺》에는 "수업시작을 알리는 탁성拆聲을 듣고 교사는 일어서서"라고 되어 있다. 탁성은 딱따기 소리이다. 도치기현에서는 딱따기가 사용되는 경우가 많았던 것일까?

- 1887년에 제정된 미야기현宮城縣 구리하라군栗原郡 소학교 규칙에는 다음과 같이 되어 있다. "제2조. 일과의 시작 및 끝은 딱따기를 쳐서 알린다."(《미야기현 교육백년사》제1권, 메이지편)

- 1884년경에 효고현 스코소학교崇廣小學校에서는 판목板기을 쳐서 수업을 알리는 신호를 했다.(《효고현 교육사》)

- 군마현群馬縣 구사쓰소학교草津小學校에는 메이지 시기의 것으로 짐작되는 큰북이 소장되어 있다. 북에는 기증자 이름이 새겨져 있다. 사용 목적은 확인되지 않았지만, 수업시작 등의 신호에 사용된 것으로 생각된다.

---

7) 나무로 만든 판. 에도시대 일본의 절에서는 판목을 나무망치로 쳐서 모임시간을 알리거나 화재경보를 했다.

- 《기후현 교육사 통사편 근대 2》(2003년, 기후현 교육위원회 발행) 177쪽에는 에나군惠那郡 아기심상고등소학교阿木尋常高等小學校의 종이 소개되어 있는데, "수업의 시작과 종료를 알릴 때 사용했다. 기증자 이름이 새겨져 있고, 무게는 12.7킬로그램이다"라고 되어 있다.

- 1899년, 미야기현 와쿠야심상소학교涌谷尋常小學校에 입학한 구리노 준지栗野順治는 다음과 같이 회상하고 있다. "메이지 32년 4월, 심상과 1학년에 입학했다. 당시에는 수업시작을 알리는 신호를 할 때 딱따기를 사용했다. 이듬해에는 나팔꽃 모양의 범종을 기증 받았다. 그때 전교생을 교정에 모아놓고 교장선생님이 현관에 걸린 종을 공개했다. 교장선생님이 손으로 종을 쳤을 때 우리들도 처음 듣는 종소리에 황홀해져서 열심히 귀를 기울였다.(《미야기현 교육백년사》 제1권, 메이지편)

- 1910년 4월 1일, 나가노현 사라시나군更級郡 도후쿠지촌東福寺村(현재의 시노노이시篠/井市)의 소학교에 입학했던 이토 마사하루伊藤昌治 씨는 다음과 같이 회상한다(주위 사람들의 기억으로 보충한 부분도 있다). "수업의 시작과 끝에는 복도에 걸려 있는 커다란 방울을 쳤는데, 남쪽 교사가 세워진(1898년) 뒤로는 교무실 남쪽 창에 작은 반종半鐘을 걸어두고 이를 울렸다."(이토 마사하루, 《농촌생활 카탈로그》, 농산어촌문화협회)

- 나가노현 이야마飯山를 무대로 한 시마자키 도손島崎藤村의 소설 《파계》는 1906년에 출간되었다. 거기에 수업시작 모습을 보여주는 묘사가 있는데 다음과 같다. "커다란 방울 소리가 울려 퍼진 것은 잠시 후였다. 학생들은 실내화 끄는 소리를 내면서 밖으로 나가, 남에게 뒤질세라 체조장으로 먼지를 날리면서 달렸다."

- 도쿄 아다치구에 있던 이코심상고등소학교伊興尋常高等小學校의 메이지기

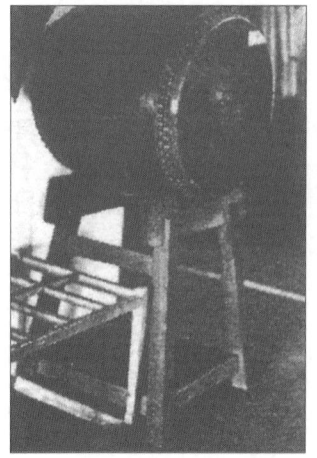

수업시작을 알린 큰북과 종

일이었다고 생각되는데, "정각에 용무원用務員이 '찌르릉, 찌르릉' 하고
종[振鈴]을 울렸다."(《아다치구 교육백년의 발자취》)

* 쓰보이 사카에壺井榮의 소설 《스물네 개의 눈동자》에는 주인공 오이시
  히사코大石久子 선생이 가가와현香川縣 쇼도시마小豆島에 있는 분교에 부임
  한 다음날(1928년 4월 5일) 일이 나온다. 그 내용 중에 "딱, 딱, 딱, 딱,
  수업시작을 알리는 판목 소리가 울려 퍼지자 오이시 선생은 놀라서
  내게 돌아왔다. 거기에서는 가장 높은 학년인 4학년 반장에 어제 막
  선출된 남학생이 발돋움을 한 채 판목을 치고 있었다"고 쓰여 있다.

* 도쿄 스기나미제7소학교杉竝第七小學校(1929년 4월 1일 개교)에서는 개교
  이래 수업시작을 알리는 신호로 종을 사용했다. 그러다가 1937년 5
  월 6일부터 사이렌으로 바뀌었다. "이제까지와 같이 유유히 종을 치
  는 것이 아니라 사이렌(요코가와 긴고로橫川金五郎 씨 기증)이 울려 퍼지게
  되었다."(《스기나미제7소학교 50년사》, 1979년)

- 교토시립 시메이국민학교紫明國民學校에서는 1941년경에 "수업시작 신호는 오늘날과 같은 벨이나 차임벨이 아니라 교무실 구석 바깥에 걸려 있는 종을 용무원 아저씨가 손으로 끈을 당겨서 울렸다. 온종일 시간 알리는 일에 신경을 쓴다는 것은 큰일이었을 것이다."(니시카와 히사코西川㏄子,《그림일기, 소녀의 일미개전日米開戰》, 소시샤草思社)

- 오키나와 나하시那覇市의 초등학교(소학교)에서는 패전 후(1947년경) "수업의 시작과 종료를 알리는 종(벨)으로 흔히 사용한 것은 미군이 방출한 이른바 '산소 봄베8'였다.(《나하시 교육사》 통사편). 이것을 교무실 앞에 걸어놓고 쇠망치 같은 것으로 두들기면 '깡, 깡' 하고 날카롭고 큰 소리가 났다.(필자가 나하시 교육위원회에 문의한 결과)

5. 수업시작의 모습은?

수업 전 호령의 기원_ 데라코야나 한코藩校 같은 에도시대 교육시설은 와시쓰和室9에서 몇 명으로 구성된 그룹학습을 하는 경우도 일부 있었지만, 대개는 하나의 책상에 한 명이 앉아 개별수업을 하는 방식을 취했다. 그래서 메이지 시기에 학교제도가 시작되고 교실에도 점차 의자와 책상이 도입되어 집단으로 일제수업을 해야 했을 때, 학생들을 어떻게 교실에 들이고

---

8) 봄베(독일어 Bombe). 고압기체나 액화기체를 저장하는 데 쓰는 두꺼운 강철로 만든 용기. 대개 원통 모양이다.
9) 다다미를 깐 일본식 방.

필기도구나 책을 어떻게 준비할지가 교사에게는 큰 문제였다.

그런 교사를 위해 출간된 책이 위에서도 언급한 《상하소학교수업법 세기》(1874년 9월 간행)였다. 이 책에는 "수업시작 10분 전, 담당교사는 수업에 쓸 물품을 챙겨 가지고, 빈 교실에서 (…) 5분 전까지 교사가 먼저 복도에 나와서, 학생들이 종소리를 듣고 오는 것을 기다려야 한다. 학생들은 조용히 선 채로 손을 가지런히 해야 한다. 남자는 손을 뒤로 하고, 여자는 손을 앞으로 한다. (…) 교사는 학생들을 안내하여 천천히 교실에 들게 해서, 차례로 자리에 앉힌다. 학생들이 지참물을 책상에 넣기를 기다려서 리쓰레이起禮10를 해야 한다. (…) 책을 꺼내는 것은 '하나, 둘, 셋'의 구령에 따라서 한다. '하나'에 책상 덮개를 열고, '둘'에 책을 꺼내고, '셋'에 닫는다"고 적혀 있다.

이 무렵, 도치기사범학교 교사인 하야시 다이치로는 《소학교사필휴 보유》(1874년 11월 간행)를 편술했다. 이 책은 그림을 넣어 알기 쉽게 했다. 이 책에서도 "수업시간을 알리는 딱따기 소리에 따라서 교사는 똑바로 서서 다음 그림과 같이 '리쓰레이'라고 말하고, '하나'라고 구령하여 모든 학생을 일으켜 세운다. 학생들은 '둘' 하면 고개를 숙여 인사하고, '셋' 하면 다시 똑바로 서며, '넷' 하면 의자에 앉는다"고 적혀 있다.

이런 자료에서, 수업 전의 호령은 1874년 무렵부터 시작했음을 알 수 있다. 그러나 여기에는 '리쓰레이', '똑바로 서[直立]', '인사[敬首]'라는 말은 나오지만 '일어서[起立]', '경례[禮]', '앉아[着席]'는 나오지 않는다. 수업은 '하나, 둘, 셋'이라는 호령으로 시작했던 것 같다.

| 10) 기립하여 경례를 하는 것.

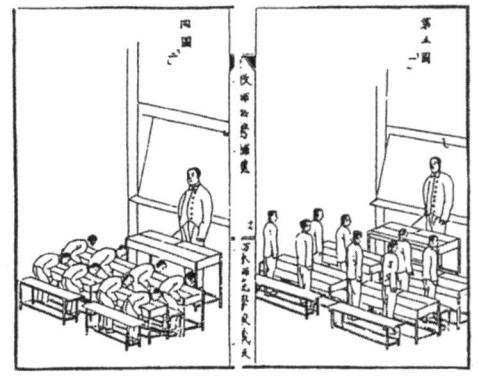

　그렇다면 '하나, 둘, 셋'이 언제부터 '일어서', '경례', '앉아'로 바뀌었을까? 그 기원을 알 수 있는 자료는 아직 찾아내지 못했다. 다만, 1905년에 정해진 도쿄東京 기타토시마군北豊島郡(현재의 아라카와구荒川區) 즈이코심상고등소학교瑞光尋常高等小學校의 교칙에는 '각 수업시간의 시작과 끝에 리쓰레이를 행하는 법'이라고 해서, "교사가 정면에 서면 일어나서 경례를 하고 교사의 답례를 기다려 비로소 앉는다. 수업이 끝나면 일어선다"(《아라카와구 교육사》 자료편 1)라고 씌어 있어, 이 무렵에는 수업시작 전의 규범이 정착되었음을 미루어 짐작할 수 있다.

군대식 훈련의 침투_ 이러한 수업 전 규범의 기원은 군대훈련과 관련이 있다. 학제 발포 이듬해에 징병령이 공포되어 국민개병제도가 시작되자, 군軍도 학교에서 군사훈련 준비를 할 것을 강력히 기대했다. 최초로 보병 조련操練(병사를 지휘하며 훈련시키는 것)을 학교에 도입한 곳은 관립 삿포로농학교札幌農學校라고 전해진다(1876년, 매주 2시간). 이것이 사범학교나 소학교로도 확대되었다. 다음 그림은 1886년에 문부성이 엮은 소학교용 교과서 《독서입문》 제35과이다. 이 무렵 소학교에서 조련이 행해지고 있었음을 보여준다.

　보병 조련을 더욱 발전시킨 병식체조를 학교교육에 도입한 인물은 초

대 문부대신 모리 아리노리森有禮이다. 1886년, 모리는 사범학교령을 공포해서 남자는 4년간 매 학년마다 보통체조와 병식兵式체조를 합쳐서 주 6시간(여자는 보통체조와 유희遊戱로 3시간)씩 이수하게 했다. 사범학교는 전원 기숙사 생활을 했으므로 모든 일상생활이 군대식이었다. 이런 훈련을 받은 사람이 소학교 교사가 되었고,

나아가 소학교령(1886년)에 토대를 둔 〈소학교규칙〉의 개정으로 병식체조가 소학교에 정식으로 도입되었다. 이처럼 병식체조가 각지로 전파됨에 따라 수업 전 호령이 보급, 정착되었을 것으로 생각된다.

6. 학교의 휴일은?

규정상의 휴일 메이지 초기 학교제도가 시작되었을 때, 문부성은 학교의 휴일을 외국인 고용 교사를 배려하여 일요일로 하기도 하고, 근세사회 이래 학교의 관행이었던 1, 6일(매달 1과 6이 들어가는 날, 즉 1일, 6일, 11일, 16일, 21일, 26일, 31일)로 하기도 하는 등 오락가락했다. 그러나 1, 6 휴일제로는 교육과정을 소화할 수 없게 되자 1874년(메이지 7)에 일요일을 휴일로 채택했다.(사토 히데오, 《신정新訂 교육의 역사》, 방송대학교육진흥회) 또한 정부는 태양력 채택에 즈음해서(메이지 5년 12월 3일을 메이지 6년 1월 1일로 한다) 휴

일에 관해서도 종래의 5절기(정월 7일＝인일人日, 3월 3일＝삼짓날上巳, 5월 5일＝단오, 7월 7일＝칠석, 9월 9일＝중양)를 폐지하고 기원절, 천장절 등의 축제일을 정했다(뒤의 '10. 학교의식은 언제부터?'에서 다시 언급). 민간에 정착되어 있던 풍습을 고쳐, 천황제 국가를 만들기 위한 정책을 휴일이라는 면에도 침투시킨 것이다. 이것이 학교 휴일에도 영향을 미쳐, 1881년 소학교 교칙강령(문부성 통달)에서 "소학교에서는 일요일, 하계·동계 휴업일과 대제일大祭日, 축일祝日 등을 제외한 나머지 날을 수업하는 날로 한다"(제7조)고 규정했다.

1890년 소학교령에서는 "부, 현 지사는 소학교 교칙의 대강에 기초하여 그 부, 현의 소학교 교칙을 정하고, 문부대신의 허가를 받아야 한다"(제12조)고 되어 있으며, 다음해인 1891년에 소학교 교칙대강(문부성령)이 만들어졌다. 각지에서는 이에 근거해서 교칙을 만들었는데, 거기에 하계·동계 휴업 등 휴업일이 명시되었다. 다음은 이와테현岩手縣이 1892년 3월 19일에 제정한 소학교 규칙 중 휴업일에 관한 조항이다.

"제3조. 휴업일은 다음과 같다. 축일·대제일·일요일. 〔춘기〕 농번기 1주간. 〔하기〕 가장 더울 때 2주간. 〔추기〕 농번기 1주간. 〔연말연시〕 12월 29일부터 1월 7일까지. 〔동기〕 가장 추울 때 2주간. 씨신제氏神祭.

제4조. 전조의 춘기·하기·추기·동기의 휴업일은 시·정·촌장이 이를 정해서 감독관청에 신고해야 한다. 전조의 휴업일 중 춘기와 추기, 하기와 동기는 각각 그 일수를 통산해서 해당 2기 안에서 이를 신축적으로 운영하거나 폐지할 수 있다. 그렇지 않고 이를 다른 날로 휜신힐 때는 삼독관청의 허가를 얻어야 한다."(《이와테 근대교육사》제1권)

하기휴업 2주간 외에 농번기 휴업 등 한랭지와 농촌지대의 지역적 특징이 나타나며, 오늘날에는 사라진 씨신제 날도 휴업일로 정하고 있다.

지역과 밀착된 농번기 휴가_ 이와테현의 '규칙'에 보이는 바와 같이, 하기 · 동기 휴가나 농번기 휴업일은 시 · 정 · 촌장이 결정했으므로 지역에 따라 차이가 있다. 이를 조금 소개해보자.

1876년(메이지 9), 야마나시현은 각 학교에 통달을 보냈다. "소학교 학생 휴업의 사항. 현지의 형편에 따라 더울 때의 휴가를 환산해서 누에치기가 바쁠 때 20일간 휴업으로 대체할 수 있으니 적절하게 정해서 신고하라."(우에노하라소학교上野原小學校, 《백년사》) 야마나시현에도 메이지 초기까지는 뽕밭이 산지山地에 있었는데, 비단의 수출이 인기를 끌면서 양잠이 성행했다. 우에노하라 경지의 대부분은 뽕밭이 되었다. 이러한 사정을 배경으로 한 통달이었다. "다이쇼 8년, 경지정리사업이 진행되면서 논이 개간되어, 모내기나 수확기에 휴업을 하게 되었다. 처음에는 전교가 휴업에 들어갔지만, 나중에는 농가의 학생이나 고학년만 휴업을 하는 것으로 바뀌었다. 이런 변화는 교육에 대한 이해, 즉 취학률의 증가나 상급학교 진학과 깊은 관련이 있다. 쇼와 35년에 농번기 휴업은 폐지되었다. 이때의 설문조사에 따르면, 전체 가정의 약 90%가 휴업 중지에 찬성했다."(위의 《백년사》)

시즈오카현静岡縣 가모군加茂郡 스사키소학교須崎小學校에서는 1886년 6월에 약 반 달간의 농번기 휴가가 있었다.(《시즈오카현 교육사》 통사편 상권)

다음은 1910년(메이지 43)에 나가노현 사라시나군 도후쿠지촌(현재의 시노노이시)의 소학교에 입학한 이토 마사하루 씨의 회상이다.(《농촌생활 카탈로그》, 농산어촌문화협회)

"농번기에 들어가면 휴교를 했다. 우선 봄누에치기[春蠶]로 매우 바쁠 때면 휴업을 했는데, 가장 바쁠 때를 가늠해서 약 5일에서 7일간 휴업을 했다. 다음으로 보리베기나 모내기가 한창일 때 모내기 휴업을 3일에서 5일간 했다. 학교에서는 정町이나 촌村의 수장과 상의해서 그 시기를 정했다. 가을누에치기[秋蠶]는 최성기가 농가에 따라 다르므로 휴업을 하지 않는 경우가 많았으며, 11월 상순경 벼베기나 보리파종이 한창일 때에 5일 정도 벼베기 휴업을 했다. 이처럼 이따금 휴업을 했으므로, 여름방학은 8월 7일경부터 추석 때까지로 짧았다."

다음도 마찬가지로 나가노현의 사례이다. 스와호諏訪湖 가까이에 있는 다카시마소학교高島小學校의 1917년(다이쇼 6) 〈학교일지〉에서 휴업에 대한 서술을 발췌한 것이다.

"7월 31일 하기휴업(8월 17일까지). 9월 10일 추기 누에농사휴업(15일까지). 9월 30일 핫켄八劔신사 제전에 따라 휴업. 10월 18일 스와군 생산물품평회에 따라 휴업(25일까지). 11월 5일 가을걷이 농사휴업(15일까지). 1월 2일 새해휴업(5일까지). 1월 14일 혹한기휴업(17일까지)."

이렇게 보면, 농번기 휴업이 실로 많다. 그만큼 아이들이 일을 하고 있었던 것이다. 전후 고도 경제성장기에 농번기 휴업은 없어졌는데, 그것이 아동에게 미친 영향에 대해서는 충분히 검토할 가치가 있다고 생각한다.

7. 문구·교구의 보급은 어떻게?

붓에서 석판으로_ 에도시대의 데라코야에서 이루어진 학습은 글씨 쓰기가 중심이었다. 필기도구는 붓이었다. 붓에 먹을 묻혀서 글자를 연습장(반지半紙[11]를 여러 장 겹쳐서 묶은 것)에 썼다. 종이는 일본의 화지和紙였다. 종이가 귀했기 때문에 같은 종이에 몇 번씩 반복해서 썼다. 먹 대신 물을 사용해서, 마르면 다시 사용하곤 했다.

메이지 시기에 학교에서 먹과 붓은 글씨 연습이나 특별한 서사書寫[12]나 청서淸書[13]할 때를 제외하고는 사용하지 않았다. 다다미와 개인탁자가 있었던 데라코야의 교실에서 서구풍의 책상과 의자가 있는 교실로 바뀌면서 책상 주위에 다른 물건을 두지 못했을 뿐만 아니라 먹을 쓰거나 종이를 말리기가 불편해졌기 때문이다. 또 당시 서구에서 들어온 교수방법이 문자를 쓰고 말하는 것에서 괘도掛圖를 보며 입으로 단어를 깨치는 것을 중시하게 되었기 때문이다.

당시에 붓을 대신해서 등장한 것이 석판이었다. 점판암 조각을 B5판이나 A4판 정도의 크기로 잘라 나무테두리를 둘러서 파손을 막고 휴대하기 편리하게 만들었다. 석판에는 석봉('석필'이라고도 했던, 돌로 된 분필 같은 것)으로 글씨를 쓰거나 그림을 그렸다. 석판에 쓴 것은 천이나 부드러운 종이로 간단히 지울 수 있었으므로 글자를 익히는 데 자주 사용했다. 그러

11) 글씨 연습 등 여러 용도로 사용되는 얇고 거친 종이.
12) 남의 글씨를 그대로 흉내내서 쓰는 것.
13) 대강 쓴 글씨를 다시 똑바르게 쓰는 것.

나 석판은 값이 비싸고 아이들이 가지고 다니기에 무거웠기 때문에 두꺼운 판지도 판매되었다. 석판 1장에 8전일 때(1898년) 종이제품은 3매에 2전, 6매에 4전이었다.

석판은 널리 보급되었으나, 1890년대부터는 위생 면에서 문제가 있다고 지적되기 시작했다. 석판은 오래되면 글씨가 잘 지워지지 않아서 침을 묻혀 지워야 했고, 또 석판 가루가 호흡기로 들어간다는 이유 때문이었다. 그보다도 석판의 가장 큰 결점은 기록의 보존성이 없다는 점이었다. 20세기에 들어와서는 석판을 대신해서 연습장과 연필이 사용되었다.

연습장과 연필·지우개_ 에도시대에는 상점에 다이후쿠초大福帳가 있었다. 주문이나 외상판매를 기록한 장부였다. 글자를 적어두는 이와 같은 장부(노트)는 일찍부터 사용된 것이 확실하지만, '연습장'으로 판매된 것은 제법 늦은 1904년(메이지 37)이었다. 그리고 메이지 40년대에는 '학습장'도 판매되었다. 필기도구로서 연필과 국산 양지洋紙가 생산, 보급된 것이 그 배경이었다.

연필이 일본에 들어온 시기는 확실하지 않지만, 도쿠가와 이에야쓰와 다테 마사무네伊達政宗는 연필을 사용한 듯하다. 이에야쓰의 것은 구노잔토쇼구久能山東照宮 박물관에 소장되어 있고(네덜란드에서 헌상한 물품?), 마사무네의 묘에서 나온 것은 사진이 도쿄 아사쿠사바시淺草橋에 있는 문구자료관에 전시되어 있다. 마사무네의 것이 국산 제1호일지도 모른다. 메이지 초기의 연필은 대부분 수입품이었다. 일본에서 연필을 직접 생산한 사람은 마사키 니로쿠眞崎仁六(미쓰비시三菱연필의 창업자)였다. 마사키는 1878년 파리 만국박람회에 참석해서 각국의 연필을 살펴보고 그 실용성에 주목하여 연필 제조를 연구하기 시작했다. 1887년에는 도쿄 요쓰야에 마사키연필제조소를 설립했다.(이것이 1952년에 미쓰비시연필로 바뀌었다.)

그렇지만 메이지 시기에는 수입품이 대부분을 차지했으며, 메이지 말기까지도 국산품은 전체 소비량의 30%에 지나지 않았다. 이런 상황을 바꿔놓은 것이 제1차 세계대전(1914~1918년)이었다. 이 전쟁으로 수입이 중단되었고, 그 사이에 일본의 제조회사가 국내 수요를 감당해야 했다. 오가와 하루노스케小川春之助 상점(1939년에 톰보연필로 개칭)이 개업하여(1913년) 궤도에 오른 것도 이 무렵이었다.

국산연필의 보급과 궤를 같이해서 국산양지의 생산도 늘어났다. 1912년에는 양지 생산액이 화지 생산액과 맞먹게 되었으며, 다음해에는 화지를 넘어섰다. 국정교과서(1904년 사용 개시)에 양지가 사용된 것이 큰 요인이었다. 염가의 학습노트도 출시되었다. 이렇게 해서 1920년대부터 연필과 노트는 학교생활에 빠질 수 없는 것이 되었다.

필기도구인 연필에 없어서는 안 되는 것이 고무지우개였다. 고무를 원료로 삼았기 때문에 그렇게 불렀으나, 정확하게는 '글자지우개'이다. 글자지우개는 1770년에 영국의 과학자 프리스틀리Joseph Priestley가 개발하여 2년 후 런던에서 제품화되었다. 일본에 전래된 것은 메이지 초기인 1870년대 후반이었다. 일본산 제1호 지우개는 1886년 도쿄 혼조本所에 있던 쓰치야土 屋고무제조소가 구미의 제품을 모방한 것이다. 지우개의 생산이 궤도에 오른 것은 1910년대였다(노자와 마쓰오野澤松男, 《문방구의 역사》, 분겐샤䢎社). 15년전쟁기[14]에는 생고무의 수입이 곤란하게 되어 제조와 판매가 통제되었

---

14) 1931년 9월 만주사변부터 1945년 8월 2차 대전이 끝날 때까지 일어난 일본과 중국, 연합국 사이의 일련의 전쟁을 합하여 일본에서 부르는 용어.

다. 지우개의 역사에서 획기적인 일은 제2차 세계대전 후 플라스틱 지우개의 발명이었다. 1959년 래빗사에서 발매하기 시작하여, 현재 연필에 붙은 지우개는 대부분 플라스틱 제품이다.

등사판_ 현재에는 학교에서 사라져버렸지만, 1960년대 초반까지는 학생들에게 나누어주는 부교재나 통신문, 시험문제, 작문집 등을 만드는 데 없어서 안 되는 것이 등사판 인쇄였다. 누가 이름을 붙였는지는 알 수 없지만, 등사판은 '가리방ガリ版'이라고도 했다. 강철판에 납을 입힌 원지를 얹고 철필로 긁어서 글자를 쓰거나 그림을 그렸다.

구미의 기술을 배워 일본식 등사판으로 개량한 사람은 시가현滋賀縣 출신의 호리이 신지로堀井新治郞였다. 호리이는 1894년 1월 도쿄에서 제1호기를 완성했다. 같은 해 7월 간다神田 가지초鍛冶町에 '등사당謄寫堂'을 설립했다. 등사당은 그 무렵 일어난 청일전쟁으로 판매에 탄력을 받았다. 대본영 육해군은 군 통신용으로 등사판을 대량 구입했다. 청일전쟁 후에는 이미 등사판을 알고 있던 병사들이 대거 농촌으로 돌아갔다. 그에 따라 등사판도 널리 보급되었다. 인쇄물을 본 아이들도 놀랐다. 1910년(메이지 43)에 후쿠시마현 농촌의 소학교에 입학한 사카모토 도모유키坂本朋之는 2학년 때 등사판으로 인쇄한 답안을 처음으로 받았다. "우리들은 한 장 한 장 선생님이 쓴 것이라 생각했으므로, 옆의 아이와 비교해보며 글자가 꼭 닮아서 정말로 잘도 똑같이 썼다고 느꼈다"고 회상하고 있다(《메이지백년 후쿠시마현교육 회고록》). 등사판은 다이쇼 시기에는 많은 소학교에서도 구입했고, 쇼와 초기의 작문교육과 문집제작 등에 크게 활용되었다.

등사판은 2차 대전 후에도 학급통신이나 가정과의 연락뿐 아니라 학생

운동과 노동운동, 언더그라운드 문화에서도 애용되었지만, 1970~80년대에 보급된 복사기와 워드프로세서에 자리를 양보하게 되었다. 대를 이어 온 창업회사 호리이도 2002년에 도산하여 지금은 손으로 쓰는 맛을 찾는 애호가나 개발도상국에서 명맥을 잇고 있을 뿐이다.

8. 란도셀의 보급은 어떻게?

란도셀은 네덜란드어 'ransel'에서 온 말이다. 등에 메는 가방(배낭)으로, 발음하기 쉽도록 '도'라는 음을 넣어서 일본어로 만들었다. 막부 말기 일본에 서양식 군사훈련이 도입되었는데, 그때 천으로 만든 배낭도 수입되어 군용으로 쓰였다. 이것이 일본에서 사용하는 란도셀의 유래이다. 그럼 학교에서 사용하기 시작한 것은 언제부터일까? 사토 히데오가 지은 《'학교의 시작' 사전》(쇼가쿠칸)에 의하면, 고등사범학교 · 고등중학교 · 가쿠슈인學習院15 등에서 사용되기 시작했지만, 1885년(메이지 18)에 가쿠슈인에서 쓰인 것이 큰 영향을 주었다. 그해, 가쿠슈인에서는 학생들의 유약함을 바로잡기 위해 등교할 때 학교까지 마차나 인력거를 타고 오는 것을 엄격히 금지했다. 그리고 학교에서 두 블록 이내는 차에서 내려 거기서부터는 걸어서 등교하며, 교과서나 학용품 등은 시종에게 맡기지 말고 반드시 학생이 직접 가지고 오라고 지시했다. 그래서 교과서나 학용품 등을 챙겨오

| 15) 1877년 도쿄에 설립된 황족皇族 · 화족華族 학교.

1938년 광고에 보이는 란도셀(출처:위키백과 일본)

기 위한 용구가 필요해짐에 따라, 군장품이었던 배낭이 쓰이게 되었다. 그리고 1890년 7월, 〈가쿠슈인 규칙〉으로 "배낭은 검은 가죽으로 한다"고 규정했다. 그 후 가쿠슈인과 관계하던 한 업자가 개량을 해서 가쿠슈인 측의 양해를 얻어 시판에 나섰다고 한다. 또한 1887년에 당시의 총리대신 이토 히로부미伊藤博文가 나중에 다이쇼 천황이 된 황태자의 가쿠슈인 입학을 축하하며 특별주문으로 만들어 헌상한 것이 시작이라는 설도 있다.

이렇게 해서 도쿄 도심의 중산계급 이상의 아이들을 중심으로 가죽 란도셀이 보급되기 시작했는데, 이는 "국정교과서가 두꺼워지고 노트가 보급된 것과 궤를 같이한다"(사토 히데오, 앞의 책). 전국으로 퍼진 것은 2차 대전 이후인 듯하다.

이렇게 보급된 란도셀이지만, 오늘날에는 학용품을 비롯해 교과서 수도 많아지고 아이들의 소지품도 무게가 늘고 부피도 커졌을 뿐만 아니라 아이들의 몸집도 급속히 커져, 등에 메는 것을 힘들어하는 아이들도 나타났다. 기후시 공립소학교의 4학년 반에서는 1998년에 약 3할의 아이들이 란도셀을 사용하지 않게 되었다고 한다.(다나하시 마사아키柳橋正明, 〈아이들의 눈〉,《역사지리교육》1999년 4월호) 그런 까닭에 야마가타현 등에서는 가볍고 싼 가방을 만들어 팔기 시작했다.(다카키 나오高木直, 〈세계에서 제일 가벼운 란도

셀 유래 소고〉, 《일본교육사 왕래》 1995년 5월 10일 발행호)

9. 교육칙어의 보급은 어떻게?

문부성 시책_ 교육칙어를 반포한 것은 1890년 10월 30일이었다. 그 직전인 9월 26일에 문부대신 요시카와 아키마사芳川顕正는 야마가타 아리토모山縣有朋 총리 앞으로 '칙유 초안 및 그 발표 방법 등'에 관한 각의를 요청하는 서장을 냈다. 그 안에는 '덕교德教를 보급, 확장하는 방법'으로 "칙유를 교과서의 권두에 실어서 신민의 자제로 하여금 일과를 시작할 때 소리 내어 읽게 하여 저절로 그 성스러운 뜻을 머릿속에 새겨 덕교를 체득하게" 하고, 학자들에게 칙유연의勅諭衍義(해설)를 저술, 발행하게 하고, 문부대신이 이를 검정해서 윤리와 수신 교과서 앞부분에 싣게 했다.(문부성 교학국 편집, 《교육에 관한 칙어 반포 50년 기념자료 전람 도록》)

그리고 칙어 반포 다음날, 요시카와 아키마사는 "학교에 의식이 있는 날이나 그 밖의 사정에 따라 날짜를 정해 학생들을 집합시켜, 칙어를 받들어 읽고 그 뜻을 반복하여 가르쳐서 학생들로 하여금 아침 일찍부터 밤 늦게까지 몸에 익히도록 해야 한다"고 훈시했다.

시기에는 차이가 있지만, 정부의 시책은 기본적으로는 요시카와의 제언대로 실현되었다. 먼저, 반포 직후에 요시카와는 독일에서 막 귀국한 이노우에 데쓰지로井上哲次郎 교수에게 칙어의 해석서를 의뢰했다. 이 해석서를 많은 관계자와 학자가 교열하고 천황이 직접 일람한 후 다음해 9월에 간행했다(이 책은 훗날 사범학교, 중학교 등의 교과서가 되었다). 다음해인 1891년 6월 17일에는 소학교 축일·대제일大祭日 의식규정儀式規程을 정해서, 의식 때에는 어진영御眞影을 향한 극진한 경례와 교육칙어 봉독을 의무화했다. 또 1891년 11월에는 〈소학교교칙대강小學校校則大綱〉을 정했는데, 제2조에 "수신은 교육에 관한 칙어의 취지에 기초해서, 아동의 양심을 계발하고 기르며 그 덕성을 함양하고, 인간의 도리를 실천하는 방법을 가르치는 것을 본지로 한다"고 규정했다. 이 규정은 자구에서는 수정이 이루어졌지만 기본적으로는 1941년 국민학교령 시행규칙에까지 적용되었다.

교육칙어는 교과서에도 영향을 주었다. 시게노 야스쓰구重野安繹의 《심상소학수신尋常小學修身》 전4권은 1892년에 간행되어 대표적인 검정 수신교과서로 자리 잡았다. 이 책은 "교육에 관한 칙어의 중요한 뜻에 기초해서" 편집되었는데(서언), 그 첫머리에 칙어가 실려 있다. 1904년부터 시작된 국정교과서 시대에 이르면, 4학년(당시 의무교육 최고학년) 수신의 말미에 교육칙어가 실렸다. 1910년부터 시작된 제2기 국정교과서 시대 이후에는 (1908년 4월부터 의무교육은 6년제가 되었다) 4학년 이상의 수신 교과서 첫머리에 교육칙어가 실리게 되었다.

암송과 외워 쓰기의 철저한 시행_ 이러한 시책을 시행했지만, 교육칙어가 곧바로 아이들 머릿속에 자리 잡은 것은 아니었다. 돗토리현에서는 "칙어 봉독식을 누세 번 반복해서 거행하는 것을 귀찮아하는 학생도 있다"(《교육신보》 21호, 메이지 24년 5월)는 비판도 있었다.(《돗토리시 교육백년사》) 그래서 돗토리시에서는 시내 모든 학교에서 '메이지 40년 10월 9일, 3·4학년 학생에게 월 3회(1이 들어가는 날, 즉 1일, 11일, 21일) 칙어를 봉독, 암송하게 할 것', '메이지 42년 9월 8일, 2학년 이상에게 교육칙어를 소리 내어 읽게 하고, 내용의 의의를 4학년 이상에게 강연한다'는 방법이 취해졌다.(《센쿄소학교遷喬小學校 연혁지》) 또 같은 현 게다카군청氣高郡役所에서는 메이지 40년 10월 19일, '수신 시간을 시작할 때마다 교사가 먼저 교육칙어를 암송하고 학생들에게 따라하게 하거나, 또는 각 아동에게 외워서 낭독하게 하여 점차 전교생이 외울 수 있게 하는 방법'을 쓰도록 통달하고 있다.(이상은 모두 《돗토리시 교육백년사》에서 인용)

효고현에서도 1909년 11월 8일, 교육칙어의 취지를 마음에 철저히 새기도록 하는 방법의 하나로 소학교 4학년까지 그 전문을 암송할 수 있도록 하고, 6학년 졸업 때까지는 전문을 외워 쓸 수 있도록 교육시키라는 내무부장의 통첩이 군·시장郡市長 앞으로 내려졌다.(《효고현 교육사》)

이 방법은 전국으로 퍼지게 되었던 것 같다. 2005년, 여름방학 과제의 하나로 조부모에게 전쟁 전의 교육체험을 듣고 오라고 했다. 릿쇼대학立正大學의 학생 리포트를 소개해보자.

- 수신 시간이 시작될 때 학급 학생들이 소리 내어 읽었다(할머니는 지금도 교육칙어를 모두 기억하며 나에게 들려주어서 놀랐다). (할머니는 1928년 1월생. 후쿠시마현 니시시라카와군西白河郡 세키히라심상소학교關平尋常小學校에 다녔음. 나카니시 하루미仲西溫美 듣고 옮김. 이하 같음)
- 할머니는 11살 때 매일 아침 낭독하여 어쨌든 암기해야만 했다. (아키타현의 소학교. 1939년경. 히라야마 도모야平山知哉)
- 소학교 3학년 때부터 교육칙어를 암기해야 했다. 이 3학년은 전쟁이 시작된 해이다. 암기하지 못하면, 방과 후 남아서 외울 때까지 연습해

야 했다. (가가와현 시도정志度町에서 1933년 1월에 태어난 할머니. 반도 노보루坂東昇)

- 후쿠시마현 가가미이시심상고등소학교鏡石尋常高等小學校에서는 수신 수업이 있기 전날에 당번 한 명을 정하고, 정해진 사람은 다음 날에 혼자 교육칙어를 소리 내어 외워야 했다. 할머니도 몇 번인가 당번이 되었는데, 암기를 잘하지 못해서 전날 밤에 필사적으로 외웠다고 한다. (1922년에 태어난 할머니의 체험. 스기야마 히로유키杉山浩之)
- 수신 수업에서 교육칙어를 암기시켰다. 선생에게 '요시(잘했어)'라는 말을 들을 때까지 암기해야 했다. (1934년 2월, 야마가타현 히가시오키타마군東置賜郡에서 태어난 조부모의 회상. 스즈키 게이코鈴木敬子)

이것이 전후 50년이나 지나서도 다음과 같은 노래가 불리는 이유이다. "어릴 때 기를 쓰고 외운 칙어는 경전처럼 남아서 사라지지 않는다."(사가현 야마료 유타카山領豊,《아사히신문》1994년 10월 16일)

10. 학교의식은 언제부터?

초기의 입학식·졸업식_ 학교에서 의식이 본격적으로 행해지게 된 것은 메이지 20년대 기미가요와 교육칙어, 어진영御眞影이 등장하면서부터였나. 그때까지 행해진 것은 입학식(개학식·개교식)과 졸업증서 수여식(졸업식)이었다. 그러나 메이지 10년대까지만 해도 이러한 행사는 형식이 없는 간단한 것이었다. 앞에서 언급했듯이 당시에는 아직 4월에 수업을 시작한다는 것도 결정되지 않았다. 효고현 히카미군水上郡 《쓰고소학교崇廣小學校 일지》에는 이 학교의 1881년 1월 11일의 개학식 모습이 다음과 같이 서술되어 있다. "교사, 학생, 학무위원, 각 정·촌町村 담당자는 모두 8시에 학교에 왔다. 각 위원이 차례로 축문을 읽은 뒤 계속해서 속성과速成科부터 시작해서 상등 각급, 하등 2급에 이르기까지 각각 1등을 한 학생(정기시험 성적이 1등인 학생)이 축문을 읽고, 전체 학생에게 각각 만두 5개씩을 주고 퇴장하게 했다. 교사와 담당자 등은 축배를 마시고 오후 1시에 퇴교했다."《효고현 교육사》) 현대에도 볼 수 있는 관공서의 시무식과 같은 모습이었다. 4월 입학이 시작된 뒤로도 마찬가지였다. 예를 들면 1895년 4월에 미야기현 오시마소학교大島小學校에 입학한 오노데라 야스케小野寺彌助는 "당시는 입학식이 없었고, 학교에 도착하는 대로 선생님의 말씀을 듣고 집에 돌아왔다"고 회상하고 있다《미야기현 교육백년사》 제1권).

졸업식도 졸업시험과 한꺼번에 행해졌다. 1881년에 《쓰고소학교 일지》에 나와 있는 졸업시험과 졸업증서 수여식 장면은 다음과 같다. "오전 7시에 시작하여, 구舊 하등 모든 과의 졸업시험을 실시했다. 덴田 군장, 가와사키川崎 군서기, 쓰게柘 군총대郡總代가 감독을 했다. 에마江間, 안도安藤 두 호장戶長이 출석했다. 시험은 교사 이다 신飯田新이 담당하고, 본교 교사 일동이 채점에 임했다. 오후 6시에 모두 끝내고 쓰게 데이키치柘丁吉 이하 20명의 졸업증서를 나누어주었다. 군총대가 각 학생에게 상품을 주고, 총점 9/10 이상의 점수를 얻은 학생의 우등 특별상품으로 쓰게 데이키치에게 수신훈修身訓 1부를 주기도 했다. 남학생 11명에게 모자 하나씩을 주고, 여학생 9명에게 칸자시(머리장식)를 하나씩 주었다. 득점 총수의 1/2을 얻지 못해서 다구치田口와 사카타坂田(둘 다 가명) 등 2명은 낙제했다." 군장 이하의 사람들이 참가하고 졸업시험과 졸업식을 중시했다는 것을 알 수 있지만, 졸업식은 급제자와 낙제자의 발표, 성적우수자의 표창식이라는 느낌이 들고, 식 자체는 격식을 차린 것은 아니었다.

축일 · 대제일 의식규정의 제정_ 메이지 10년대에도 입학 · 졸업식 이외의 의식이 없었던 것은 아니다. 효고현에서는 1883년(메이지 16) 12월에 다음해부터 신년, 기원절, 천장절에 배하식拜賀式을 행한다는 포달布達을 했다. 그에 따르면 원일元日(설날)에는 교사학무위원은 군청에 출두했다. 교장, 각 보조교사, 학생은 등교하여, 보조교사와 학생 대표가 교장 앞에 서서 인사를 드리고 교장이 이를 받는 지극히 간단한 것이었다. 이것은 전국적으로 보더라도 이른 시기에 학생을 3대절三大節에 동원한 사례였다. 축일祝日과 대제일大祭日 의식이 처음으로 법령상에 나타난 것은 1890년 10월에 공포된 소학교령이었다. 소학교령 제15조에 따르면 의식에 관해서는 문부대신이 규정하게 되어, 다음해 6월 문부성령으로 〈소학교 축일 · 대제일 의식규정〉이 제정된 것이다. 이에 따라 다음과 같은 축제일이 정해졌다.

진무천황제神武天皇祭(명일命日): 4월 3일, 추계황령제秋季皇靈祭[16]: 추분, 간나메사이神嘗祭[17]: 10월 17일, 천장절天長節: 11월 3일, 니나메사이新嘗祭[18]: 11월 23일, 시호하이四方拜[19]: 1월 1일, 겐시사이元始祭[20]: 1월 3일, 고메이孝明천황

---

16) 천황이 황궁의 황령전에서 진무 천황 이후 역대 천황의 혼령에 제사를 지내는 궁중제례. 춘분과 추분에 행해졌고, 2차 대전 후 폐지되었다.

17) 천황이 주재하여 한 해 수확을 감사드리는 행사. 10월 17일에 이세 신궁에 햅쌀로 빚은 술과 각종 음식을 바친다.

18) 아스카 시대부터 행해진 오곡의 수확을 감사하는 행사. 2차 대전 후 GHQ가 천황행사와 국가행사를 분리하여 근로감사일로 바꾸었다.

제: 1월 30일, 기원절紀元節: 2월 11일, 춘계황령제春季皇靈祭: 춘분. 이 가운데 시호하이 · 기원절 · 천장절을 3대절이라 해서 국가의 축일로 삼고, 그 밖의 날을 대제일이라 해서 국가의 제사일로 삼았다. 이러한 날들에는 학교장, 교사, 학생 일동이 식장에 모여 의식을 치르도록 했다. 또한 지구절地久節이라고 해서 황후탄생일(메이지기는 5월 28일)을 축하하는 의식이 있어서, 1892~93년경부터 여학교에서는 이날에 의식을 치르는 곳도 있었다. 그러나 빈번한 행사가 도리어 의식의 존엄성을 떨어뜨리자, 문부성은 1893년에 의식을 3대절로 한정하고 그 밖의 대제일은 '각 학교의 임의대로 한다'고 개정했다.

이러한 것들은 시대와 함께 다소 바뀌었다. 예를 들면 다이쇼기의 천장절은 8월 31일이었는데, 이날은 무더위 때문에 의식을 거행하는 것이 적절하지 않아 두 달 후인 10월 31일을 천장절 축일로 정했다. 쇼와기의 천장절은 4월 29일이었다. 다이쇼기의 지구절은 6월 25일, 쇼와기는 3월 6일이었다. 1929년부터 메이지기의 천장절이 명치절明治節로 바뀌면서 3대절은 4대절이 되었다.

그리고 의식규정에 따라 다음과 같은 기본적인 패턴이 만들어졌다. ① 천황과 황후폐하의 어진영에 극진히 절하고, 폐하 부부의 만세를 봉축한다. ② 교육칙어를 봉독한다. ③ 학교장은 축일과 대제일에 맞는 연설을 하고, 충군애국의 사기를 함양한다. ④ 축일, 대제일에 맞는 창가를 합창한다. 이 규정에 의거하여 1893년에 의식 창가용 가사 및 악보(기미가요, 칙어봉답, 1월 1일, 기원절, 천장절 등)가 배포되었다.(문부성고시) 이런 과정을

---

19) 천황이 사방신에게 국태민안과 풍년을 기원하는 의식.
20) 황위의 시초를 축하하는 제례.

거쳐 1900년에 소학교령 시행규칙(문부성령 제14호) 제28조에서 3대절에는 ① 기미가요 합창, ② 어진영에 경례, ③ 교육칙어 봉독, ④ 교장훈화, ⑤ 축일창가 합창이 의무화되었다.

이러한 형식은 입학·졸업식에도 반영되어 전국에서 똑같은 의식이 치러지게 되었다. 이 가운데는 패전 후 일시 중지된 것도 있지만, 1948년에 새로운 국민 축일이 만들어질 때까지 계속되었다.

11. 청일·러일전쟁 때의 학교는?

군인을 동경한 아이들_ 청국과 전쟁을 벌인다는 조서가 공포된 것은 1894년 8월 1일이었다. 여름방학 중이었지만 아이들을 등교시켜서 조서 봉독식을 한 학교가 많았다. 소학교 학생들은 전승기원을 위한 신사 참배, 전승 소식이 들어올 때의 축하회, 군자금 헌납운동 등에 동원되었다. 효고현 도요오카소학교豊岡小學校에서는 1894년 9월 18일에 7엔 18전, 10월 29일에 3엔 38전 3리의 의연금을 모아서 헌납했다. 같은 현 사요군佐用郡 사요소학교에서는 직원과 학생들에게 2엔 87전을 거두어 헌납했다. 아코소학교赤穂小學校에서는 지역 특산품인 볶은 소금 3,000포를 육군에 헌납했다.(《효고현 교육사》) 아오모리현에서도 각 소학교에서 직원과 학생 일동이 5엔씩을 육군이나 해군에 헌납했다.(《아오모리현 교육사》 제1권)

또한 각지에서 전승 축하회가 열렸다. 1894년 7월 고베의 미나토가와湊川에서 열린 평양전 전승 축하회에는 3,000명이 모였는데, 여흥으로 미나

전쟁놀이(《풍속화보》1895년 2월)

토가와 제방 위에 만든 청국 군함과 평양성의 모형을 시내 소학교 학생들에게 폭파하게 했다. 이를 본 사람들은 수만 명에 달했다. 이와 같은 여흥은 효고현 미노군美囊郡에서 그해 11월 3일의 천장절 의식 후에 열린 운동회에서도 있었다.(《효고현 교육사》) 출정 병사의 환송·환영에 아동들이 동원된 것도 청일전쟁부터였다.

　전쟁이 학교 교육에 끼친 영향 중에서 주요한 것은 체육이 급속히 주목을 받게 되었다는 점이다. 1894년 9월 12일, 문부성은 〈체육 및 위생에 관한 훈령〉을 내려 "큰소리를 지르거나, 빨리 달리거나, 웃고 장난치는 태도를 불량스럽게 여기고, 차분하고 조용한 태도를 품행이 좋다고 하여 가산점을 주는 것은 온당하지 않다"(제4조)고 했다. 또한 "교내에서는 잡담, 큰소리, 마구 뛰어다니는 것을 금한다"고 했던 문부성이 전쟁이 시작되자 큰소리를 지르고 뛰어다니는 것을 장려했다. 그리고 "학생들을 필기와 암송에 힘쓰게 하는 것이 과도하게 정신적 피로감을 가져온다면, 특별히 필요한 때 이외에는 그렇게 하지 말 것을 요한다"(제5조)고 했다. 또 "소학교의 교과 수업 가운데 학생들이 큰 어려움을 느끼는 과목이 작문이므로,

초급 학생들에게는 작문을 부과하지 말고, 만약 간단한 작문을 부과하는 것이라도 시험 문제로 하지 말아야 한다"(제6조)고 하여, 체육 이외의 과목을 경시하는 듯한 지시를 내리고 있다.

이러한 풍조에 영향을 받아 아이들의 놀이에도 전쟁놀이가 성행하여, 교내에서 공방전攻防戰이 벌어진 학교도 있었다. 미야기현 와쿠야소학교涌谷小學校에서는 청일전쟁 무렵에 교사 6명이 3명씩 동서로 나뉘어 지휘를 하고, 아동들은 홍백의 머리띠를 두른 채 일본도를 등에 차고 목총을 들고 맞섰다. 양 군은 에아이가와江合川를 사이에 두고 대치했다. 교장, 병식체조 교관들로 구성된 통제부는 "적군이 이시노마키만石卷灣으로 상륙하여 우리 쪽을 향해 진격 중"이라는 상황을 설정해서 전략 명령을 하달했다. 서로 총을 쏘고 도하전渡河戰을 벌이고 하치만야마八幡山에서 대접전을 벌인 후, 통제부의 나팔 소리로 전투를 끝냈다. 그리고 교관과 교장의 강평으로 마무리를 짓는 모의전쟁을 했다.(《미야기현 교육백년사》 제1권)

청일전쟁 승리 후, 학교에는 군국주의 색채가 한층 짙어졌다. 각지의 학교에 청국으로부터 빼앗은 전리품(소총, 총검, 탄띠, 군복 바지 등)이 배포, 공개되었다. 이와 더불어 출정병사가 귀환하는 것을 보면서 아이들은 병사가 되고 싶은 마음을 키워 나갔다. 사회에서는 청일전쟁에서 일본이 승리한 것은 소학교 교육이 보급, 발달했기 때문이라는 여론이 일었다. 그래서 1895년에는 소학교 교사들에 대한 논공행상이라고 할 수 있는 〈시·정·촌립 소학교 교원 연공가봉年功加俸 국고보조법〉이 제정되었다. 그것은 소학교에 5년 근무하면 본봉의 15%를 국고에서 지급하고, 그 후 5년마다 10%를 더해주되, 더해준 비율이 35%가 되면 정지한다는 것이다. 박봉에 시달리던 교사들에게는 고마운 조치였다.

청일전쟁 후 문부성이 주목한 것은 전쟁에서 일본인 병사자가 많았다는 점이다. 전사자 수를 십여 배나 넘어서는 것이었다. 학교위생 문제와 아동 학생의 체력 향상을 꾀하는 일이 필요하게 되었다. 그래서 1897년 3월 훈령 제3호에서 전국의 아동 학생의 체력검사를 연 2회 정기적으로 시행하기로 결정하고 다음해에는 학교의學校醫를 두는 것도 정했다. 또 정부는 1899년, 청국으로부터 받은 배상금 중 1,000만 엔을 소학교 교육을 위해서 사용하도록 하는 〈교육기금 특별회계법〉을 제정했다. 이 법률이 군인 출신 문부대신 가바야마 스케노리樺山資紀21의 노력으로 제정되었으므로, 군은 자신들이 싸워서 획득한 보상금으로 교육을 진흥시킬 수 있다는 자부심에서 교육 정책에 간섭할 구실을 얻었다. 이렇게 해서 군과 교육은 한층 강하게 결합하게 되었다.

'포로를 잘 보살피자'고 가르친 교장_ 러일전쟁은 청일전쟁에 비해서 훨씬 규모가 큰 전쟁이었다. 상대도 세계의 강국이었다. 출정하는 병사의 수도 늘어나, 소학교 교사 중에도 군대 소집에 응하여 입대하는 사람이 적지 않았다. 소학교 학생들에게도 출정 군인의 전송과 위문장 발송, 군인 유가족의 위문 등 전시하에서 필요한 일들이 주어졌다. 제8사단 사령부가 있었던 아오모리현 히로사키시弘前市의 와토쿠소학교和德小學校는 1904년 9월의 경우 2일부터 12일까지는 수업을 쉬면서 출정병을 환송했으며, 1905년 2월 5일부터 9일까지는 무려 14회나 환송을 했다.(《아오모리현 교육사》제1권)

---

21) 메이지 시기 일본 육군과 해군에서 활약한 군인. 초대 타이완 총독이 되었으며, 내무대신과 문부대신을 역임하기도 했다.

군에 낸 헌금은 청일전쟁 때보다 고액이었다. 아오모리현에서는 모든 소학교 교사들이 전쟁이 끝날 때까지 매달 봉급의 2할을 군에 기부했다. 효고현 고도소학교弘道小學校의 교사 10명은 전쟁이 시작되고 얼마 지나지 않은 1904년 3월 10일에 다음과 같이 많은 액수의 국채를 구입했다.

"데라모토寺本 교장 75엔, 도미타富田 훈도 50엔, 호리堀 훈도 25엔, 아사이淺井 훈도 25엔, 이노우에井上 훈도 25엔, 사와다澤田 훈도 25엔, 오카모토岡本 훈도 25엔, 나가사와永澤 훈도 25엔, 나가타長田 · 나카지마中島 훈도 25엔, 합계 300엔."

이는 당시 교장의 월급이 20~25엔, 훈도가 10~15엔이었음을 감안하면, 상당히 많은 액수였다. 군청의 지시에 따른 것이었음은 말할 필요도 없지만, 당시의 교사들이 러일전쟁의 중요성을 인식하고 있었기에 가능했을 것이다.(《효고현 교육사》)

러일전쟁이 교육에 끼친 큰 영향으로는 2부제 수업의 실시와 교사의 정리해고를 들 수 있다. 전쟁비용이 늘어남에 따라 교육 관련 비용을 줄여야 했기 때문이다. 효고현 간자키군神崎郡 간자키소학교에서는 1903년에 아동 수 304명, 7개 학급을 8명의 교사가 가르쳤지만, 러일전쟁이 일어난 1904년에는 이를 6개 학급으로 편성했다. 1, 2학년은 오전 등교, 3학년(2개 학급)은 오후, 최상급생인 4학년(2개 학급)은 오전과 오후로 나누어 2부제 수업을 했다. 오전에 1학년과 2학년을 담임했던 교사가 오후에는 3학년을 가르쳤다. 그 결과 교사 수는 4명이 되고 학교의도 없어지게 되었다. 효고현 전체로 보면 1903년에 4,052명이었던 소학교 교사가 1904년에는 3,559명으로 493명(12%)이 감소했다.(《효고현 교육사》)

한편, 포로학대를 금한 국제법의 정신을 아이들에게 가르친 학교가 각지에 있었다. 아오모리현에서는 1905년 4월에 들어 가라후토樺太(사할린)에서 포로가 된 러시아 병사가 히로사키弘前로 호송되어 왔다. 학교에서는 전교생을 모아놓고 포로에 대한 험담 등을 절대로 하지 말라고 강하게 주의를 주었다.(《아오모리현 교육사》 제1권) 《미야기현 교육백년사》 제1권은 센다이시仙台市 히가시니반초소학교東二番丁小學校에 포로가 된 러시아 해군장교 여러 명이 방문했을 때의 일을 당시의 재학생 지바千葉가 회상하는 다음과 같은 글을 소개하고 있다.

"이 방문객을 대하는 교장 가야바 분지萱場文二의 태도는 참으로 정중하고 친절한 것이었다. (중략) 아동들에게 그것은 실로 뜻밖이었으며 동시에 이해하기 어려운 것이었다. 패한 나라의 장교를 이렇게까지 극진히 대하다니 어찌된 일인가? 교장은 외국인의 비위를 지나치게 맞추어주는 것이 아닌가? 패한 나라의 장교가 2층에서 우리들을 내려다보고 있었다. 화가 나서 도무지 참을 수가 없었다. 아동들은 그 느낌을 작문에 써서 담임인 메구로 조주로目黑長壽郎 선생에게 제출했다. 얼마 후 그 아동들 몇 명이 교장실로 불려가서 다음과 같은 이야기를 들었다. '너희들의 심정은 잘 이해하겠다. 그러나 세계에는 나라와 나라 사이에 약속한 국제법이라는 것이 있다. 포로라고 해서 그들을 가혹하게 다루거나, 고통스러운 일을 시켜서는 안 된다. 될 수 있는 한 인간으로서 소중하게 보살펴야 한다. 그것이 헤이그 조약의 정신이다.' 그때에 들었던 이 말은 아직도 잊을 수가 없다."

12. 한국병합 때의 교장은?

한일병합 기념일의 훈화_ 일본이 '한국병합'을 한 것은 1910년(메이지 43) 8월 29일이다. 그날은 아직 방학 중이었기 때문에 교장의 훈화는 2학기 시업식에서 행해졌다.

한국병합 직후 시업식에서 구체적으로 어떤 말을 했는지를 보여주는 자료는 없다. 그러나 당시 신문 등을 살펴보면 하나같이 한국병합을 환영하는 기사를 가득 싣고 있다. 이시카와 다쿠보쿠石川啄木[22]와 같이 그날 "지도 위의 조선국을 까맣게 먹으로 칠하고 가을 바람소리를 듣는다"라고 읊으며 비판적으로 본 사람은 소수였다.

따라서 학교에서도 한국병합을 반기는 교장의 훈화가 있었을 것이 틀림없다. 자료로 확인할 수 있는 것은 그 후 '한국병합'의 날을 '일한병합 기념일'로 정했다는 것과, 2학기를 중심으로 교장이 훈화를 하도록 했다는 것이다.

《축제일 및 국민기념일 훈화자료》(1925년)에서 교장이 어떤 훈화를 했는지 살펴보자. 당일 훈화할 사항은 다음과 같은 것이었다. ① 옛날부터 지금까지 조선과 우리나라의 관계, ② 한일병합의 과정, ③ 조선에 대한 우리들의 마음가짐, ④ 한일병합과 공작 이토 히로부미.

---

22) 이시가와 다쿠보쿠(1886~1912). 일본 메이지 시기 시인이자 평론가. 사회주의 사상의 영향을 받아서 청년의 계몽에 힘썼으나 병으로 일찍 죽었다. 천황제에 대한 강렬한 비판의식을 가졌으며, 일본의 대한제국 강제병합을 비판했다. 위의 인용문은 '조선'이라는 제목의 시에 나오는 내용이다. 이시카와 다쿠보쿠는 '코코아 한 모금'이라는 제목의 시에서 이토 히로부미를 사살한 안중근의 행위를 이해하고 높이 평가하기도 했다.

한국병합조약을 어떻게 이야기했는가?_ 1910년 8월 22일 한국과 일본 사이에 조약이 체결되고, 8월 29일 천황이 조서를 내림으로써 조선은 일본의 식민지가 되었다. 이러한 사실을 다음과 같이 설명하도록 했다.

"이로써 우리 대일본제국은 땅이 1만 4,000여 만 리 넓어지고 1,200여 만의 사람이 증가하게 되었습니다. 또 동시에 우리 천황폐하는 한국 황제폐하를 비롯해서 한국 황족 분들에 이르기까지 가능한 한 우대를 하고 또 공훈이 있는 한국인을 표창하시겠다고 약속했으므로, 한국은 우리나라의 일부가 되었지만 한국의 황실은 더욱 안정적으로 번영하고 한국 인민은 더욱 행복하게 되었습니다. (중략) 새로 우리 동포가 된 1,200만 국민을 우리 4,000만 동포에게 하는 것과 똑같이 온 힘을 다해 친절과 후의로 환영해야 합니다."

여기에서는 한국 측에서 '병합'을 신청하고, 천황이 이를 기꺼이 받아들였다고 이야기하고 있는 것에 주목할 만하다.

이토 히로부미를 찬미_ 더욱이 훈화는 이토 히로부미伊藤博文를 찬미하고 있다. 그 내용은 다음과 같다.

"일한병합의 성사를 축하하는 것과 함께 우리들은 최초의 통감으로 4년간 한국을 위해서 온 힘을 다한 고故 공작 이토 히로부미 경을 잊어서는 안 됩니다. (중략) 공작은 공명정대하게 한국을 위해서 내정을 개선하고 산업의 발달을 도모했는가 하면 사법 경찰의 업무 등 만사에 힘을 다했습니다. 한국을 지켜보는 것이 아니라 전적으로 자국과 같이 성심성의를 다해서 돌보았기 때문에, 한국 황제폐하는 공작을 깊이 신뢰하셔서 황태자 전하의 태사太師(선생)로 삼아 황족의 대우를 내릴 정도입니다."

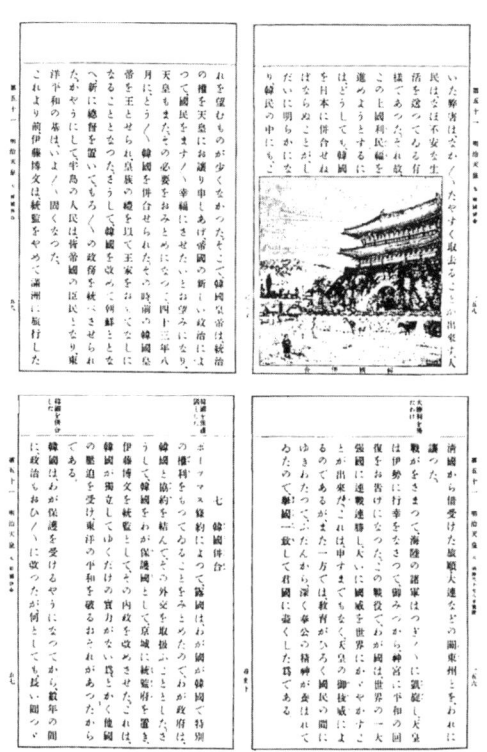

전전戰前의 역사교과서 기술《심상소학국사》하권, 1935년)

이는 사실과 다른 평가이다. 1905년 방한했던 추밀원 의장 이토 히로부미는 보호국화에 저항하는 한국 황제 고종에 맞서서, "일본 정부는 이 조약안을 확정안으로 제출하는 것이므로 변경할 여지는 전혀 없다"면서 승낙을 얻어내려 했다. 이렇게 해서 제2차 한일협약(보호조약)을 강요했으며, 한국통감부를 두어 스스로 초대 통감에 취임했다. 더욱이 헤이그 특사 사건을 이용하여 한국 황제를 퇴위시키고 제3차 한일협약[23]을 강요했

23) 1907년 일본의 강요로 체결한 7개항의 조약. 행정 업무와 관리 임용에 대한 통감의 권한을 크게 강화했다. '한일신협약' 또는 '정미7조약'이라고도 한다.

으며, 한국 군대를 해산시켰다. 이에 대해 한국에서는 일본의 침략에 저항하는 의병 투쟁이 고조되었다. 그러던 중 이토 히로부미는 1909년에 의병투쟁의 지도자 중 한 사람인 안중근에게 사살되었던 것이다.

조약의 설명은 어떻게 되어 있을까?_ 훈화자료에는 천황폐하의 조서를 설명한 후 조약의 내용도 설명하고 있다. 조약의 제1조에는 다음과 같이 나와 있다.

"제1조　한국 황제폐하는 한국 전체에 관한 일체의 통치권을 완전하고 영구히 일본국 황제에게 이양한다."

이러한 조문을 토대로 한국 측이 자신들의 의사로 제출한 것을 천황이 수락했다는 것에 중점을 두고 설명했다. 그러나 사실은 이와 다르다. '병합'이라는 단어 자체는 1909년 7월의 '한국병합에 관한 건'이라는 각의결정에서 처음 사용했는데, 그때 한국 측의 의사라고 표현했고, 또한 어조가 과격해지지 않도록 하기 위해 그런 단어를 생각해냈던 것이다. 전전戰前의 교육에서는 이러한 사실을 가르치지 않았다.

13. 메이지 천황의 '붕어' 때 학교는?

천황을 성스러운 존재로 여긴 교육_ 메이지 초기 6대 순행(1872~85년)이나 중기 이후의 교육정책(학교의식으로 교육칙어 낭독이나 어진영에 절하는 것, 수신교과서 등)에 의해 국민은 천황의 존재나 천황의 위대함을 교육받았다. 예를 들면 1904년(메이지 37)부터 시작된 국정교과서 제2학년 수신교과서에는 다음과 같은 기술이 있다. "천황폐하는 육군과 해군의 대원수가 되셔서, 군인들의 활동을 보고 계십니다. 천황폐하의 은혜를 생각해야 합니다."(제23과)

따라서 메이지 천황은 "유신 이래 신일본의 대사업을 이룩한 유례없는 영제英帝로, 진무 천황에 견줄 만한 분이라는 것을 선생님들이 거듭 이야기해서 우리들은 이를 마음에 새겼습니다"라는 의식을 가진 아동들이 많았다고 생각된다.(1903년, 우쓰노미야宇都宮에서 자란 독문학자 데쓰카 도미오手塚富雄의 회상, 《한 청년의 사상의 발자취》)

그러나 천황은 성스러운 존재였으므로, 천황이 어떤 생활을 하고 있는지는 전혀 알지 못했다. 그런데 1912년 7월 20일 이후, 천황이 중병이라는 호외와 그 후의 신문기사에 의해 천황도 국민과 마찬가지로 육체를 가지고 있다는 것을 알게 되었다. 이 사실이 아이들에게는 학교 교장의 훈시라는 형태로 전해졌는데, 여기에는 천황의 신성성이 훼손되지 않아야 한다는 배려가 깔려 있었다.

다음은 아오모리현 소학교의 예이다.

"7월 22일, 금상폐하께서 환후 중이시므로 근신하고 염려해야만 한다는 것을 아동에게 훈시했다. 다음날인 23일, 직원들은 쾌차를 기원하기 위해 진주鎭守 신사에 참배했다.""7월 27일, 성상폐하의 용태가 좋지 않으시므로 쾌차를 기원하기 위해서 아동 대표 1개 학급당 3명씩과 직원을 3그룹으로 나누어 하치만구八幡宮, 신메이구神明宮, 조쇼지長勝寺에 참배했다.""7월 29일, 아동 일동을 인솔해서 혼마루本丸 공원에 있는 이와모토야마岩本山 신사에 요배하고 폐하의 쾌차를 기원했다."(아오모리현 조요소학교朝陽小學校

연혁사《아오모리현 교육사》제1권)

　이처럼 쾌차를 기원하는 신사참배는 전국에서 행해졌다.

천황의 '붕어'와 학교_ 쾌차를 바라는 기원도 헛되이, 메이지 천황은 7월 30일 오전 0시 42분이 막 지난 시각에 사망했다. 이 소식은 학교에 곧바로 전해졌다. 여름방학 중이었으나 아동들을 학교에 소집하여 훈시했으며, 다음날인 31일에도 소집했다. 니이가타현 와시노키소학교鷲ノ木小學校(현재의 시로네시白根市 와시마키소학교鷲巻小學校)의 학교일지에는 다음과 같이 기록되어 있다.

　"7월 31일, 특별히 아동들을 소집해서 다음과 같은 주의를 주었다.

　1. 폐하께서 붕어하신 데 대해 삼가 근신하고 정숙을 기하며, 깊은 애도의 마음을 표할 것.

　2. 가무, 음악, 큰소리를 삼갈 것.

　3. 복장을 검소하게 하고 여학생들은 머리에 장식을 하지 말 것.

　4. 복습과 가사를 도울 때도 정숙을 유지할 것.

　오늘 저녁, 관공서에서 상복령喪服令과 기타 연호의 개정 등에 대한 통지를 할 예정이다. (7월 30일 이후에는 다이쇼로 연호를 개정)

　8월 2일, 특별히 아동들을 소집해서 상장喪章으로 사용할 검은색 천을 배포했다."

　오키나와현 이시가키시마石垣島의 도노시로소학교登野城小學校에서는 7월 30일(31일의 오류일지도 모른다), 교장 훈화 후 "교실에서 눈물을 흘린 우리는 도요카와豊川 선생님에게서 여름방학 중에 주의할 사항을 듣고 검은 나비 모양의 모슬린 상장을 받았다. 촉감이 좋은 상장이었으며, 번쩍번쩍

전전의 역사교과서 기술《심상소학국사 하권》, 1935년)

빛나는 옷핀은 진귀한 것이었다. 우리는 이것을 기모노 왼쪽 옷깃에 달고 비통하기보다는 득의양양한 마음이 되었다. 도시의 향긋한 냄새를 맡을 수 있었기 때문이다.(이바 난테쓰伊波南哲, 〈고향의 날들이여 안녕〉, 《도노시로소학교 백년의 발자취》)

　본토에서 멀리 떨어진 외딴 섬이라서 이런 감정이 높았을 수도 있다. 나가노현의 학교에서는 다음과 같은 광경도 벌어졌다.

　"메이지 천황이 돌아가셨다. 마침 학교가 여름방학 중인 때였지만 급히 등교하라는 연락이 있었다. (중략) 이와다레岩垂 교장선생님이 단상에 오르셨다. 단상에 올라간 선생님은 잠시 눈을 감고 있다가 '천황폐하께서' 하고 말씀을 시작했으나, 곧 격렬하게 오열하셨다. 교장선생님의 오열은 그칠 줄을 몰랐다. 누군가 다른 선생님께서 뛰어올라가 이와다레 선생님을 껴안고 단상에서 내려왔다. 학교 전체가 눈앞에서 벌어진 일을 처음부터 끝까지 소리 죽여 지켜보았다. 그날 식은 그것으로 끝났지만, 형언할 수 없는 이상한 충격이 전교생의 가슴에 파고들었다."(《다카시마학교高島學校 백년사》)

　그 후 1년간은 신년 축하식, 기원절, 창립기념일 등의 축하행사가 모두 중지되었다.

{ **· 제2장 ·**

다이쇼기
大正期 }

1. 다이쇼기의 중등학교 진학은?

　의무교육의 취학률은 19세기 말부터 20세기 초에 걸쳐 급상승했다. 여자의 취학률도 남자에 근접해서 1902년에는 평균 90%를 넘어섰으며, 1909년에는 평균 98%에 달했다.(문부성, 《눈으로 보는 교육 100년의 발자취》) 취학률이 100%에 가까워진 다이쇼기에는 중등학교 진학자가 급증했다. 중등학교란 의무교육을 받는 심상소학교(1908년 4월부터는 기존의 4년간에서 6년간으로 연장)를 마치고 남자가 진학하는 중학교와 여자가 진학하는 고등여학교를 총칭한 것이다. 〈표 1〉에서 보듯이, 1913년(다이쇼 2)에 중학교는 317개교, 13만 1,946명이었는데, 1926년에는 518개교, 31만 6,759명이 되었다. 고등여학교도 1913년의 213개교, 6만 8,367명에서 1926년에는 663개교, 29만 9,463명으로 증가했다. 다이쇼 연간에 중학교는 1.6배, 학생 수는 2.4배로 늘었다. 고등여학교는 3.1배, 학생 수는 무려 4.3배가

표 1

중학교(구제)			고등여학교		
연도	학교 수	생도 수	연도	학교 수	생도 수
1913(다이쇼 2)	317	131,946	1913(다이쇼 2)	213	68,367
1914(다이쇼 3)	319	136,778	1914(다이쇼 3)	214	72,140
1915(다이쇼 4)	321	141,954	1915(다이쇼 4)	223	75,832
1916(다이쇼 5)	325	147,467	1916(다이쇼 5)	229	80,767
1917(다이쇼 6)	329	153,891	1917(다이쇼 6)	238	86,430
1918(다이쇼 7)	337	158,974	1918(다이쇼 7)	257	94,525
1919(다이쇼 8)	345	166,616	1919(다이쇼 8)	274	103,498
1920(다이쇼 9)	368	177,201	1920(다이쇼 9)	336	125,588
1921(다이쇼 10)	385	194,416	1921(다이쇼 10)	417	154,470
1922(다이쇼 11)	422	219,101	1922(다이쇼 11)	468	185,025
1923(다이쇼 12)	468	246,739	1923(다이쇼 12)	529	216,624
1924(다이쇼 13)	491	273,065	1924(다이쇼 13)	576	246,938
1925(다이쇼 14)	502	296,791	1925(다이쇼 14)	618	275,823
1926(다이쇼 15)	518	316,759	1926(다이쇼 15)	663	299,463
1927(쇼와 2)	531	331,651	1927(쇼와 2)	697	315,765
1928(쇼와 3)	544	343,709	1928(쇼와 3)	733	331,757
1929(쇼와 4)	555	348,584	1929(쇼와 4)	757	339,669
1930(쇼와 5)	557	345,691	1930(쇼와 5)	770	341,574

자료: 문부성, 《학제 백년사》

되었다. 이 기간에 심상소학교 학생 수는 남자가 1.21배, 여자가 1.27배 증가했으므로, 소학교 입학자의 증가로는 중등학교 학생의 증가 상황을 설명하기 어렵다.

왜 진학자가 증가했을까? 그것은 러일전쟁부터 제1차 세계대전을 거치면서 일본 자본주의 경제가 발전했기 때문이다. 일본의 경우, 자본주의 경제의 발전과 더불어 기계공업, 화학공업, 조선업, 광업 등 공장공업이 발전했다. 이는 대량의 노동자를 필요로 했다. 5인 이상을 고용한 공장의 노동자는 1914년 118만 명에서 1919년 182만 명으로 증가했다. 공장공업

표 2 생산연령인구의 학력 구성

(단위: 만 명)

연도	생산연령인구	불취학자	초등교육졸	중등교육졸	고등교육졸
1895(메이지 28)	2,279	1,916	357	4	2
1905(메이지 38)	2,437	1,396	1,015	21	5
1925(다이쇼 14)	3,293	659	2,447	161	26
1935(쇼와 10)	3,825	255	3,154	355	61
1950(쇼와 25)	4,735	117	3,718	743	157
1960(쇼와 35)	5,699	31	3,639	1,713	316

자료: 문부성, 《일본의 성장과 교육》

주: 1. 생산연령인구의 경우, 메이지 28년~다이쇼 14년은 15살~54살, 쇼와 10년 이후는 15살~59살로 했고, 다이쇼 9년까지는 후생성 인구문제연구소의 연령별 추산자료에 따랐으며, 그 이후는 국세조사國勢調査에 따랐다.
2. 초등·중등·고등교육 졸업자 수는 문부성연보에 의해 메이지 6년 이후의 각년도 졸업자의 누적을 기초로 해서, 후생성 인구문제연구소의 〈생명표〉에 따른 사망자 수를 추산하여, 그것을 공제하고 계산했다.(메이지 28년~쇼와 25년)
3. 불취학자의 수는 위의 생산연령인구와 각 교육단계별 졸업자의 합계와의 차이다.
4. 쇼와 35년의 수는 국세조사 자료에 따랐다.

의 발전은 노동자의 질적 향상을 요구했다. 메이지 전반기와 같이 농가, 소규모 마치코바町工場, 직공, 상가商家를 중심으로 한 산업단계에서는 부모나 나라를 위한 봉사를 앞세운 견습공, 도제 등의 시스템 교육이 이루어졌으나, 공장공업에서는 그럴 수가 없었다. 이는 〈표 2〉에서도 알 수 있다. 1900년대 초에는 생산연령 인구 중 거의 60%가 초등교육을 수료하지 않았지만, 1920년대에는 취학하지 않은 아동이 20%까지 감소했으며, 중등교육 졸업자가 급격히 증가했다.

중등학교 진학자가 늘어나는 것과 함께 진학 경쟁도 심해졌다. 남자가 중학교에 들어가는 목적은 반드시 박사·대신·대장이 되는 것이 아니라 월급쟁이(샐러리맨)가 되기 위한 것이었다. 부모도 자식을 육체노동자가 되게 하고 싶지는 않았다. 굳이 화이트칼라 족이 되려고 한다면, 필사적

으로 중학교 입학을 해야만 했다. 메이지기에는 없었던 시험지옥시대가
도래한 것이다.

여학생이 다니는 고등여학교와 학생 수의 증가 추세는 다이쇼 중기부
터 후기에 걸쳐서 두드러졌는데, 여기에는 여자도 남자와 대등한 지위에
서야 한다고 주장한 다이쇼 데모크라시의 영향도 작용했지만 월급쟁이와
결혼을 하기 위한 방편이었던 점도 반영되었다.

2. 《빨간 새》가 발간되자 학교는?

《빨간 새》의 탄생_ 스즈키 미에키치鈴木三重吉가 주간主幹이 되어, 1918년(다이쇼
7)에 동화잡지 《빨간 새》가 창간되었다. 나쓰메 소세키夏目漱石의 문하생이
었던 스즈키는 메이지기 이래로 아이들을 대상으로 하는 읽을거리가 많

동화잡지 《빨간 새》 창간호 표지

이 있기는 하지만 "조악한 표지가 상징하듯
이 여러모로 천박하기 그지없는 것"으로,
"아이들의 순수함을 침해하고 있다"고 지적
했다. 그는 "아이들의 순수함을 보전하고 개
발하기 위해 현대 일류의 예술가들의 진지
한 노력"에 따른 책이 필요하다고 생각했다.
《빨간 새》는 아이들의 감성에 호소하는 표
지를 꾸며서 유명해졌다. 또한 창간호에는
아쿠타가와 류노스케芥川龍之介의 〈거미줄〉이

게재되었다. 그 후에도 아쿠타가와의 〈토시슌杜子春〉과 아리시마 다케오有島武郎의 〈한 송이의 포도〉가 게재되는 등 새로운 동화문학이 이 잡지에 소개되어 많은 독자를 확보하며 동화 붐이 일었다.

이러한 성공에 자극을 받아서 《옛날 이야기의 세계》《황금 배》《아이들의 나라》 등 비슷한 아동잡지가 차례로 발간되었다.

그 배경에는 다이쇼기에 들어 도시에서는 부부와 아이들을 중심으로 하는 핵가족이 늘어나면서 아이들 중심의 생활양식이 나타난 사정도 있었다.

동요의 등장_ 스즈키 미에키치는 아동을 대상으로 한 읽을거리뿐만 아니라 소학창가小學唱歌도 비판했다. 당시 아이들의 감정이나 동작을 노래에 담는 동요를 주장한 기타하라 하쿠슈北原白秋 등을 기용해 《빨간 새》에 차례로 발표하게 했던 것이다. 예를 들어 기타하라의 〈비〉는 대유행을 일으켰다.

이 노래는 많은 아이들의 마음을 사로잡으며 널리 불렸다. 기타하라의 시에 나리타 다메조成田爲三나 고노에 히데마로近衛秀麿 같은 재능 있는 신진 작곡가들이 곡을 붙였다. 기타하라의 〈덜렁이 이발소〉나 〈까악 까악 울어대는 물떼새〉, 그리고 사이조 야소西條八十 작사, 나리타 다메조 작곡의 〈카나리아〉 같은 동요가 《빨간 새》에 실려 불리게 되었다. 이러한 경향은 당연히 교육에도 큰 영향을 끼쳤다. 특히 《빨간 새》가 지면에서 불러일으킨 아동독자의 작문 운동과 기타하라가 지도한 자유시 운동 등은 기존의 틀에 박은 학교교육이 아니라 아이들이 느낀 것을 스스로 표현하는 교육으로 전환을 추구했다.

자유교육운동의 전개_《빨간 새》가 나온 때보다 1년 앞서서 세이조소학교成城
小學校를 중심으로 하는 신교육운동이 일어나 개성을 중시하는 교육을 제
창했다. 또 서양화가 야마모토 가나에山本鼎가 아동자유그림 운동을 제창
하는 등 교육에 큰 영향을 끼치는 새로운 움직임이 탄생했다. 그때 신슈
시라카바교육信州白樺教育을 배워 나중에 고고학자가 된 후지모리 에이이치藤
森榮一는 다음과 같이 회상하고 있다.

"아이들은 선생님이 들려주는 《빨간 새》나 《황금 배》에 실려 있는 동화,
안데르센과 그림의 동화 세계가 이 세상에 정말로 있는 세계라고 확신하
고 있었다. (중략) 이데井出 선생님과 같이 당시의 시라카바파白樺派24의 영향
을 받은 선생님들은 학생들에게 이런저런 지식을 일방적으로 강요하거나
외우게 하는 교수법을 쓰지 않았다. 왜냐하면 아이들에게 정말로 중요한
것은 공부를 단지 지식으로서 외우는 것이 아니라 자연스럽게 친숙해지
면서 그 안에서 어떻게 해서든 아이들다운 꿈과 상상의 세계를 무럭무럭
키워가는 것이 가능하다고 생각했기 때문이다."(《마음의 등불》에서)

글짓기교육 운동_《빨간 새》가 글을 모집해서 싣는 방식은 종래의 틀에 박은
글짓기 교육에도 전환을 요구했다. 자유교육운동은 중산계급의 아이들이
대상이었기 때문에 가난한 사람들과 지역에서는 현실과 동떨어진 것이라
해서 받아들여지지 않은 면도 있었다. 그러나 국정교과서에 의한 획일적

---

24) 일본 근대문학의 한 조류로, 톨스토이 등의 인도주의에 영향을 받아, 당시 유행한 자연주의와는 다른 흐름을
형성했다. 1910년 4월부터 1923년 8월까지 발행된 동인지인 《시라카바》를 중심으로 활동했으므로 시라카바
파라고 불린다. 인도주의를 존중했으며, 자신을 실현하고 자기 내부를 표현하는 데 적극적이었다. 그렇지만
가쿠슈인學習院 등에 다니는 젊은 귀족들이 중심이어서, 현실사회를 알지 못한다는 비판을 받기도 했다.

인 교육에 비판의 눈길을 보내고 있었기 때문에 새로운 글짓기운동으로 발전해 나갔다. 사사오카 다다요시小砂丘忠義 등이 창간한《글짓기 생활》이 그것이었다. 이 운동에 자극을 받은 도호쿠東北지방 청년교사들은 1930년(쇼와 5)에 아키타의 북방교육사北方教育社에서《홋포교육北方教育》을 창간했다. 거기에서는 "사회현실의 생생한 문제, 아이들의 생활현실, 이를 응시하고, 관찰하고, 정말로 생활에 근거한 원칙을 수립하는 것이 생활교육의 이상이며 또한 방법이 아닐까?"라는 문제의식이 나타나 있다. 지역에 생활 터전을 두고 살고 있는 이이들 한 사람 한 사람의 모습에 초점을 맞춰, 지역에 뿌리를 둔 교육을 시도하려는 것이었다. 이러한 시도에서 더욱 발전하여 북일본 국어교육연맹이 탄생했고, 1935년에는《교육 북일본선언》이 발표되어 북방성北方性 교육이나 생활글짓기 운동이 전개되었다.

이것은 도호쿠지방뿐만 아니라 전국에 널리 영향을 미쳐 '남방성南方性', '홋카이도성北海道性'이라는 말에서 볼 수 있듯이, 여러 지역으로 확산되었다.

3. 간토대진재 때의 학교는?

사이타마현 남부의 학교_ 진도 7.8의 강력한 지진이 간토關東지방 남부를 덮친 것은 1923년 9월 1일 오전 11시 58분이었다. 이날은 토요일이었지만, 학교에서는 2학기 시업식과 대청소만을 하고 마쳐서, 다행히 지진이 발생한 시각에는 학생들이 이미 하교를 한 상태였다. "직원과 학생의 피해가 없었으며, 이날은 시업식을 마친 후 학생은 각자 집으로 돌아갔다. 정말로 운이 좋았다"고 마미야히가시소학교間宮東小學校(옛 오미야시大宮市 서부)의 학교일지는 기록하고 있다.

학교와 지역의 피해상황에 따라서 이후 대응은 각각 달랐다. 사이타마현 남부 학교들의 움직임을 살펴보자. 정도의 차이는 있었지만, 이 지역 대부분의 학교는 건물에 피해를 입어서 임시휴교 조치를 했다. 위에서 언급한 마미야히가시소학교는 9월 8일까지, 미무로소학교三室小學校(옛 우라와시浦和市 북부)는 9월 7일까지 휴교를 했다. 벽의 대부분이 떨어지고 학교건물이 기울어진 나나사토소학교七里小學校(옛 오미야시 동부), 그리고 그 일대가 큰 피해를 입었고 학교건물의 일부가 무너진 무쓰지소학교六辻小學校(옛 우라와시 남부)는 9월 14일까지 임시휴교를 했다.

무쓰지촌은 가옥 전파 229호, 반파 171호, 사망 13명, 부상 23명 등의 피해를 입었으며, 촌사무소에도 피해가 있었다. 현의 남부는 큰 피해를 입었다. 무쓰지소학교의《일지》를 보면, 9월 2일에는 교직원에게 이재민 구호 동원령이 전달되었으며, 이후 직원들은 연일 출근해서 교내정리나 구호 등의 활동을 했다. "여성 훈도는 교대로 오전 9시부터 오후 6시까지 구호에 힘쓴다"(9월 6일), "여성 훈도는 청년단이 밥을 짓는 것을 돕는다"(9월 10일) 등의 기록이 있어, 여성 교원이 재난자 구호나 밥짓기에 하루 종일 땀을 흘리는 모습을 전하고 있다. 또한 후술하는 '조선인들의 내습'에 대처하기 위한 '야경'이나 '불침번'을 적어도 9월 5일까지 남성 교원들이 했다고 기록되어 있다.

한편, 같은 옛 우라와시 지역이지만 피해가 적었던 미무로촌의 소학교는 9월 3일 월요일에 아동들을 교정에 소집해서 재난에 관한 주의사항을 전달했다. 미무로소학교의 《학교연혁지》는 이날 3일에 "군청에서 불령선인不逞鮮人 경비에 관한 통첩이 있었다"고 기술하고 있다. 재난 발생 다음날인 9월 2일, 사이타마현 내무부장은 "도쿄에서 불령선인의 망동妄動이 있으므로······ 정·촌 당국자는 재향군인 분회, 소방대, 청년단과 일치 협력해서 경계 임무"를 맡기 바란다는 통첩을 각 군·정·촌장 앞으로 전했다. 이 통첩이 관공서를 거쳐 각 학교에도 전해졌던 것이다. 구마가야熊谷, 혼조本庄, 진보하라神保原를 비롯한 현내 각지에서 자경단이 240명에 이르는 조선인을 학살하는 대참사를 유발한 것이 이 통첩이었다. 아무런 근거도 없는 '불령선인 내습'이라는 유언비어를 사실로 받아들인 현 당국의 통첩은 상상을 초월하는 급박한 사태를 불러일으켰던 것이다. "오후 3시경 불령선인이 내습한다는 소식을 접하자, 우라와 부근 각 정·촌이 모두 경종을 치고, 본부에서도 소방조, 군인 분회, 청년단원, 학교 직원, 관공서 담당자 등이 모두 출근해서 경계에 임했으며, 계속해서 야경을 섰다.······ 유언비어가 수시로 횡행했다"는 기술이 이어졌다. '불령선인'의 내습에 겁을 먹고 학교 교직원도 자경단에 편성되어 잠을 자지 않고 보초를 서는 모습을 전하고 있다.

9월 4일에는 계엄령이 사이타마, 지바千葉 두 현으로 확대되었다. 사이타마현 당국은 9월 4일 이후 '불령선인의 내습'을 일부 부인하는 듯한 통첩을 냈으나 사태는 진정 기미를 보이지 않았다. 미무로촌과는 시바카와芝川를 사이에 두고 동북쪽에 위치한 가타야나기촌片柳村(옛 오미야시 동부)에서는 4일 새벽, 촌의 자경단이 촌내를 헤매고 있던 24세의 조선인 청년을 죽창과 일본도로 마구 난자하여 살해한 사건이 일어났다. 이 학살에 가담한 한 청년은 "계엄령하이므로 조선인을 체포하면 훈장을 받을 것으로 생각했다"고까지 말했다.

다시 나흘 후인 9월 8일, "이재민 및 조선인에 대한 마음가짐과 관련하여 훈화를 했다. 또한 계엄령에 대해서도 설명했다"고 미무로소학교《학교연혁지》는 쓰고 있다. 지진이 발생한 지 1주일이 지나도 조선인을 '위험'시하는 의식은 사라지지 않고 있었던 것이다.

한신阪神·아와지淡路대진재25 때와 마찬가지로 간토대진재 때도 학교는 그 지역의 재난자들에 대한 구호 센터 역할을 했지만, 이와 함께 경찰이나 관공서와 마찬가지로 국가권력 기관의 하나로 편입되어 아이들에게 조선인을 차별하고 '위험'시하는 의식을 불어넣고 유언비어를 확산시킨 점도 부정할 수 없을 것이다.

도쿄 메구로구에서는? 도쿄 메구로구의 이시부미소학교碑小學校의《이시부미소학교 85년사》에는 〈간토대진재의 기억〉이라 해서 당시 교사였던 자이젠 유타카財前豊 씨의 수기가 실려 있다. 이를 초록하여 소개한다. 자이젠 씨는 9월 1일, 여진이 계속되었으므로 모기장을 치고 교정에서 숙박했다. 다음날인 2일의 일이었다.

"오전 9시경이었다. 이상하게도 학교 앞 도로에는 남녀노소의 많은 사람들이 지나가고 있었다. 아마도 그들은 여진을 우려하여 피난을 가는 사람들이었을 것이다. 그중 한 사람이 말하기를 '가나가와에서 도쿄 방면으로 조선인(한국인)이 300명 정도 무리를 지어서 일본인을 보면 닥치는 대

---

25) 1995년 1월 17일 오사카, 고베 지역을 중심으로 발생한 대지진. 이 재난으로 사망 6,300여 명, 부상 2만 6,800여 명, 이재민 약 20만 명 등의 인명피해, 그리고 수많은 건물과 공장, 고속도로, 철도·통신시설이 파괴되는 피해를 입었다.

로 죽이면서 시내로 들어오고 있다'는 것과 더구나 우물에 독약을 넣어서 다시는 사용할 수 없게 하면서 들이닥치고 있다는 말을 들려주었다.

얼마 지나지 않아서 우다가와^{宇田川} 선생(교장)이 '자이젠 선생, 선생은 곧 촌사무소로 가서 천황폐하의 어진영을 모셔오세요'라는 지시를 내렸다. 만일의 경우 파묻어서 지키라는 뜻으로 받아들였다.

학교에는 아직 봉안전이 없어서 천황폐하의 진영을 촌사무소의 금고에 모셔두었던 것이다. 당시 천황의 진영을 옮기는 일은 교장이나 교감이 호위를 붙여서 했으므로, 그저 일개 평교사가 이 일을 맡는다는 것, 더구나 그것이 나라고 생각하니 감격해서 눈물이 복받쳤다.

'예, 가서 모셔오겠습니다.' 자전거 페달을 필사적으로 밟고 또 밟았다. 페달이 부러질 정도로 내달렸다. (중략) 이윽고 촌사무소에 도착해서 비단으로 싼 오동나무 상자 속에 들어 있는 천황폐하의 어진영을 건네받았다. 서둘러 가느라 큰 보자기를 준비할 생각을 하지 못했다. 급했으므로 하는 수 없이 자전거 짐받이에 동여매고 순식간에 가키노키자카^{柿の木坂}를 질주했다.

당시는 고개 양측으로 삼나무가 울창해서 낮에도 햇빛이 잘 들지 않아 약간 어두운 길이었다. 자동차는 드물게 다니고 우마차가 주로 왕래했다. 그래서 길바닥에는 소나 말의 분뇨가 곳곳에 널려 있었다.

정신없이 달리는데 어느 사이에 짐받이 끈이 풀려서 어진영이 들어 있는 상자가 떨어졌다. 그것도 갓 누운 소똥 위였다. 비단은 똥 범벅이 되었다. 나는 두려움에 어찌할 바를 몰라 입고 있던 양복을 재빨리 벗어서 그 상자를 감쌌다. 얼마 후 교장 집에 안치했다.

정말로 그때는 도로를 통행하는 사람이 거의 없었고 이따금 자전거가

쏜살같이 지나갔다. 때마침 지나가던 5, 6명의 일행에게 불령선인에 대해 물어보니, 약 3,000명이 다마가와^{多摩川}를 건넜다는 것이었다. 앞의 300명이 이번에는 3,000명으로 불어났다. 이 정도라면 도무지 상대하기가 어렵겠다고 생각하고 있던 중에 기병 1개 중대 정도가 모래먼지를 일으키면서 지나갔다. '자이젠 선생, 나는 이제 다마가와 쪽으로 정찰을 나갈 테니, 선생은 천황폐하의 어진영을 잘 지켜주세요.', '예, 알겠습니다. 교장선생님도 조심하십시오.' 우다가와 선생은 짧은 머리에 수건을 질끈 동여맨 채 허리에는 집안에 내려오는 광채가 나는 명도^{名刀}를 차고 자전거로 씩씩하게 출발했다. (중략) 적은 3,000명이 될 수도 있다. 그렇다면 살아남기 어렵다. 우선 선결과제는 나에게 주어진 천황폐하의 어진영을 보호하는 일이었다.

마루 밑에서 가래를 찾아 집 뒤켠의 나무 밑동을 석 자쯤 파냈다. 그 속에 천황폐하의 어진영을 묻고 흙으로 덮었다. '송구합니다'라고 마음속으로 되뇌면서 흙을 밟아 다진 다음, 나무 아래 널려 있던 낙엽들을 자연스럽게 흩어놓아서 완벽하게 위장했다. 마루에 걸터앉아 잠시 쉬면서 주변을 둘러보았다. 마을 사람들은 대부분 세타가야^{世田谷}의 연병장으로 피난을 가서 마을에는 쥐새끼 한 마리 얼씬거리지 않았다. 이따금 생각났다는 듯이 반종^{半鐘26}이 울렸다. 그것도 잇달아 치는 소리였다. 종소리가 끝남과 동시에 '와아, 와아' 하고 수많은 사람들이 외치는 소리가 들렸다.

그 소리가 그치자 주변이 조용해지며 귀에 들리는 것은 소나무에 부딪히는 바람소리뿐이었다. 이번에는 '빵, 빵' 하는 엽총 소리가 섞여 들렸다.

| 26) 한쇼^{半鐘} 망루 등에 매달아놓는 작은 종으로, 화재나 홍수, 도둑 등 비상시에 경계를 하라고 울렸다.

죽창 등으로 무장한 자경단과 아이들

다시 조용해졌다. 저 함성은, 저 소리는 아무래도 수상한 사람을 발견했을 때 내는 소리다.

'드디어 올 것이 오고야 말았구나' 하고 느꼈다. '교장선생님은 어떻게 되셨을까?' 걱정이 되었다.

어쨌든 상대는 수가 많다. 규슈에서 멀리 떠나왔는데 여기서 개죽음을 당할 수는 없다고 생각하고 나무들이 많은 곳으로 들어갔다. 칼집에서 작은 칼을 꺼내(중학교에 다닐 때 검도부여서 제법 단련을 했기 때문에) 5명 정도는 베어버릴 수 있다고 생각했지만, 어쩌면 그것이 마지막이 될지도 모른다. 가만히 손을 모아서 먼 서쪽 하늘을 향해 엎드려 절을 하고, 부모님께 작별을 고했나. 아무래도 죽고 싶지는 않으며, 교장선생님께는 미안하지만 집이 파손되어도 어쩔 수 없다. 만약 조선인이 내가 뿌려놓은 낙엽을 헤치고 새로 덮은 흙을 이상하게 여기며 행동을 한다면 뛰쳐나가서 지키겠다. 주변은 인기척을 전혀 느낄 수 없는 고요함으로 돌아갔다. 그 사이 시

간이 꽤 흘렀다. '어이 자이젠 선생!' 교장선생님이었다. 정말로 기뻤다. 하늘을 날 것처럼 기뻤다. '다마가와 제방까지 갔지만 불령선인의 내습은 유언비어였어. 제방 위에서 만난 가부라키 고헤이지縖木小平次 재향군인 분회장과 분담해서 각자 돌아오는 중 요소요소에 비장한 모습으로 모여 있는 재향군인단에게 해산하라고 전했다네'라고 해서 그제야 마음을 놓았다. 도쿄, 요코하마는 아직 진정이 되지 않았다. 나는 천황폐하의 어진영을 어떻게 다뤘는지 보고하여 큰 칭찬을 받았다. 급히 천황폐하의 어진영을 꺼내 구석구석 청소를 해서 실내 한쪽의 도코노마床の間27에 안치했다.

그러나 사회에서는 소동이 여전히 계속되어, 정부는 3일 계엄령을 포고했다. 학교 부근에는 보초가 서게 되었다. 촌에서는 자경단이 결성되어 각자 창이나 칼을 지닌 채 매일 밤 경계에 임했다."

---

27) 일본의 전통 다다미방에 있는 장식용 공간. 벽의 한쪽을 파고 바닥은 방바닥보다 높게 하여 그 안에 인형이나 꽃꽂이로 장식을 하고 족자 등을 걸어놓는다.

$$\left\{ \begin{array}{c} \\ \\ \end{array} \right.$$

· 제3장 ·

쇼와 전전기
昭和戰前期

$$\left. \begin{array}{c} \\ \\ \end{array} \right\}$$

1. 학교에 긴지로상이 세워진 것은 언제?

전전에 세 차례 고양된 보덕운동_ 쇼와 전전기에 소학교를 다닌 사람은 교정에 서 있던 긴지로상金次郎像[28]을 잘 기억하고 있을 것이다. 당시 교정에는 봉안전, 구스노키 마사시게楠木正成[29]의 상 등도 있었지만, 아이들에게는 긴지로상이 가장 인기 있었다. 그에 얽힌 추억을 가지고 있는 사람도 적지 않을 것이다. 1934년생인 작가 시바타 미치코柴田道子는 다음과 같이 쓰고 있다. "학생이 숙제를 잊고 해오지 않거나 규율을 어기면, 교사는 학생에게 땔나무를 지고 긴지로상 앞에 서 있게 했습니다. 땔나무가 아니라 물

---

28) 긴지로(1787~1856). 에도막부 시기의 농촌운동가, 사상가. 본명은 니노미야 다카노리二宮尊德이지만, 보통 니노미야 긴지로, 줄여서 긴지로라고 부른다. 농부의 아들로 태어났으나 무사가 되이 다이묘 휘하의 농촌경영에 탁월한 능력을 보였다. 막부에 초빙되어서도 닛코日光 등 각지의 황무지를 개척하고 농촌을 되살렸다. 또한 덕치주의를 근본으로 불교·신도神道 등을 혼합한 심학心學으로 서민을 교화하는 데 힘썼다.
29) 구스노키 마사시게(1294~1336). 가마쿠라시대鎌倉時代 말기의 무장武將. 고다이고 천황을 도와 가마쿠라 막부를 무너뜨리는 데 공을 세웠다. 천황에 대한 충성심의 상징적 존재로 손꼽힌다.

야오시립八尾市立 나카타카야쓰소
학교中高安小學校의 긴지로상

을 담은 양동이일 때도 있었고요. 긴지로상
은 유년시절 우리들의 피와 살이 되었습니
다."(《한줄기 빛》, 아사히신문사) 등교나 하교
때마다 경례를 하는 것을 의무로 삼았던 학
교도 많았으므로, 그런 행위를 통해서 수신
교과서가 말하는 '효행', '형제간의 우애', '근
면', '성실' 등의 덕목을 회상하는 사람도 있
을 것이다. 니노미야 긴지로는 메이지기부
터 수신교과서에 종종 나왔는데, 1904년에
시작된 국정교과서 시대에는 등장 횟수가
메이지천황에 이어 두 번째로 많았다. 1911
년부터는 문부성 창가에도 등장하여, '모범
은 니노미야 긴지로'라는 노래로 불렸다.

한편, 사회교육 쪽에서도 하늘·땅·임금·부모·조상의 은혜에 보답
하고, 정성을 다하며, 분수를 알고, 근로를 존중하며, 서로 양보하는 정신
을 강조하는 것이 니노미야 다카노리二宮尊德의 가르침이라는 보덕운동報德運
動이 메이지 30년대부터 일어났다. 자신도 니노미야 다카노리(손토쿠)에
빠져서 보덕주의로 사회를 이끌어가고자 했던 사회사업의 선각자 도메오
카 고스케留岡幸助30에 따르면, 보덕운동은 3기로 나눌 수 있다고 한다. 제1
기는 메이지 30년(1897)경까지이다. 보덕사상의 선전 및 보급이 시작된
시기로, 정부의 권농정책이나 산업조합의 탄생에 영향을 끼친 시기였다.

30) 도메오카 고스케(1864~1934). 일본 사회복지사업의 선각자. 감화원(현재의 아동자립 지원시설)을 세워 교
육을 했으며, 홋카이도 가정학교를 창설했다.

제2기는 메이지 38년(1905) 이후로, 러일전쟁 후 전후 경영의 지도 정신으로 보덕주의를 추구한 때였다. 보덕에 관한 저작물이 가장 많이 간행된 시기였다. 제3기는 다이쇼 15년(1926) 이후이다. "농촌의 자력갱생과 마르크스주의의 유행에 대처하는 사상 선도의 목적으로 보덕주의가 동원되었다. 다이쇼 15년 11월에 다카노리 70년 기념제가 거행되었고, 쇼와 6년에는 하마마쓰浜松에서 전국보덕사원대회가 열렸으며, 쇼와 7년에는 관민을 총동원한 농·산·어촌경제 갱생운동이 전개되었다. 이어서 쇼와 10년에 다카노리 80년 기념제가 거행되었다. 말하자면 다카노리 정신이 세 차례 활발히 일어나서 고창되기에 이르렀던 것이다."(이와나미서점 《교육학사전》 1938년판의 '니노미야 다카노리' 항)

1933~36년이 입상立像의 절정기 보덕운동이 벌어지는 가운데 학교에서는 보덕주간을 정하거나 보덕저금을 장려하기도 했다. 가나가와현 여자사범부속소학교에서는 다카노리의 탄생일인 7월 23일을 '보덕의 날'로 정해서 보덕정신의 함양을 꾀했으며(《요코하마시横浜市 교육사》 하권), 오다와라시小田原市 혼초소학교本町小學校에서는 1931년 이래 매년 7월 23일과 10월 20일(기일)을 중심으로 보덕주간을 실시했다.(《개교60년기념》지) 또한 후쿠시마현 소마군相馬郡 오타소학교太田小學校에서는 매주 월요일을 보덕저금일로 시행했다.

이러한 보덕운동에 편승해서 학교에서도 긴지로상이 건립되었을 것으로 생각된다. 과문한 탓인지 전국적인 조사는 명확하지 않지만, 다음의 표는 《아이치현 교육사》 제4권》(1975년 간행)에 게재되어 있는 것이다. 1933~36년이 절정기였고, 또한 보덕운동의 제3기와 겹친다는 것도 알

긴지로상의 건립 연도

연도	학교 수	연도	학교 수	연도	학교 수
쇼와 1	—	8	38	15	21
2	2	9	41	16	7
3	2	10	67	17	6
4	1	11	55	18	5
5	4	12	19	19	3
6	5	13	11	20	—
7	6	14	11	합계	305

자료: 아이치현 교육센터의 1974년 조사, 《아이치현 교육사》 제4권

수 있다. 필자는 지난날(1979년 10월 13일) 도야마현 다카오카시高岡市에서 오랫동안 긴지로 동상의 제작에 종사했던 후루카와 다이치古川太市 씨(1904년생)에게 이야기를 들은 적이 있는데(다카오카시는 긴지로 동상의 주산지였다), 그 이야기에 나오는 주문 쇄도 시기도 위의 표와 일치한다. 또한 1940년이 마지막의 최절정기였다는 사실도 알 수 있다. 그해는 기원 2600년의 캠페인이 벌어진 해였다. (《아이치현 교육사》 제4권에 따르면, 이 표에는 나와 있지 않지만 같은 현 호이군寶飯郡 마에시바심상고등소학교前芝尋常高等小學校의 긴지로상은 1924년에 세워졌는데, 이것이 전국 최초의 것이라고 한다.)

입상은 독지가가 기증한 것도 있지만, 전교생이 잡은 메뚜기를 기금으로 삼아 건립한 것도 있었다. 야마모토 후지오山本富士夫 씨의 조사에 따르면, 후쿠시마현 소마군 이시가미다이이치소학교石神第一小學校의 교사校史에는 1935, 36년에 2회씩 작업을 해서 세우고, 그 동상에 '메뚜기 포획 기념'이라고 기록했다고 한다. 당시 이시가미다이이치소학교의 아동 수는 600명이었다. 야마모토 씨의 추정에 따르면(인근 이소베소학교磯部小學校의 동상구입 가격 140엔과 메뚜기 판매가격 1되 4전으로 계산), 매번 아동 1인이 1되 5홉의

메뚜기를 잡은 셈이라고 한다.(야마모토 씨의 1997년도 교육사연구 전국대회 발표요약문에 따름)

2. 봉안전이 세워진 것은 언제?

봉안전이란 무엇인가?_ 봉안전奉安殿은 학교에 하달된 어진영과 교육칙어 등을 보관하기 위한 장소로, 보통의 학교건물과는 별도로 독립해서 세워졌다. 처음에 봉안전은 흙벽구조의 집이나 돌집이었는데, 점차 철근 콘크리트 건물이 일반화되었다. 또 양식은 학교에 따라서 다양했으나 신전 형식이 보급되어갔다. 봉안전은 국체명징國體明徵이 강조됨에 따라 성역이 되어, 등·하교 때 그 앞을 지나가게 되면 공손히 경례를 하는 것이 의무화되었다. 후쿠시마현의 소학교 중에는 봉안전을 건립할 때 전교 아동, 직원이 강가에서 돌을 운반해와, 아동이 자필로 성명을 쓴 '군주를 도와 나라를 지키는 서약의 돌'을 기초공사 때 집어넣은 경우도 있었다.(《후쿠시마현 교육사》제2권). 전쟁 후 1945년(쇼와 20) 12월, 문부성은 연합군 총사령부의 〈신도지령神道指令〉을 받고 신전 형식의 봉안전을 철거하라고 지시했으며, 다음해 6월에는 형식을 불문하고 철거하라고 명령했다. 원래 봉안전이라는 것은 어진영이나 칙어등본을 화재나 수해, 지진 등의 재해로부터 지키기 위한 것이었다. 어진영을 지키려다가 순직하는 교사들도 많이 나왔다. 봉안전은 순직 교원이 생기지 않도록 하기 위한 자위수단으로 건립되었다고 생각할 수도 있다.(이와모토 쓰토무岩本務,《'어진영'에 목숨을 바친 교

사들》, 오쓰키서점大月書店, 1989년)

봉안전이 세워진 시기 봉안전 창건 연대에 관한 전국적인 조사는 없다. 와
타리 쇼자부로亘理章三郎의 연구에 따르면, 봉안소를 세운다는 생각은 메이
지 25년경부터 나타났지만, 실제로 메이지시대에 세워진 것은 극히 적고,
다이쇼 후반부터 성행하게 되었다고 한다.(와타리 쇼자부로,《교육칙어와 학교
교육》, 주분칸서점中文館書店, 1930년)

　여기서는 아이치현의 봉안전 창건 연대를 예로 들어보자. 아래의 그림
은 아이치 현립도서관이 소장하고 있는 242권의 학교사 중 봉안전 창건
연대가 기재되어 있는 71권의 학교사를 토대로 작성했다. 그림에서 드러
나는 아이치현의 경향은 다른 지역과 비슷하다. 아이치현의 경향을 상세
히 살펴보면 다음과 같은 점을 지적할 수 있다.

　① 건립되기 시작한 것은 1900년대(메이지 후기) 이후이며, 메이지기에
건립된 것은 적었다. ② 1910년대(다이쇼기)에 들어서 보급되기 시작했다.
③ 1920년대 후반(쇼와기)에 들어서 대거 건립되었다. ④ 전쟁의 패색이
짙었던 1943년(쇼와 18)에도 건립되었다. ⑤ 그래프의 돌출된 부분에서 알
수 있듯이 1928, 29년에 많이 세워졌다.

　②에 대해서: 다이쇼기에 봉안전이 보급되기 시작한 것은 이 무렵부터
학교에 화재가 났을 때 어진영을 꺼내려다가 순직하는 교사들이 생겼기
때문이다.

　③에 대해서: 쇼와기에 봉안전 건립 건수가 증가한 것은 아시아태평양
전쟁의 영향으로 천황의 신격화가 진행되어 어진영의 중요성이 더욱 강
조되었을 뿐만 아니라, 1933년부터 제4기 국정교과서(극히 군국주의적인 내

아이치현의 봉안전 창건 연대(2002년 8월 조사, 숫자: 동)

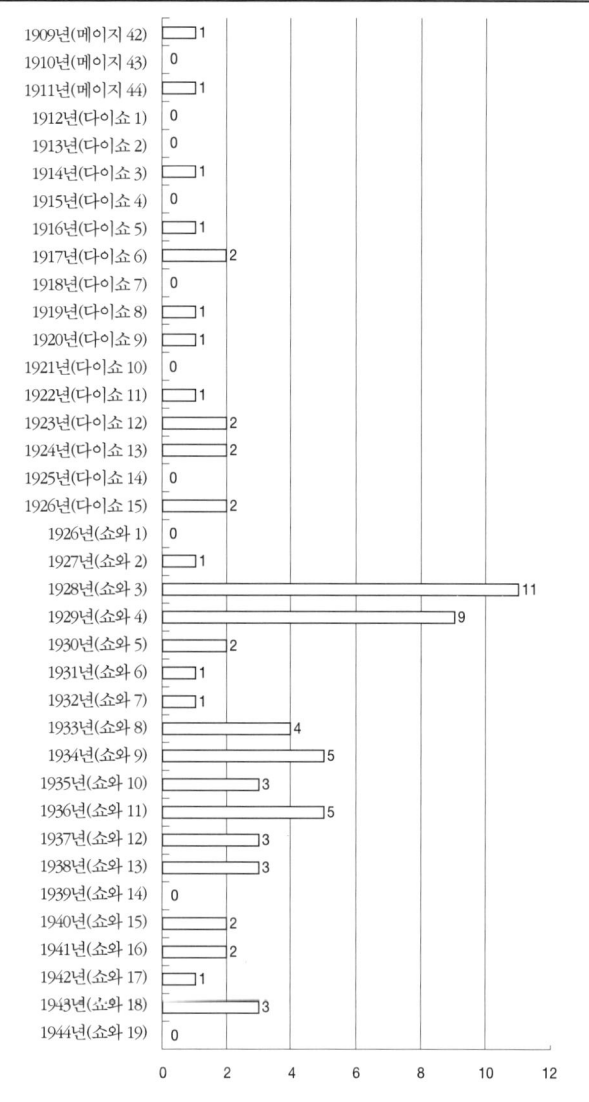

용이었다)가 도입된 사정과 깊은 관련이 있다.

④는 공습에 대비한 것이라고 생각된다.

⑤에 대해서: 1928, 29년에 특히 많이 건립된 이유는 1928년 11월 10일에 쇼와천황 즉위식이 거행되었기 때문이라고 생각된다. 그 여파로 1929년에도 많이 건립되었다고 할 수 있다. 실제로 1928년에 봉안전을 건립했던 고마키시립小牧市立 시노오카소학교篠岡小學校의 학교사에는 천황의 대관戴冠을 기념하여 건립되었다는 기술이 있다. 또한 이 두 해에 많이 건립된 이유로는 1930년이 교육칙어 발포 40주년에 해당한다는 점도 고려해야 할지 모른다. 그렇지만 이는 표면상의 이유일 것이다. 그것을《아이치현 교육사》제4권의 다음과 같은 기술이 시사한다. "어진영·칙어의 관리에 관해서는 이미 메이지기부터 현 당국은 각 학교에 엄중하게 지시해왔으나, 쇼와 2년(1927) 12월 아쓰미군渥美郡의 심상소학교 두 곳에서 발생한 어진영·칙어 분실사건을 계기로 더욱 엄중한 관리를 요구하게 되었다."

이 어진영·칙어 분실사건은 도쿄에서도 보도되어 아이치현 교육당국을 경악시켰다. 1928년 1월 19일자《신아이치》신문에는 시내의 모든 학교에 금고를 준비해두라는 내용의 기사가 실렸다. 아이치 현립도서관 소장의 학교사에는 필자가 아는 한 이 사건에 대한 언급이 없으며, 봉안전 건립 배경에 대해서도 '어대전기념御大典記念'이라고 기술하고 있을 뿐이다. ⑤의 진상은 어진영이나 칙어등본을 훔쳐가는 신종 범죄에 대한 대응으로, 필요에 쫓겨 봉안전을 세웠다고 할 수 있을 것이다.

현존하는 봉안전_ 전후 대부분의 봉안전은 GHQ(연합군 최고사령부)의 명령으로 해체되었지만, 지금도 여전히 사할린, 아이치, 오키나와 등지에 봉안전이 남아 있다. 삿포로시 후지藤여자중·고등학교(가톨릭계 중·고 일관

교一貴校)에 남아 있는 봉안전도 전후에 GHQ로부터 해체 지령을 받았으나 경제적인 이유도 있어서 교장 마키노 기쿠牧野キク는 도청道廳과 GHQ를 상대로 봉안전을 부수지 않고 그대로 두게 해달라고 요청했다. 결국 요청이 받아들여져서 봉안전은 '마리아당'으로 이름을 바꾸고 그 안에 마리아상을 두었다고 한다. 후지학원藤學園의 봉안전은 지금도 전시戰時의 양식을 말해주고 있다.

3. 1940년의 최대의 학교행사는?

기원 2600년_ 1940년(쇼와 15)은 신화상의 초대천황인 진무神武천황이 즉위한 지 2,600년째인 해여서 연초부터 봉축 이벤트가 모든 영역에서 벌어졌다. 국가행사로는 가시하라橿原신궁과 미야자키宮崎신궁의 확장 정비, 진무천황의 성스러운 업적 조사 등도 있었지만, 최대의 행사는 11월 10일(1928년 쇼와천황의 즉위식 날)과 11일에 열린 기념식이었다. 지방자치체와 관변단체 그리고 민간에서도 국가행사에 참여하여 깃발행렬이나 제등행렬 등 다양한 봉축행사를 벌였다.

한편, 그러한 봉축 분위기를 더욱 고조시키기 위해서 노래를 사용하기도 했다. 하나는 〈기원 2600년 찬가〉(1938년 제정, 도쿄음악학교 작사·작곡)이고, 또 하나는 일본방송협회가 가사와 곡을 공모하여 1940년 1월에 6개 레코드사에서 일제히 발매한 봉축국민가 〈기원 2600년〉31이었다. 이 노래들을 라디오에서 틀어주고, 축하행사에서 빈번하게 연주했다.

기원 2600년 찬가 레코드와 기원 2600년 기념식 장면(출처: 위키백과 일본)

학교의 기념사업_ 아이들에게 이 해가 기원 2600년이라는 것은 우선 1월 1
일의 신년하례식에서 훈화로 알렸고,[32] 기회 있을 때마다 그런 의식을 불
어넣었다. 도쿄에서는 2월 3, 4, 10, 11, 12일 5일간 일본청년관에서 91개
교의 아동이 학예회를 열었고, 11일에는 건국제를 성대히 올렸다.

야마나시현 우에노하라심상고등소학교上野原尋常高等小學校에서는 기념사업
으로 어진영 봉안전을 건립했다.(지진제地鎭祭[33]는 동년 5월 6일에 함) 그해 1월
에 발표된 그 취의서(요지)에는 "이 세상에 두 번 다시 없을 빛나는 기원

---

31) 〈기원 2600년〉은 마스다 요시오增田好生가 작사하고, 모리 기하치로森義八郎가 작곡했다. 총 5절로 구성되
   어 있는데, 1절의 가사는 다음과 같다. "금빛 솔개 빛나는 일본의/ 영광스러운 빛 몸에 받아서/ 지금이야말로
   축하하리라, 이 아침/ 기원 2600년/ 아아 1억의 가슴은 운다." 행진곡풍의 경쾌한 곡이었다. 하지만 1943년에
   담배값이 인상된 것에 빗대어 아이들 사이에서는 다음과 같이 개사한 노래가 유행했다. "'긴시金鵄' 빛나는
   15전/ 영광스러운 '히카리光' 30전/ 그보다 독한 '호요쿠鵬翼'는 오르고 올라 250전/ 아아 1억은 돈이 아니다.
   (도리고에 신島越信,《아이들의 개사곡 걸작집》, 헤이본샤平凡社 라이브러리) —원주
32) 예를 들면 효고현 가코가와加古川제1심상고등소학교 교장은 다음과 같은 훈화를 했다. "우리 야마토大和민
   족은 옛날 건국 때부터 이어져온 큰 힘을 갖고 있습니다. 그래서 일본제국은 무궁하게 영광스러운 것입니다.
   그 옛날, 진무천황이 오토모大伴, 모노노베物部의 무자武者를 거느리고 복종하지 않는 자들을 정벌하여 건국
   한 지 2,600년이 되었습니다. 그 동안 일본은 올바르고 강하고 영광스러웠습니다.……"(《가코가와소학교 식
   일식日 훈화기록》, 가코가와시사 편찬실 발행) —원주
33) 토목공사를 하기 전, 건물의 안전을 위해 지신에게 지내는 제사.

봉축행사일의 기념 촬영
《에후로구립 이시부미소학교 85년사》

2600년 기념사업으로 정민ⁱⁱⁿ⁽과 졸업생 모두 이제까지 바라던 어진영 봉안전을 받들어 세워서, 황실을 우러르는 마음을 더욱 드높이고……"라고 기록되어 있다. (우에노하라소학교 발행, 《백년사》)

《도니치東日소학생신문》(동년 2월 2일자)은 각지에서 열린 기념사업 중 몇 가지를 소개하고 있다. 거기에 따르면 히로사키시弘前市 다이이치다이세이교第一大成校에서는 떫은 감을 재배하고 있었다. "그것은 어망에 칠하는 방부염료가 된다. 성장이 빠르고 손질이 쉬워서, 5년 만에 훌륭한 나무가 된다. 1년에 2, 3백 엔의 수입을 얻을 수 있다. 아동의 체력 향상에도 도움이 되고 선생님들에게 큰 힘이 된다."(아키야마 마사미秋山正美 엮음, 《소학생신문으로 보는 전시하의 아이들》 2, 일본도서센터)

돗토리시의 소학교에서는 그해 특별행사로 아동작품 전람회(건국정신을 환기시키고 기르는 데 적절한 작품을 전시한다), 아동학예회(건국에 관련된 동요, 무용, 극 등으로 한정한다), 무도 및 제육대회(추위를 견뎌내고 상무정신을 기른다)가 실시되었다. (돗토리시 교육위원회 편집 발행, 《돗토리시 교육백년사》)

군마현의 소학교에서는 11월 10일을 중심으로 봉축행사를 거행하고 전교 아동이 참가하는 깃발행렬을 실시했다. 고마가타소학교駒形小學校 등에서는 11월 10일에 팔굉일우八紘一宇34 탑을 건립했다. 또한 일부 학교에서는

'아동서사兒童誓詞'를 제정해서 아동들이 소리 내어 읽도록 했다.《나카노조소학교中之條小學校90년사》에 따르면, 이 학교의 '서사'는 "하나, 우리들의 몸은 천황폐하의 것입니다. 소중히 합니다. 튼튼히 합니다. 하나, 우리들은 일본인입니다. 참을성 있게 합니다. 끝까지 해냅니다. 하나, 우리들은 맹세코 홍아興亞의 힘이 되겠습니다"라는 내용이었다.(《군마현 교육사》제4권)[35]

기원 2600년 봉축행사는 모든 국민을 전시체제로 몰아넣기 위한 조직인 다이세이요쿠산카이大政翼贊會(1940년 10월 발족)의 준비와 병행해서 진행되었다. 이 조직은 11월 15일 "축제는 끝났다. 자! 일하자"라는 포스터를 만들어 여기저기에 내걸었다. 이 슬로건을 통해서 봉축 이벤트는 끝이 났다.

4. 미일개전 때 교장은?

우지가미에게 참배_ 1941년 4월 국민학교 개교 이후, 교육은 '황국의 길에 토대를 두며' '기초적 연성鍊成'(국민학교령 제1조)을 목적으로 했다. 그해 12월 8일 미일개전 때 했던 어느 교장의 훈화는 그 내실을 보여주고 있다.

---

34) 천하를 한집처럼 통일함. 제2차 세계대전 때 일본이 '대동아공영권 건설'을 내세우며 해외침략을 정당화하는 표어로 쓴 말.

35) 야마나시현의 우에노하라소학교에서도 이 무렵 다음과 같은 서사와 교훈을 만들었다. "서사: 나는 교육칙어의 정신을 몸으로 실천하는 올바른 일본인이 되기 위해 먼저 교훈 3개조를 마음에 새기고 매일 조금씩이라도 실행에 옮길 것을 여기에 삼가 선서한다. 교훈: 하나, 신을 섬기고 황실을 공경한다. 하나, 사람을 위해 세상을 위해 나라를 위해 힘쓴다. 하나, 몸을 튼튼히 하고 즐겁게 일한다."(우에노하라소학교 발행,《백년사》) —원주

아이들은 개전 소식과 교장 훈화를 어떻게 받아들였을까?

고베시 히라노국민학교平野國民學校 4학년 고니시 게이시小西敬士는 그날의 일을 작문에서 이렇게 썼다.

"학교에 갔더니 스가와라菅原 군이 '드디어 미국과 전쟁을 한다고 라디오에서 방송을 했어'라고 알려주었다. 나는 정말이냐고 되물었지만 어쩐지 정말인 것처럼 생각되지 않았다. 진짜일까? 그러고는 오는 아이들마다 그 말을 해서 나는 역시 진짜였구나 하고 생각했다. 큰일이라서 가슴이 두근거리기 시작했다. 3교시에 종이 울려서 운동장에 모였다. 나는 '무슨 일일까, 전쟁 이야기일까, 무슨 행사라도 있는 걸까?'라고 생각하면서 나갔다. 교장선생님이 단상 위에 올라가서, '여러분을 모이게 한 것은, 대원수 폐하께서 오늘 내리신 선전포고의 조서를 전하는 방송이 있었으므로, 그것을 여러분에게 들려주려고 여기에 모이게 했습니다'라고 말했다. 라디오가 등장했다. 긴장해서 몸이 바짝 조여드는 기분이었다. 그러나 선전포고를 하는 조서가 아니라 임시뉴스가 나왔다. 나는 '과연 일본군이구나. 역시 강하구나'라고 생각했다. '만세, 만세'라고 마음속으로 몇 번이나 외쳤다. 가만히 있을 수 없는 기분이었다. 저녁에 집에서 석간을 보니, '선전포고'라는 글자가 크게 박혀 있었다."《효고현 교육사》

교토시의 시메이국민학교紫明國民學校 3학년 니시카와 히사코西川ㅅ子도 개전 소식에 긴장했다. 그녀의 그림일기는 그날부터 시작되고 있다.

그날 교무실 귀퉁이 바깥에 매달린 종이 '캉캉캉 캉캉캉' 하고 긴급 집합을 알리는 세 번 치는 소리를 냈다. "마침내 미국, 영국과 큰 전생이 시작되었습니다. 이번 전쟁은 사변과는 달리 온 힘을 기울여 싸우지 않으면 안 됩니다. 그리고 어떻게 해서든 이겨야 합니다. 여러분도 열심히 해야 합니다'라고 교장선생님이 말씀하셨습니다. 그때부터 우지가미^{氏神} 님36께 참배를 했습니다."(니시카와 히사코, 《그림일기, 소녀의 일미개전》, 소시샤草思社)

　니시카와와 마찬가지로 앞서 소개했던 고니시도 신령과 부처에게 빌 수밖에 없었다. "저 큰 아메리카나 영국을 항복시키는 것은 이만저만 어려운 일이 아닙니다. 제발 신의 나라 일본이 이길 수 있도록 가호를 내려주세요. 그리고 내 몸이 한층 더 튼튼해져서 나라를 위해 일하는 인간이 될 수 있도록 지켜달라고 두 손을 모아 빌었다."(출처는 위와 같음)

'이번은 연습이 아니다' _ 효고현 가코가와국민학교의 기누마키 히코조^{絹卷彦藏} 교장은 개전 사흘 후인 12월 11일, 선전포고를 알리는 조서 봉독식에서 다음과 같은 훈화를 했다.

　"언제가 되면 미국과 영국에 선전포고를 하는 조서를 받들 수 있을까 하고 우리 1억의 국민은 실로 기다리고 기다려서 오늘에 이르렀습니다. 황송하게도 지난 8일, 미국과 영국에 선전포고를 하는 조서를 내리시기에 이르렀습니다. 우리 국민으로서는 이보다 감격스러운 일이 없을 것입니다. 아마도 우리 모두가 일생을 통해 이러한 조서를 받드는 일은 이번이 마지막일 것입니다. (중략) 이날의 감격은 무슨 말로도 표현할 길이 없습니다. 생각해보면, 세계에 나라는 많이 있지만 국력으로 보나 군비로 보나 경제력으로 보더라도 세계 제일이라 스스로 과신하고 있고 또 실력도 가지고 있는 아메리카 합중국과 지구상에서 해가 지지 않을 정도로 넓은 영토를 가진 영국입니다. 이들 국가의 태평양 방면 작전의 중요한 기지인

---

36) 씨족신, 자신들 씨족의 선조. 고장을 지켜준다고 믿어서 신사를 세워 모시는 우지가미신사가 전국 각지에 있다.

미국의 하와이, 미드웨이, 웨이크, 필리핀, 그리고 영국의 홍콩, 말레이시아, 싱가포르 등을 8일 오전 3시를 기해 미·영 양국이 대응할 틈도 없이 전광석화처럼 폭격하고 또 군함을 침몰시키는 등 육·해군의 승전 뉴스를 들었던 우리들의 감격은 잊을 수 없을 것입니다. 일본의 해군을 신뢰한다는 말은 여러 차례 들었는데, 정말로 우리 국민은 신뢰해도 좋다고 느낀 순간이었습니다. (중략) 천황폐하께서는 이번 전쟁을 각별히 염려하시어 아마테라스 오미카미天照大神를 비롯해 천지신명에게 빌고 계시니까, 우리들도 각자 우지가미에게 참배하며 전승을 기원하는 동시에 지금부터 힘껏 싸우겠다는 것을 맹세합시다."(가코가와시사 편찬실 발행,《가코가와소학교 식일 훈화 기록》)

상급 학교의 교장은 이런 낙관적인 훈화를 할 수 없었다. 재단법인 조후고등여학교調布高等女學校 가와무라 리스케川村理助 교장의 12월 8일 훈화는 "이번 전쟁은 처음에는 이길지도 모릅니다. 그러나 그 후가 그리 만만치 않습니다"라고 하여, 오히려 이기지 못할 것이라는 점을 암시하고 있었다.

"드디어 올 것이 왔습니다. 오지 않았으면 하고 걱정하던 것이 결국 왔습니다. 이번 상대는 세계에서 가장 부유하고, 최고로 강한 해군력을 가졌으며, 문화도 타국보다 우위에 있다고 자처하는 나라입니다. 병력에서도 두 나라를 합하면 우리나라는 한참 미치지 못합니다. (중략) 개벽開闢 이래 이 정도로 큰 국난을 만난 적은 아마 없었을 겁니다. 오늘은 영원히 기억해야만 하는 날입니다. (중략) 지금까지의 방공연습은 연습입니다. 이번에는 연습이 아닙니다. 진짜입니다. 진짜 폭탄이 떨어지면 이렇게 하겠습니까. 허둥대서는 안 됩니다."(오카노 가오루코岡野薫子,《태평양전쟁하의 학교생활》, 신초사新潮社)

전쟁에 돌입한 지 이틀째, 니시카와 히사코의 학교에서도 분위기가 달라졌다. 12월 10일, "1교시는 수신으로, 히미水見 선생님께 전쟁 이야기를 들었습니다. 그리고 그날부터 쉬는 시간이 끝나고 종이 울리면 음악에 맞춰 두 줄로 서서 교실로 들어가게 되었습니다. (중략) 집에 돌아갈 때도 나란히 두 줄로 서서 돌아갔습니다." 학교에서는 전쟁에 대비한 훈련이 시작되었다. 교실에 드나들거나 하교를 할 때도 두 줄로 다니게 했다. 12월 12일에는 3학년 이상이 모모야마고료桃山御陵37에 전승을 기원하는 참배를 했다. "'공손히 경례'라는 선생님의 목소리와 함께 머리를 숙이고 전쟁에서 이기게 해달라고 빌었습니다. 그런 다음 '우리들은 순종하며, 강하고 올바르게 나라를 위해 모든 힘을 다하겠습니다'라는 맹세의 말을 함께 외쳤습니다."(니시카와 히사코, 앞의 책)

5. 도시의 아이들은 모두 소개했다?

수도와 중요도시를 대상으로 한 단계_ 1943년 11월 1일에 두 번째의 개정 방공법防空法이 공포되어 처음으로 소개疏開가 민간 방공대책의 한 항목이 되었다. 정부와 군은 전쟁을 계속하는 데 중요한 도시의 방공상 불요불급한 기업이나 관청에 근무하는 사람들과 그 가족, 특히 노인과 아이들을 가능한 한 지방으로 이동시키려고 했는데, 아직 공습피해가 없던 이 시기에

| 37) 교토 후시미구伏見區에 있는 메이지천황의 묘.

소개 권장에 응하는 도시 주민은 적었다. 다음해인 1944년 6월 15일, 연합군이 사이판 섬에 상륙하여, 치열한 지상전이 벌어졌다. 대본영은 26일에 사이판 섬 탈환을 포기했다. 그것은 결국 사이판 섬을 비롯하여 마리아나 제도 각지가 미군기지로 변해 일본 본토를 목표로 한 폭격기가 날아오는 것을 의미했다.

6월 30일, 정부는 〈학동소개學童疏開 촉진요강〉을 각의에서 결정하여 13개 중요도시에 거주하는 국민학교 아동의 소개를 강력히 추진하게 되었다. 중요도시는 제국의 수도 즉 도쿄도구부東京都區部(대체로 현재의 23구에 해당), 1943년 이후 소개지역으로 지정된 지역 내의 11개 대도시와 요코스카시橫須賀市였다. 구체적으로는 게이힌京浜 지역의 요코하마시와 가와사키시, 한신阪神 지역의 오사카시, 고베시, 아마가사키시尼崎市, 나고야 지역의 나고야시, 기타큐슈 지역의 모지시門司市, 고쿠라시小倉市, 도바타시戸畑市, 와카마쓰시若松市, 하치만시八幡市였다. 일찍이 4대 공업지대라 불린 지역의 중심도시들이었다. 나머지 요코스카시에는 해군 기지와 해군 공창工廠이 집중되어 있었다. 결국 소개 대상인 중요도시는 총력전을 지탱할 군수산업의 중추라는 것을 알 수 있다. 따라서 군 관련 업무에 종사하고 방공활동을 담당하는 어른들은 오히려 도시를 떠나는 것이 금지되었다. 이 때문에 많은 가정에서 아이들만 소개하게 되었다.

학동소개는 연고를 원칙으로 했기 때문에 소개 권장에 응한 가정의 아이들은 홀로 친척집 등에 몸을 의탁하고 지방 학교로 전학해서 불안한 마음으로 소개생활을 견뎌내야 했다. 한편, 지방에 연고가 없는 아이들을 위해서 정부는 우선 1년간의 집단소개를 계획해서 실시했다. 교사가 인솔하여 학교 단위로 소개처인 절이나 신사, 료칸旅館을 숙소로 삼아 집단생활을 했는데, 저학년은 곤란하다고 판단하여 3학년 이상을 대상으로 정했다. 도쿄도의 경우에는 구區마다 옮겨갈 현이 할당되어 8월 초순부터 소개지로의 이동이 시작되었다. 소개에 참여한 학생 수는 도都의 대상 학령아동 47만 5,000명에는 미치지 못했지만, 그 4할 이상으로 20만 명이 넘었다. 이 수는 다른 중요도시 참가자의 총수와 비슷했다. 특히 기타큐슈의 5개시는 각의 결정 시점에 이미 중국에서 발진한 미군기의 공습을 받아 연고소개가 신속하게 행해졌기 때문에 집단소개는 실시되지 않았다.

사이판 섬의 일본군이 전멸한 7월 7일, 난세이제도南西諸島와 오가사와라제도小笠原諸島38에 거주하는 노인, 유아, 부녀자를 섬 밖으로 소개시키는 조치가 각의에서 긴급하게 결정되었다. 쓰시마호對馬丸의 비극39으로 알려진 오키나와 아동의 집단소개는 13개 도시와는 별도로 이 결정에 따라 실시되었다.

소개생활은 천차만별이었으나, 대부분의 체험자가 부모 곁을 떠나 쓸쓸함과 굶주림, 아이들끼리의 따돌림 등으로 고통을 겪었다고 당시를 회상하고 있다. 또한 집단소개에는 자기 부담금도 요구되어, 가난하고 연고가 없는 집의 아이들은 도시에 남을 수밖에 없었다. 장애아나 차별을 받던 부라쿠部落, 재일조선인 아동들도 대부분 잔류했다. 남겨진 소외감이나 소개되지 않고 잔류한 아동의 추억도 고통스러운 것이었다.

소개 강화를 독자적으로 판단한 단계_ 마리아나 기지에서 발진한 미군 대형폭

---

38) 일본 본토에서 남으로 약 1,000킬로미터 떨어진 서태평양의 섬들. 보닌 제도라고도 한다.
39) 오키나와에서 본토로 소개하는 아동을 태운 선박 쓰시마호가 1944년 8월 22일 미국 잠수함의 어뢰 공격으로 침몰한 사건. 아동 775명을 포함하여 1,400여 명이 희생되었다.

격기 B29 등에 의한 본토 공습은 집단소개가 시작된 지 3개월 후인 11월 하순부터 시작되었다. 예상대로 대도시의 군수·군사 거점이 표적이었다. 다음해인 1945년 1월, 정부는 신년도부터 집단소개를 1년간 연장하기로 각의에서 결정했다. 그 무렵 레이테 만 결전[40]을 단념한 대본영은 가까운 장래에 본토전이 벌어질 것이라고 예측하고 적군의 상륙예상지를 명확하게 꼽았다. 구체적으로는 가시마나다鹿島灘, 구주쿠리하마九十九里浜, 사가미완相模灣이었다. 그 때문에 지바, 이바라키, 시즈오카 등 태평양 연안 현들에 와 있던 집단소개 아동을 도호쿠東北지방으로 다시 소개하라는 명령이 내려졌다.

3월 10일의 도쿄대공습을 기점으로 하여 공습은 일반 주민도 구분하지 않는 무차별 융단폭격으로 변했다. 정부는 집단소개 대상 학년의 하한을 1학년생으로 낮추고 히로시마, 구레呉, 교토, 마이즈루舞鶴를 새로이 소개 도시에 추가했다. 그러나 연고소개로 전환한 가족이 속출하여 참여자 수는 처음 실시된 해에 비해서 격감했다. 면회를 오는 부모도 줄어들어 2년째의 소개생활은 아이들에게 한층 냉엄하고 고통스러운 것이었다.

한편, 지방 전출을 미루고 있던 사람들이 대거 도시 탈출을 꾀해서, 농촌 등의 지역사회나 지방의 중소도시는 인구가 크게 늘었다. 그러자 지방도시가 대도시를 불태워버린 미군기의 다음 폭격 목표가 되었다. 정부는 공습이 우려되는 중소도시에 대해 연고소개를 권하면서 집단소개는 금지했다. 그러나 가마이시釜石제철소가 있던 이와테현 가마이시시는 아동들이 지바에서 현내로 재소개되어 오기에 앞서 독자적으로 집단소개에 착

---

40) 1944년 10월 필리핀 레이테 만에서 벌어진 해전. 2차 대전 중 태평양에서 벌어진 최대 해전 중 하나로, 그 결과 미군이 태평양의 제해권을 완전히 장악했다.

수했다. 그 밖에도 야마가타시山形市, 마쓰모토시松本市, 오카야마시岡山市 등이 현과 시·정·촌 차원의 독자적인 판단으로 집단소개를 실시했는데, 그 실태와 전모는 지금까지도 명확하지 않다.

소개학동이 소개처에서 공습에 몸을 사리게 되고 나서 얼마 후에 전쟁은 끝났다. 그러나 도시의 식량사정이 다소 회복할 때까지 집단소개 상황은 계속되었다. 그 후 차례차례 귀향했지만, 공습으로 가족을 잃고 고아가 된 아이들도 많았다.

6. '어진영'도 소개했다?

1944년 8월은 학동의 집단소개가 시작된 달이다. 이 8월에 또 하나의 소개가 행해졌는데, 바로 어진영(천황이나 황후의 사진) 등의 소개였다.

나는 도쿄도에서 열린 어느 '평화를 위한 전쟁자료전'의 실행위원회에 참가하는 중에, 전쟁 당시의 교육이나 전쟁유적에 관심을 가지게 되었다. 조사를 해보니 메구로구나 오타구大田區에는 이나리사稲荷社41로 전용된 봉안전이 한 동씩 남아 있고, 또 가나가와현 유가와라정湯河原町에는 국화 무늬가 붙어 있는 그대로 송덕사頌德社로 현존하고 있는 봉안전을 확인할 수 있었다. 그 후 도쿄 남부의 소학교 기념지나 연혁지를 토대로 봉안전에 모셔진 어진영이나 교육칙어가 언제 각 학교에 '하사'되었는지, 또는 봉안

---

41) 이나리신稲荷神을 모신 신사로, 전국 곳곳에 세워져 있다. 이나리신은 곡물과 농업을 관장하는 신이다. 이 신사에는 여우 모양의 구조물이 있는데, 여우는 이나리신을 수행하는 동물이라고 한다.

전이 몇 동이나 세워졌는지 등을 조사했다. 지금부터 서술하는 것은 학동 소개의 시기로 한정된 것이다.

공습과 어진영_ 전쟁이 격화되면서 미군기의 공습으로부터 학교를 지키는 일 외에 가장 먼저 대책을 강구한 것이 어진영의 보호였다. 그 상황을 먼저 연표로 살펴보자. (이번에 조사한 범위는 메구로구에 인접한 시나가와구^{品川區}, 오타구 등이다. 연표 중의 표기는 기념지 등에서 거의 그대로 옮겼기 때문에 통일되지 않은 상태이다. 괄호 안은 구^區명, 국민학교명이다.)

[1942년]

4. 18.   미군기가 도쿄를 처음으로 공습. 시나가와구에서 26명의 사망자 발생

[1944년]

1. 21.   모든 교실의 복도에 방공호를 완성 (메구로구 오오카야마^{大岡山})

5월   교사^{校舍}의 일부를 병사^{兵舍}로 사용

6. 1.   어진영을 이케가미제2국민학교^{池上第二國民學校}로 옮겨 모심 (오타구 이리아라이^{入新井}제4)

6. 25.   니노미야 다카노리 옹의 입상 제막식 (메구로구 가미메구로^{上目黑})

7월   학동 집단소개 긴급 보호자 모임을 각 국민학교에서 개최

8. 4.   학동 집단소개 개시

8. 28.   니노미야 다카노리 옹의 유아동상 회수 (메구로구 덴도^{田道})

8. 29.   어진영을 니시타마군^{西多摩郡} 요시노국민학교^{吉野國民學校}로 옮겨

모심 (메구로구 가라스모리烏森)

어진영과 칙어등본을 옮겨 모심 (메구로구 고혼기五本木)

아침 5시 30분 어진영을 니시타마군 요시노촌吉野村의 요시노국
민학교로 옮겨 모심 (메구로구 하라마치原町)

어진영과 칙어등본을 도쿄도 지정 어진영 봉천소奉遷所로 옮겨
모심 (시부야구 도키와마쓰常磐松)

어진영과 교육에 관한 칙어 등본을 구청에 옮겨 모심. 당일 니
시타마군 요시노촌의 요시노국민학교에 이상 없이 옮겨 모셨
음을 아룀 (시부야구澁谷區 니시하라西原)

8월　　어진영과 교육칙어를 요시노국민학교 '요시노봉천소'에 옮겨
모심 (오타구 이리아라이제4, 이케가미제2)

9.7.　　어진영을 요시노국민학교로 옮겨 모심 (오타구 산노山王)

9.22.　　동쪽 교사校舍 10실을 군대가 사용 (메구로구 가라스모리)

[1945년]

5.24.　　오전 2시 30분 소이탄 공격을 받아 다수의 교사가 전소. 봉안
전과 수영장만 화를 면함 (메구로구 오오카야마)

8.15.　　패전

1945년 5월 24일 도쿄 도심 공습 때 "봉안전과 수영장만 화를 면함"이
라고 적혀 있다. 봉안전은 목적과 같이 무사했던 것이다.

처음에는 교내에 봉안고奉安庫가 만들어졌으나, 어진영을 화재 등에서
지키려면 그것으로는 불충분했다. 그 책임을 맡고서 어진영을 지키기 위

해 목숨을 바친 교사도 있었다.(이와모토 쓰토무,《'어진영'에 목숨을 바친 교사들》, 1989년; 다카시마 노부요시高嶋伸欣,《교육칙어와 학교교육》, 1990년) 그래서 교사校舍에서 떨어진 곳에 철근 콘크리트 구조물의 봉안전을 세웠던 것이다.

그러다가 전황이 악화되어 본토도 공습을 받게 되자 다시 어진영을 안전한 장소로 소개시켰다.

1941년 메구로구 고혼기국민학교 당직일지에는 어진영과 칙어등본의 봉천규정이 나와 있다. "비상시에는 풍향이나 그 밖의 상황을 고려하여 다음의 장소로 봉천하되, 봉천의 호위에 부주의한 일이 없도록 한다"는 내용에 이어서, "제1봉천소 다카반국민학교鷹番國民學校, 제2봉천소 나카메구로국민학교中目黑國民學校, 제3봉천소 가라스모리국민학교"라고 명기하고 있다.(메구로구 교육위원회,《메구로구 교육 100년의 발자취》, 1986년) 역시 같은 책에 어진영을 봉천할 때 등에 메는 상자의 사진이 실려 있다. 그것은 모리야守屋교육회관에 보관되어 있는데, 양철로 만든 좌우여닫이 보관함으로, 가죽 케이스로 싸여 있으며, 그 속에 오동나무 상자가 들어 있다. (외장은 가로 43cm, 세로 54cm, 깊이 16.5cm의 크기이다.)

1943년 도시마구豐島區에서는 구내 어진영을 나가사키제5국민학교長崎第五國民學校에 모아서 교원들이 돌아가면서 숙직을 하는 체제로 관리했다.(도시마구,《도시마구사 통사편》 2, 1983년)

1944년 6월 3일, 분쿄구文京區 세이시국민학교誠之國民學校의 어진영을 유시마국민학교湯島國民學校로 옮겼다. 학교일지는 다음과 같이 기록하고 있다.(세이시 학우회,《세이시가 말하는 근현대교육사》, 1988년)

"어진영의 봉천

천황폐하 어진영 1점, 황후폐하 어진영 1점, 다이쇼천황 어진영 1점, 황태후폐하 어진영 1점, 메이지천황 어진영 2점, 쇼켄昭憲황태후 어진영 2점.

명에 의해 도쿄도 유시마국민학교로 봉천했다. 이날 오전 6시 이전 교감과 숙직원 고바야시 다다오小林忠雄, 다나카 요시마사田中好政가 조심스럽게 봉천 준비를 하고, 오전 6시 비상 봉천의 규정에 따라 교감 시마바라 요시후미島原好文가 어진영을 모시고, 학교장 사카구치 스기스케坂口繼輔가 삼가 호위하고, 모든 직원이 봉송하는 가운데 학교를 출발해서, 경호를 위해 파견된 모도후지本富士경찰서 직원 1명과 함께 모두 걸어서 유시마국민학교에 도착했다. 혼고구本鄕區 교육과장, 유시마국민학교 교장과 교감의 입회로 오전 6시 35분 동교 봉안고에 보관하는 것으로 봉천을 마쳤다."

이에 따라 세이시국민학교 봉안실의 경호는 필요 없게 되었지만, 경보 발령 중에 유시마국민학교까지 가서 경호를 하는 부담을 져야만 했다. 그리고 마침내 봉호奉護규정에서 정하고 있는 인접 국민학교나 경찰 이관으로 끝나지 않고 니시타마로 소개하기에 이르렀다. 이 소개처가 위의 연표에 보이는 1944년 8월 29일의 히카와국민학교氷川國民學校 히카와봉천소였다.

센다가야국민학교千馱ヶ谷國民學校의 경우 "쇼와 19년 8월 29일, 시국이 긴박해짐에 따라 어진영을 봉천했다. 오전 8시 학교를 출발하여 구청으로, 구청에서 도都로, 도都에서 니시타마군 요시노국민학교로 교장 호위 아래 옮기고, 이곳에서 봉환봉천식奉換奉遷式을 거행했다"고 한다.

〈도쿄도 니시타마군 요시노 어진영봉천소 봉호숙직일과표(쇼와 19년 10월 9일부터 20년 3월 21일까지)〉에 따르면, 요시노국민학교에 소개한 것은 위의 연표에 보이는 메구로, 시부야, 오타만이 아니라, 시나가와(27개교), 메구로(20개교), 에바라荏原(16개교), 오모리(27개교), 가마타蒲田(21개교), 세타가야昭田谷(29개교), 시부야(22개교)로 7개구(학교 수는 162개교)에 이르는 것을 알 수 있다.

한편, 도쿄도는 4개 국민학교 강당을 몇 개의 칸막이로 나누고 선반을 만들어 어진영과 칙어를 안치할 수 있도록 사전 공사를 했다. 그런 다음 앞에서 소개처로 언급된 각 국민학교 교장에게 도쿄도 명의로 '도쿄도 니시타마군 ○○어진영봉천소장으로 명한다'는 발령장을 주었다. 발령일은 1944년 8월 28일이었다.(고故 구메이 쓰가네ㅅ米봉束 씨 소장자료)

어진영의 경호_ 다음으로 받는 측의 모습을 이쓰카이치五日市소학교의《개교 100년》(1947)에서 보기로 하자. "(전략) 이쓰카이치 국민학교에서는 에도가와江戶川나 아라카와荒川, 스미다墨田 등 시타마치下町[42] 지역 학교의 어진영 백 수십 개교 분이 옮겨져 와서, 강당에 몇 개의 커다란 수납장을 설치하고 그 안에 보관했다. (중략) 이 어진영의 경호를 위해 강당 바깥에 숙직용 작은 방을 새로 만들어, 매일 도내都內 학교 교사들이 교대로 숙직을 하러 왔다. 대체로 2, 3인씩 짝을 지어 하룻밤 숙직을 하고 나서 돌아갔으며, 신임교사들이 찾아와서 묵고 갔다. 강당 자체도 철망이나 격자格子를 붙이거나 화재를 막기 위해 콘크리트 보강공사 등을 했다.

또한 학교 주변에 거주하는 사람들도 어진영의 경호에 동원되었다. 이 주변은 이쓰카이치정五日市町 경방단警防團 제4분단 제8군群에 속하는 도나리구미隣組下町[43]가 조직되어, 거기에 소속된 사람들은 종종 어진영 피난훈련을 했다. 유사시에는 이진영이 가득 찬 수납징을 깅딩에서 꺼내 수레에

---

42) 도시의 낮은 지역. 상인이나 장인들이 많이 거주했던 곳이다.
43) 쇼와 시대에 전시체제戰時體制를 강화하기 위해 만든 관官 주도의 주민조직이다.

신고, 모두가 그것을 끌고 안전한 장소까지 피난했다. 연습을 할 때는 빈 수레를 끌고 다루^㨔 방향으로 갔다고 한다. '분뇨통을 실어 나르는 수레에 어진영을 실으면 벌 받는다'고 하면서 빈 수레를 끌고 갔던 것이다.

전쟁 말기에는 이쓰카이치소학교 교실을 하나 사용해서 다치카와^{立川}소방서 출장소와 같은 형태로 소수 인원으로 구성된 소방대가 상주했다. 이들의 임무 중 하나도 어진영을 화재로부터 지키는 일이었다고 생각된다."

어진영의 전후^{戰後}_ 패전 후 상황을 다시 연표로 살펴보자.

8. 25.   도쿄도에 있는 어진영을 궁내성에 반납함. 칙어등본은 니시타마군 이쓰카이치봉천소로 옮겨 모심 (메구로구 덴도)

8월   어진영을 궁내성에 반납함 (오타시 산노)

9. 5.   어진영·칙어등본을 히나타와다^{日向和田}에서 학교로 옮겨 모심 (메구로구 시모메구로)

10. 22.   집단소개된 학동의 복귀가 시작됨

12. 13.   교과서 검열을 실시함 (메구로구 고혼기)

12. 22.   칙어등본을 메구로구 구청을 통해서 복귀시켜 봉안고에 넣음 (메구로구 덴도)

[1946년]

3. 31.   봉안전을 철거함 (메구로구 이시부미)

11. 9.   봉안전 철거공사를 함 (시부야구 하타시로^{幡代})

11. 28.   봉안전을 철거함 (메구로구 가라스모리)

[1948년]

8. 2. 다음 칙어 등을 문부성에 반환함

교육칙어, 무신조서戊申詔書,[44] 국민정신작흥조서, 청소년학도에게
내리신 조서, 선전포고 조서, 황후폐하가 내리신 지령(메구로구 스
게카리音씨)

8. 9. 교육칙어류 일체를 오타구 가마타 지소장에게 반환함 (오타구 야구
치니시矢口西)

앞에서 언급한 이쓰가이치소학교의 《기념지》는 다음과 같이 쓰고 있다.
"쇼와 19년, 고급승용차가 줄을 잇고 정町·전교직원·소방단 등이 환송
을 나간 가운데 엄숙하게 옮겨진 어진영도 전쟁이 끝난 뒤에는 트럭에 아
무렇게나 실려 잔뜩 쌓여 있는 상태로 돌아왔다. 그것은 1년도 채 되지 않
은, 실로 격동의 역사의 한 순간이었다."

각 봉천소에서는 구내區內 각 학교장들이 4명씩 교대로 불침번을 서면서
경호를 했다. 당시 이노우에 세이이치井上精一 도야마국민학교戸山國民學校 교장
에 따르면, "쇼와 20년 8월 13일, 소개처인 군마현 사와군佐波郡 다마무라玉
村에서 다카사키선高崎線을 거쳐 도중에 함재기의 총격에 노출된 채 이쓰카
이치에 도착했다. 그날 불침번을 서고 14일에 다시 소개지로 돌아왔는데,
다음날인 15일에 종전終戰 조서를 들었다. 실로 극적이어서 평생 잊을 수
없는 마음의 충격을 받았다"고 한다.

어진영·교육칙어의 부인, 먹칠을 한 교과서, 그리고 봉안전의 해체

| 44) 1908년 10월 13일 메이지천황이 내린 조서. 국민의 정신자세를 강조했다.

라는 일련의 조치는 전전·전중의 황민교육이 통째로 무너지는 과정이었다.

7. 패전의 날에 학교는?

그저 숙연했던 교사들_ 전쟁의 끝을 알리는 천황의 방송을 소개처나 동원된 곳에서 들었던 교사나 아이들은 의외의 발표에 놀랐다. 왜냐하면 매일 아침 조례에서 "너희들은 더욱 적을 미워해야 한다. 미움이 부족하다. 미국의 아이들은 '제일 싫은 것이 무엇이냐'고 물어보면 '예, 일본의 아이들입니다'라고 대답한다. 너희들도 좀 더 미국의 아이들을 미워해라"고 열변을 토했기 때문이다.(고치시高知市의 국민학교 5학년생 이와이 가즈코岩井和子의 회상, 《8월 15일의 아이들》, 쇼분샤晶文社) "너희들은 몇 년 지나면 특공대가 되어 나라를 위해 죽는 사람이 되어라"라고도 말했다.(에히메현 국민학교 5학년생 요시다 다모쓰吉田保의 회상, 같은 책)

이러한 말을 믿고 힘든 하루하루를 보낸 아이들에게 패전 소식은 큰 충격이었다. 당시 돗토리현에 집단소개되어 있던 고베시의 국민학교 교사는 "그 방송을 들었을 때 한 학생이 '선생님은 거짓말쟁이! 거짓말쟁이!'라고 나에게 달라붙어서 울었는데, 아무 말도 할 수 없어서 그저 정적만 흘렀다"고 술회하고 있다.(《고베현 교육사》)

또 나가노현의 한 교사는 학교일지에 이런 기록을 남기고 있다. "오늘 정오에 폐하의 방송이 있었다. 미국과 영국에 대한 휴전조서였다. 라디오를 통해 삼가 받드니 오직 눈물만 날 뿐이었다. 시대상황이 이 정도까지 된 줄은 모른 채 오직 일상생활의 따분함을 탓하기만 했다. 앞으로는 어떠한 사태에 직면하더라도 3천년의 역사를 잊지 않고 어디까지나 국체유지에 매진하겠다."(〈마루코추오소학교丸子中央小學校 백년사〉, 《나가노현 교육사》 제3권)

천황폐하의 분부대로_ 그것은 교사의 술회나 일지상의 말이었기 때문에 '숙연'하거나 '매진'의 각오로 그쳤지만, 아이들을 모아서 이야기하는 교장은 그런 식으로 말할 수가 없었다.

미에현의 고야마국민학교小山國民學校에서는 "일본이 졌다, 항복한다고 말하고 있지만 일본이 정말로 적에게 항복하는 것은 아닙니다. 항복했다고 방심시켜서'라고 말하다가, 교장은 갑자기 연단의 탁자 뒤에 쭈그리고 앉아서 움직이지 않았다."(동교 4학년생 스토 치카코須藤千賀子의 회상, 앞의 책)

고심하던 교장들은 마침내 삼가 조서를 받들어 반드시 근신해야 한다는 '승조필근承詔必謹'이라는 말에서 구원을 찾았다. 그래서 전 문부대신 하시다 구니히코橋田邦彦는 《아사히신문》 지상(1945년 8월 16일)에서 "폐하 한 분의 커다란 마음이 조서가 되어 우리 백성들에게 자비의 말씀을 내려주셨다. 우리들은 이 말씀을 삼가 경외해야 한다. 이것을 반드시 실천해서 천황폐하의 말씀대로 살아가는 것이야말로 창생(인민)의 길이다"라고 말했던 것이다.

이 말에 영창을 받은 걸까? 효고현 가코가와국민학교 교장은 나음과 같은 〈훈화요항訓話要項〉을 남겼다. 8월 20일의 것이다.

"(전략) 황송하게도 천황폐하께서는 이 싸움을 계속하는 것에 대하여 매

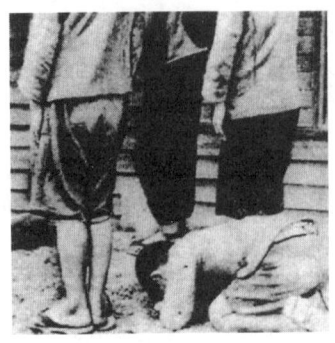

패전의 날, 땅에 엎드려 우는 아이
(시즈오카현 고텐바소학교御殿場小學校 교지)

우 괴로워하시다가, 마침내 전투를 중지하기로 하시고, 지금 봉독했던 것과 같은 조서를 내리셨습니다. 생각하면 생각할수록 유감스러운 일로, 말씀을 듣는 중에도 가슴이 찢어질 것 같았습니다. 그러나 드디어 천황의 성스러운 결단이 내려져 전투는 끝나게 되었습니다. 조서를 받든 이상, 우리들이 나아가야 할 바는 하나입니다. 천황의 뜻에 따르는 것 외에는 없습니다. 저 역시, 또 선생님들도 자주 여러분에게 반드시 이긴다고 이야기했지만 이 상황에서는 이기는 것이 불가능하게 되어버렸습니다. 천황폐하 말씀대로 전쟁을 끝내지 않으면 안 됩니다. 졌으니까 이제부터 우리들의 괴로움은 예사롭지 않을 것입니다. 외국인이 거만하게 굴어도 우리들은 어떻게 할 수도 없습니다. 조서에서도 제국의 고난은 이제부터 심상치 않을 것이라고 말씀하셨습니다. 신민의 괴로움은 짐이 잘 안다고 말씀하셨습니다. 황송스럽게도 몸과 마음의 괴로움을 잘 알고 있다는 말씀을 내리셨습니다. (중략) 이번의 새로운 폭탄만 해도 만약 일본이 그것을 사용할 수 있었다면 이런 일이 일어나지 않았을 것입니다.

이제부터 다 같이 화합하고 경거망동해서는 안 되며, 또한 언젠가는 일본의 운명을 개척할 수 있도록 배우고 익히는 데 진력해야 합니다. 특히 앞으로 한층 자유롭지 않게 될지도 모르는 식량증산에 힘써야 합니다. 또한 매일 정해진 것 이상으로 평소 신경을 써서 그날그날을 보내야 합니다."(가코가와시사 편찬실, 《가코가와소학교 식일 훈화 기록》)

위에 언급한 '승조필근'이라는 말이야말로 전전·전중의 교육의 성격을 잘 보여준다. 하지만 아이들은 교사들을 세밀하게 관찰하고 있다. 2005년의 신문기고에도 60년 전의 일을 회상한 글이 있었다. "5학년 여름의 패전을 기해서 선생님의 이야기는 180도 변했다. 나는 '천황이 왜 거짓말을 했을까'라고 생각했다."(도쿄도 오메시青梅市, 이시카와 시즈카石川靜, 71세,《아사히신문》9월 16일). 교사들이 자기비판을 하지 않아서 아이들의 불신감만 키웠던 것이다.

· 제4장 ·
전후기
戰後期

1. 패전 직후의 학교는?

패전 직후의 혼란_ 1945년(쇼와 20)에는 학교교육이 거의 제 기능을 하지 못했다. 소학교 등은 대부분 군인막사나 군용시설로 전용되었고, 도시의 아이들은 집단소개 등 분산수업을 했다. 중학생은 근로동원에 나섰다.

8월 15일의 패전은 아이들에게 혼란을 주었다. 2학기는 교실을 다시 수업이 가능한 곳으로 만드는 데서 시작되었다. 청소를 하거나 학교시설 및 교구를 옮기고 정비하는 일부터 해야만 했다. 식료품이 부족으로 영양실조 상태였던 교직원과 아이들에게는 힘든 일이었다.

학교에서 무기를 회수하는 일도 기다리고 있었다. 9월 20일에 〈무기인도 명령에 대한 긴급조치에 관한 건〉이라는 통첩이 배포되어, 각 학교장은 〈학교교련용 총·병기 처리상황 보고〉를 작성해서 경찰서장에게 보고해야만 했다. 교련용 목총이나 지휘도指揮刀, 그리고 손잡이가 기다란 나기

나타^{薙刀}나 목검, 죽도 등은 소각하거나 관청에 내는 것이 의무화되었다.

문부성이 전후 교육의 기본방침을 처음으로 밝힌 것은 9월 15일의 〈신일본건설의 교육방침〉에서였다. 이 〈방침〉에는 '군국적 사상·시책의 불식 및 평화국가의 건설'을 목표로 내걸었지만, 그 기본적인 자세는 "금후의 교육은 국체를 지켜나가는 데 더욱 힘쓴다"고 하여, 아직 전시중의 사상을 완전히 없앤 것은 아니었다.

먹칠을 한 교과서_ 교과서 등은 새로운 것을 준비할 수 없었다. 그래서 아이들은 지금까지 써왔던 교과서에서 전쟁을 찬미하는 부분을 먹으로 칠하거나 종이를 붙여 보이지 않게 하든지 해서 학습했다. 따라서 교과서로서는 별 의미가 없는 내용도 많았다.

당시 실제로 먹칠하는 것을 지도했던 교사는 다음과 같이 회상한다.

"엄청난 일이었다. 이제껏 절대적으로 옳다고 믿어오던 것을 지우게 했다. 24개 항목 중 7개 항목은 전체가 삭제되었다. '9. 영화' 등에서는 전차^{戰車}를 자동차로, 군함을 기선으로 바꾸어서 이 두 단어만 수정하면 사용할 수 있었는데, 어쩌면 좋을지? 또한 어떻게 해서 이런 부분에까지 전차나 군함이 등장해야 했던 것인지?

그 밖의 항목은 어찌할 방법이 없었을 것이다. '다지마모리^{田道間守}'(천황에게 헌상할 과일을 멀리 외국까지 구하러 가서, 마침내 목적을 이루고 죽고 말았던 충성 이야기)가 통과된 것은 이해할 수 없는 일이었다. 아이들에게는 전쟁이나 신들의 이야기이므로 평화로워진 지금은 필요 없기 때문이라고 했지만, '신들의 이야기라면 괜찮지 않느냐'고 질문을 해와서 곤란했다. 설명을 해도 이해하지 못할 것이라서, '신이나 신의 나라라는 것을 전쟁에 이

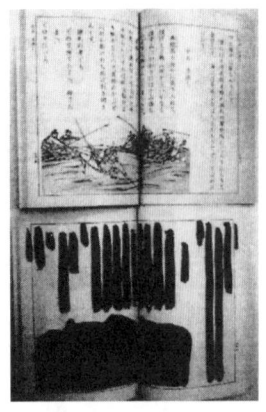

먹칠을 한 교과서

용했기 때문에'라고 대답했다.

어중간한 시기에 하지 말고 신학기부터 실시했다면 어땠을까? 아니면 그동안 가르쳐온 교사가 지시해서, 가르침을 받아온 아동들 자신의 손으로 먹칠을 하게 한 데에 의의를 둘 수 있을까? 그렇더라도 어쨌든 썩 내키지 않는 일이었을 것이다."(나가이 겐지永井健의, 《교사는 패전을 어떻게 받아들였는가》, 교육사료출판회)

이같이 먹칠을 한 교과서의 사용은 교사에게도 아이들에게도 큰 영향을 끼친 사건이었다.

변한 것과 변하지 않은 것 지금의 도쿄도 이나기시稲城市의 이나기제1소학교 학교일지에서 1946년부터 1947년 사이의 학교행사를 보면 흥미로운 사실을 알 수 있다. 천장절 배하식(4월 29일)과 기원절 축하식 등은 중단되지 않고 거행되었는데, 학교가 천황제 관련 행사에서 벗어나는 데는 제법 시간이 걸렸던 것이다.

문부성이 전전·전중의 교육을 반성해 새로운 교육방향을 제시한 것이 1946년 5월에 발표했던 〈신교육지침〉이다. 거기에는 대체로 다음과 같이 기술하고 있다. "개성의 완성을 목표로 해야 하고, 이를 위해 자유를 존중하고 획일적인 교육방법을 타파하며, 각 학교 및 교사는 자주적, 자발적으로 창의성을 살려야 하고, 나아가 과학적 교양의 심화와 도의심의 강화, 품행 바른 개인의 완성"을 목표로 삼았다. 그것은 전전의 교육을 근본적으로 바꿔놓는 선언이었다. 1947년경에는 어진영과 교육칙어, 봉안전 등이 학교에서 사라지고, 3대절도 지내지 않게 되었으며, 천황의 백성을 육성하기 위한 학교 의식은 행해지지 않게 되었다.

교사의 자각도 점차 높아졌다. 위에 언급한 이나기제1소학교의 학교일 지에는 1947년 1월 4일에 '민주혁명토론회'가 열린 일이나, 1월 21일에 '총파업을 중심문제로 하는 직장집회'를 개최한 일을 기술하고 있다. 교사 가 자신의 권리를 주장하는 존재로 바뀌었음을 알 수 있다. 전쟁 직후의 혼란 속에서 교사도 아이들도 새로운 교육환경과 교육내용을 만들어 나 갔던 것이다.

2. 먹칠을 한 영어교과서에서 알 수 있는 것은?

패전 직후에 먹칠을 한 교과서가 존재했다는 사실은 잘 알려져 있다. 먹 칠을 한 교과서는 1945년 9월 20일의 문부차관 통첩, 1946년 1월 25일의 문부성 교과서국장 통첩에 의해 등장했는데, 그에 대한 연구가 축적되고 있다. (나카무라 기쿠지中村紀久二 편저, 《먹칠을 한 교과서》, 호분가쿠출판부芳文閣出版部 ; 이와모토 쓰투무뿪本努, 〈패전과 교과서〉[복각 국정교과서 해설], 호루푸출판#る$出版 등 등.) 그러나 이러한 연구는 국민학교에서 사용된 것을 중심으로 이루어졌 고, 중학교 · 고등여학교 교과서를 대상으로 하는 연구는 늦어지고 있다. 이 분야의 선행연구는 《중등역사 1》과 영어교과서를 대상으로 한 것 정도 가 아닐까 생각된다. 《중등역사 1》의 먹칠에 관해서는 졸고, 〈교과서의 어

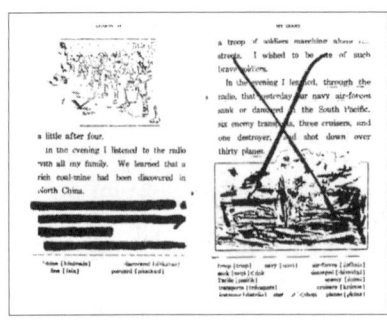
먹칠을 한 영어교과서《중학교용 2》, 1944년)

디에 먹칠을 했는가〉(역사교육자협의회 편,《새로운 역사교육 ③》, 오쓰키서점大月書店)에서 소개했으므로, 여기서는 영어 먹칠교과서에 관한 연구를 소개해보자. 아래에서는 에리카와 하루오江利川春雄(와카야마 대학和歌山大學 교육학부)의 연구와 에리카와에게 제공받은 자료에 의거했다.

먹칠의 대상이 된 영어교재의 예_ 태평양전쟁이 시작되었던 1941년부터 패전 때까지 검정 인가된 영어교과서는 독본 35종, 부독본 16종 등 72종이었지만, 1943년 중등학교령이 개정되어 중등학교용 교과서도 원칙적으로 국정화한다는 방침이 나왔다. 영어과용으로는 1944년부터 중학교용 및 고등여학교용으로서 준국정의《영어》각 3권 및 국민학교 고등과용 문부성 저작《고등과 영어》전1권이 간행되었다.(에리카와,〈패전 직후의 '먹칠' 영어교과서〉, 중부지구 영어교육학회《기요紀要》, 제28호)

이들 교과서가 먹칠의 대상이 되었다. 교재의 내용으로 보면 ① 국방·군비를 강조한 교재, ② 전의를 북돋우는 교재, ③ 국제화친을 방해할 우려가 있는 교재, ④ 전후의 사태와 동떨어진 교재 등이다.(1945년 9월 20일의 문부차관 통첩)

구체적인 예로 에리카와 씨는 다음과 같은 교재를 들고 있다.

〔1〕 무기, 병사, 전투행위에 관한 기술(전18과: 중1용 9과, 중2용 8과, 고등과

용 1과). 예를 들면 중1용에서는 전차, 전함, 군인, 항공기, 글라이더, 전투기, 폭격기, 전투 등의 단어와 그것들을 포함한 문장이 삭제되었다. 중2용에서는 제12과의 야마모토 이소로쿠山本五十六 원수[45]의 일화가 3종의 책에서 전면 삭제된 것을 비롯하여, 제11과 '나의 일기'에서는 다음과 같은 전과보고와 군을 예찬하는 기술이 삭제되었다.

"학교에서 집으로 오는 도중에 나는 군부대가 거리를 행진하는 것을 보았다. 나는 그처럼 용감한 군인이 되기를 바랐다./ 저녁에 라디오를 통해서 어제 우리 해군 항공대가 남태평양에서 적 수송선 6척, 순양함 3척, 그리고 구축함 1척을 격침시키거나 손상을 입혔으며, 30대 이상의 항공기를 격추시켰다는 사실을 알았다./ 나는 9시 15분에 잠자리에 들었는데 육군, 해군, 공군에 대한 고마움이 마음속에 가득했다."

〔2〕 식민지지배에 관한 기술(전5과: 중2용 2과, 여학교용 3과). 단어로는 '남양', 타이완, 만주국, 대동아공영권 등이 주된 삭제대상이었다. 중2용에서는 제22과가 일본인을 맹주로 하는 '대동아공영권'을 주제로 한 내용이었기 때문에 3종의 책에서 전면 삭제되었다. 서두에는 다음과 같이 기술되어 있다.

"일본은 동아시아에 위치하면서 태평양에 접해 있다. 일본 국민들은 대동아 모든 민족의 리더이다. 이 세계의 어떤 나라도 일본만큼 강하지 않다."

---

45) 야마모토 이소로쿠(1884~1943). 제2차 세계대전을 지휘한 일본의 해군 장교. 당시 일본 해군의 주된 전략이었던 거함·거포주의 대신 해군 항공대를 육성하는 전략을 펼쳤다. 미국과의 전쟁에 반대했지만, 개전이 결정되자 진주만 공격 의견을 내놓고 관철시켰다. '군신軍神'으로 추앙받기도 했다.

또한 여학교용2는 제23과 '남해' 부분에서 영국으로부터 '쇼난昭南'(싱가포르)을 빼앗은 전과를 다루었는데, 이 과 역시 잠정판(먹칠 판부터 전후 첫 교과서가 나오기 전까지 잠정적으로 만들어진 교과서)에서는 전면 삭제되었다.

"여기는 쇼난. 전에는 싱가포르라고 불렸으며 영국령이었다. 영국인이 이곳에 매우 튼튼한 요새를 세우고, 이곳을 7대양을 지배하기 위한 전초 기지의 하나로 삼았다. 그러나 우리의 용감한 육군과 해군이 쇼와 17년에 빼앗아서, 이제는 일본령이 되었다.

〔3〕 후방의 각오와 전의 고취에 관한 기술(전4과: 중1용 2과, 중2용 2과). 예를 들어 중2용 제1과는 '신학년과 중학생의 각오'를 소재로 한 것인데, 군사교련에 관한 다음의 기술이 삭제되었다.

"우리는 일주일에 3번씩 군사훈련을 한다. 오자와 대위가 우리를 훈련시켰다. 그는 몇 달 전에 전방에서 고향으로 돌아왔다. 우리 부모님은 항상 모든 일본의 소년들이 장차 용감하고 강한 군인이 되어야 한다고 말씀하셨다. 그래서 나도 군사훈련을 통해 나 자신을 단련하는 데 최선을 다하려고 한다."

〔4〕 천황제(국체)에 관한 기술(전1과: 중1용). '황거요배皇居遙拜'를 주제로 한 제32과 '훌륭한 일본 소년이 되어라!'에서는 다음과 같은 기술이 삭제되었다. 이 부분은 잠정판에서도 삭제되었다.

"우리는 한 줄로 서서 황궁을 향해 절을 한다. 우리는 우리 육군과 해군의 용감한 행동에 감사한다. 우리는 전쟁에서 승리하게 해달라고 기도한다."

영미인이 등장하는 교과서와 등장하지 않는 교과서 이러한 교재를 보면 전시하의 영어교육이 무엇을 노렸는지를 알 수 있다. 에리카와 씨의 조사에 따르면 이러한 과의 구성비는 전체의 약 2할 정도였다고 하는데, 그의 다음과 같은 지적도 주목할 필요가 있다.

"(당시 적국이었던) 영국의 사정을 다룬 과는 중학교용에서는 평균 8%이며, 중학교용 3에는 전혀 등장하지 않는다. 이에 비해 고등여학교용은 평균 14%로 높은데, 특히 고등여학교용2는 30% 정도의 과가 영국 사정을 서술하는 데 할애되어 다른 소재와는 큰 차이가 난다. 내용을 보더라도 영국의 여학교, 여학생, 학사일정, 학과목의 일례 등이 각각 독립된 과로 상세히 소개된다. 나아가 영국의 식사, 차를 마시는 모임, 전원 풍경 등도 매력적인 삽화와 함께 묘사되어 있다. 그 결과, 예를 들어 고등여학교용2의 등장인물을 보면 영국인이 전체의 37% 과에 등장하는 데 비해서 일본인이 나오는 과는 27%에 지나지 않는 구성으로 되어 있다. 소재의 설정장소도 영국이 42%를 차지하는 데 비해서 2위인 일본은 22%에 그친다." 이와 달리, "1944년에 발행된 국민학교 고등과용 《고등과 영어》에서는 영미인이 전혀 등장하지 않으며 소재는 모두 일본인의 시각에 의해서만 구성되었다."(〈전시하 준국정교과서와 그 먹칠판〉 1, 《스즈카공업고등전문학교 기요鈴鹿工業高等專門學校紀要》 제27권 제1호)

당시의 중학교, 고등여학교, 국민학교 고등과의 1, 2학년은 동일 연령이었다. 그런데도 이런 차이는 어디에서 온 것일까? 에리카와 씨는 다음과 같이 분석한다.

"진학률이 1할에도 이르지 못하고, 주로 사회의 상층에 위치하는 것을 약속받는 엘리트의 육성을 목적으로 한 중등학교에서는 적국이라 해도 넓은 국제적 시야와 교양을 기르도록 교재가 편성되었으며, (중략) 그러나 그 반면에 국민의 3분의 2가 진학하는 서민의 교육기관이라 할 수 있는 당시의 국민학교 고등과(및 그 전신인 고등소학교)에서는 교양보다 오로지 좁은 의미의 실용주의가 중시되어, 시야가 좁은 순종적인 신민을 길러내기 위한 교재가 만들어졌던 것이다."

이와 같이 고등여학교의 영어 교과서에는 뜻밖일 정도로 영국 사정이 풍부하게 들어갔지만, 고등여학교용 《영어편찬취의서》에서는 가르치는 사람에게 다음과 같이 주지시키는 것을 잊지 않고 있다. "본 교재를 다룰 때는 저들과 우리의 사정을 대비시켜 황국이 존엄한 이유를 깨달을 수 있게 하는 것이 영어 교육의 주된 목적의 하나이다. 따라서 특히 풍물 및 생활 관련 교재를 다룰 때는 만에 하나라도 저들의 생활을 선망하는 태도를 가지게 해서는 안 된다. 어디까지나 자주적이고 비판적인 입장에서 본문 및 삽화를 활용하는 것이 중요하다."(에리카와, 앞의 글)

3. 패전 직후 오키나와의 학교는?

모래에 글자를 써서 학습을 시작_ 오키나와에서 조직적인 전투가 끝난 것은 1945년 6월 23일이라고 하지만 지역에 따라서는 그 이전에 점령되었으며, 살아남은 주민은 몇 군데의 수용소에 수용되었다. 그곳에서는 미군의 요청과 주민의 희망, 교직원의 열의에 따라 수용지역별로 교육이 재개되었다. 그 시작은 5월 7일 이시카와石川지역에서 개교한 '이시카와학원石川學

團'(나중의 시로마에초등학교城前初等學校, 시로마에소학교城前小學校)였다. 오키나와 본섬의 중남부에서는 아직 전투가 계속되던 중이었다. 학교의 재개라고 해도 시로마에초등학교에서는 교무실만 미군 야전용 텐트였으며, 그 뒤는 노천 교실이었다. 물론 칠판이나 책상, 교과서, 노트, 연필도 없었다.

시로마에초등학교 초대교장 야마우치 한모山內繁茂는 다음해 7월 〈학교설립 당시의 상황보고〉에서 "개교 당시 아동들은 재작년 10 · 10 공습 이후로 제대로 된 학습을 하지 못하고 어떻게 해서 어디로 피난을 할 것인가 하는 생각에 쫓겼다. 결국 아동들은 산으로 도망가 참호에 틀어박히는 등 학습훈련과는 완전히 거리가 멀었을 뿐 아니라, 식량부족 때문에 얼굴빛이 창백했고, 폐의봉발弊衣蓬髮(찢어진 옷과 부스스한 머리모양)이 되기도 했으며", 이 때문에 양호훈련에 중점을 두고, 교과에서는 "가타카나와 히라가나 50음의 습득, 산수에서 암산, 곱셈, 구구단의 습득, 영어 알파벳을 익숙하게 읽고 쓸 수 있을 정도가 되도록 노력한다"고 기술하고 있다.(《오키나와의 전후교육사》)

당초에는 4학년까지 학생을 모집했지만, 5학년 이상의 학생도 섞이게 되었으므로, 5학년 이상의 학생들은 일주일에 두 번, 수요일과 일요일 오후에 학교에 나오도록 했다. 6월 말의 아동 수는 2,744명(남학생 1,617명, 여학생 1,127명)이었는데, 7월 말에는 3,889명, 10월에는 4,500여 명으로 증가했다.

다른 수용소에서 문을 연 학교에서도 역시 간신히 전화戰禍를 면한 큰 나무의 그늘 아래에서 땅바닥이나 해안의 모래에 글자를 쓰는 것으로 교육을 시작했다. 처음 일주일간은 전체 학습과정을 수영으로 짠 경우도 있었다. 그렇게 했던 것은 산속으로 전화를 피해서 생활한 탓에 아이들의 몸

전후 오키나와에서 수업을 재개할 당시 소·중학교 건물 상황

지구 사항		나하 那覇	북부	중부	남부	미야코 宮古	야에야마 八重山	계
답변을 한 학교 수		16	45	26	22	15	13	137
위 학교 중 부지를 변경한 학교 수		5 (31%)	15 (33%)	15 (57%)	11 (50%)	5 (33%)	6 (46%)	57 (42%)
위 학교의 건물 상황	노천 수업		1	5	2	4	2	14
	텐트나 굴을 파서 만든 작은 교실	15	39	19	18	9	10	110 (80%)
	퀀셋		1	2	2			5 (4%)
	정식 목조건물		2			2	1	5 (4%)
	패전 이전의 콘크리트 건물	1	2					3 (2%)

자료: 오키나와현 교육위원회,《오키나와의 전후교육사》

이 너무 더럽고 옷에서도 악취가 났기 때문이다. 아이들 몸에는 때가 한 두 번 닦아서는 없애기 어려울 정도로 덕지덕지 붙어 있었다.

위의 표는 수업 재개 당시의 교사校舍 상황이다. 텐트 또는 굴을 파서 만 든 작은 교실, 노천 수업이 많았다. 텐트는 미군의 야전용 텐트를 사용했 다. 비가 오면 줄줄 새어 바닥이 진흙탕이 되었고, 미군의 야전용 침대를 개조한 책상도 진흙으로 더러워져, 결국 비오는 날은 대부분 휴교했다. 퀀셋은 미군 캠프의 반원형 병영 건물을 불하받은 것이었다. 그나마 텐트 보다는 나았지만 여름에는 더워서 찜통 같은 교실이었다.

전후에 오키나와의 교육은 이런 상태로 출발했다. 그리고 오키나와에 서는 후술하듯이 본토보다 1년 늦은 1948년 4월부터 6·3학제가 시작되 었다. 중학교까지 의무교육이었기 때문에 학교건물이 부족한 상황은 더욱 심각해졌다. 그러나 1950년도부터 가리오아 자금(GARIOA: Government Appropriation for Relief in Occupied Areas Fund, 전세계에 걸쳐 미국이 자국 점령지에 제공한 자금원조 제도)을 오키나와의 전쟁 피해 교사校舍 복구사업에 충당하게 되어 석조, 목조, 블록·벽돌로 만든 교사가 지어지기 시작했다.

8·4학제—소학교에서 영어가 필수였던 시기도_ 이와 같은 교육상의 움직임은 교육행정 면에서 다음과 같은 단계를 거쳐 실행되었다. ① 1945년 5월 15일, 군정부 통첩에 의해 학교 재개를 인정한다. 이것은 '수용소 내의 아동 수용소'와 같은 성격으로, 아이들을 멋대로 돌아다니지 않게 한다는, 수용소 관리를 위해서 개설을 인정한 것이었다. 군정부 내에 교육부를 설치하고 오키나와의 민간인을 참가시켜 교과서 편집소와 자문기관인 자문회교육부가 설치되었다. ② 1946년 1월 2일, 군정부에서 독립된 민간조직인 오키나와 문교부를 설치했다. ③ 1946년 4월, 중앙행정기구인 오키나와 민정부가 들어서고 문교부는 그 한 부문이 되었다. 그런 다음 오키나와 정부는 〈초등학교령〉과 〈동 시행규칙〉을 공포하여, 4월부터 학교체계를 유치원 1년, 초등학교 8년, 고등학교 4년으로 정하고 초등학교 8년을 의무교육으로 정했다. 이 학제는 오키나와의 독자적인 것이었지만 1948년에 초등학교 6년, 중등학교 3년, 고등학교 3년의 학제개혁이 시행되어 단명으로 끝났다.

단명하기는 했지만 미군 통치라는 상황이 반영된 특별한 교육과정도 있었다. 초등학교 1학년부터 영어 수업을 필수로 정한 것이다. 1~4학년생은 매주 1시간, 5~6학년생은 매주 2시간, 7~8학년생은 매주 3시간씩 영어 수업을 했다. (소학교 영어교육은 1953년의 〈기준교육과정〉을 기해서 전면 폐지되었다.)

이상의 서술은《오키나와의 전후교육사》(오키나와현 교육위원회 편집발행),
《나하시 교육사 통사편》(나하시 교육위원회 편집발행),《오키나와현사 비주
얼판》(오키나와현 교육위원회) 등을 참고했다. (교원 확보, 교과서 편집 등 오키나
와의 전후 교육부흥도 소개해야 할 영역이지만 지면 관계상 생략하며, 위의 문헌 등을
참조하기 바란다.)

4. '진주군'이 교육에서 맡은 역할은?

군정부 교육과의 활동—사이타마현의 경우_ 일본을 점령했던 GHQ는 점령정
책의 중요한 과제 중 하나로 교육의 민주화를 이루려고 했다. 이를 위해
서 중앙 기관으로 CIE(Civil Information and Education Section, 민간정보교육국)
가 1945년 9월에 설치되었다. 그리고 민주화를 위한 구체적인 프로그램
을 제시한 것이 1946년 3월 일본에 온 제2차 아메리카 교육사절단의 보고
서였다. 이러한 중앙의 민주화 정책을 각 지역에서 추진하는 기관으로 지
방군정부에 교육과가 설치되었다.

아래에서는 사이타마 군정부 교육과의 활동을 구제舊制 우라와중학교浦和
中學校의《교무일지》(《우라와시사》제4권) 등을 사료로 삼아 살펴보려 한다.
사이타마 군정부는 1945년 11월 1일 오미야시大宮市(현재의 사이타마시)의
가타쿠라片倉 제사공장에 위치하고 있었으며, 티모시 J. 라이언Timothy J. Ryan
중좌가 초대사령관으로 부임했다. 11월 28일에는 라이언 중좌라고 생각

미군 병사와의 만남을 담은 그림일기

되는 인물이 오미야 동부의 가타야나기촌片柳村 반넨지萬年寺에 소개되어 있
던 도쿄 사카모토국민학교阪本國民學校의 기숙사를 시찰했다. "어제는 중좌
계급의 미국 군인이 오셔서 기숙사를 시찰했습니다. 돌아갈 때 우리들이
'굿바이'라고 하자, 미군 병사들도 손을 흔들며 '굿바이'라고 말했습니다",
"우리들의 그림이나 글씨를 가져갔습니다"라고 아이들은 미군 병사와의
첫 만남을 그림일기에 쓰고 있다.

1946년 1월경부터 군정부 교육과는 학교시찰에 적극적으로 나섰다. 1
월 1일의 《일지》에 "진주군이 앞으로 종종 학교를 시찰할 예정이라는 데
유의한다"라는 기술이 보이며, 같은 달 25일에는 "미군 제79군정부 공공
보안부 육군 중위 레이 올딘 씨가 학교를 방문하여 교상과 면담. 다음으
로 학생 대표 각 학년 1명씩 총 4명과 면담"이라는 내용이 있다.

같은 해 11월 19일에는 "학교장에게 진주군이 보낸 지시사항 1. 징문 출
입 때 하는 경례 중지, 2. 교실에서 궁성요배, 마른 수건 마찰하기, 호령에
의한 경례 중지 → 선생님을 보면 자발적으로 경례, 3. 교무실 출입 때 자

기 이름을 대는 것 중지, 4. 좌측통행을 잘 하기, 5. 학교의 청소를 철저히 하기, 6. 변소 청소를 제대로 하기"라고 되어 있으며, 다음날에는 "이시카와 군조軍曹(하사관)가 교정의 청소상태 시찰(양호하다고 인정함)"이라는 기술도 있어서, 군정부가 꽤 세세한 지시를 내리고 그 실시상황도 체크하면서 지도하고 있다는 것을 엿볼 수 있다.

또 1947년 7월 2일에 "1. 학생 지도에 관해서 특히 구타하는 일이 있어서는 안 되며, 요즘처럼 인권존중을 강조하고 있는 때에 이 점을 특히 주의하시오"라는 기술이 있으며, 같은 달 11일에 "학생구타사건 보고서를 군정부에 제출"이라고 되어 있다. 아마도 교사에 의한 체벌이 발각되어 군정부로부터 보고서를 제출하라는 명령을 받았을 것이다. 궁성요배, 경례, 체벌 등을 군정부는 군국주의 교육의 잔재라고 보고 그런 교육을 일소하고자 했던 것이라고 생각된다.

교사에 대한 조치도_ 한편, 민주주의 교육을 추진하기 위한 계몽활동도 적극적으로 벌였다. 1946년 4월에는 중등학교 학생을 대상으로 한 현상논문을 모집하기도 했다. 같은 해 7월 6일의 《일지》에는 "1. 현상논문 '일본은 패전으로 무엇을 잃고 무엇을 얻었는가' 1등 당선, 우라와중 4학년 ○○, 2등 가와고에고녀川越高女 ○○, 영문으로 번역을 의뢰함"이라는 내용이 있다.

교사에 대해서도 초대교육과장인 메인 중위는 스스로 '뉴스레터'를 만들어 각 학교에 배포했다. 1946년 7월 16일 발행된 제1호에는 "군정부 교육과의 역할, 아메리카 소학교 교원의 지위, 각 학교에서 학부형간담회를 더욱 빈번히 열기, 용구를 사용하지 않는 게임의 소개(요약)"(《사이타마현 교육사》 제6권)라는 항목이 적혀 있다. PTA[46] 활동의 활성화나 교육활동에 게임을 도입할 것을 주장한 것이다. 수업방법에 토론을 활용할 것도 권하고 있으며, 1947년 5월에는 사이타마현 교육부장 명의로 〈교수법의 일환으로 토론회를 실시하는 건〉이라는 통지도 보냈다.

교사가 '인 서비스 에듀케이션'(자주적인 연수)을 부단히 행할 것도 장려했다. 1947년 9월에는 스콧 교육관의 지도 아래 교사의 전문적 자질 향상을 위한 〈일일강습〉이 현 산하 세 곳에서 실시되었다. 그것은 전전과 같이 위로부터의 지시를 일방적으로 전달하는 형식의 연수가 아니라 교사들 자신이 반을 만들어 서로 토론하며 수업방법 등의 연구를 진행하는 것으로, 민주교육을 담당하는 교사 육성에 큰 역할을 했다고 생각된다.

또한 1948년 4월 신제新制 고등학교 발족에 즈음에서는 우라와, 구키久喜, 스기토杉戶의 세 고등학교가 '5일제 수업'의 실험학교로 지정되었으며, 다음해부터는 현내 모든 고등학교가 5일제를 채택했다. 이는 비어 교육관과 간토 군정부의 폭스 교육부장의 강력한 지도에 따른 것이었다고 한다.

이와 같이 사이타마 군정부 교육과가 현내의 학교에서 이루어진 군국주의 교육의 일소 및 민주주의 교육의 육성에서 맡은 역할은 상상 이상으로 컸다고 볼 수 있을 것이다.

---

46) 교사·학부모회. parent-teacher association의 약어로, 보통 '사친회師親會'라고 한다. 교사와 학부모가 협력하여 바람직한 학교 교육의 방향을 의논하는 모임으로, 19세기 말 미국에서 시작되었다. 한국에도 해방 후 도입되었지만 점차 모금단체로 성격이 변질되었고, 1962년에 없어졌다.

5. 미군의 주둔으로 아이들의 생활이 받은 영향은?

미군기지와 아이들의 생활 1945년, 미군을 주력으로 하는 점령군이 일본 각지에 주둔했다. 그 5년 후 한반도에서 전쟁이 벌어지자 미군기지는 전선前線기지가 되었으며, 일본의 아이들도 큰 영향을 받았다.

'심각한 정도인 중학생 집단 날치기', '지나친 음주로 여학생 사망' 등의 기사가 매일같이 신문에 실렸다. 전쟁의 피해(아버지를 잃은 아이들이나 남편을 잃은 부인들), 그로 인한 가난이 아이들의 생활을 비참하게 만들었다. 또한 기지가 자리 잡은 지역에는 병사들을 위한 매춘시설인 '팡팡47 하우스'가 있었으며, 아이들의 놀이를 보면 '피스톨놀이', '팡팡놀이' 등이 있었고, 폭력사건이나 성범죄가 많이 발생했다.

1952년에는 '일본 아이들을 지키는 모임'이 생겨났는데, 당시의 회보에는 아이들이 수난을 겪는 모습이 적나라하게 기술되어 있다.

교사들의 연구 집회에서는 전국의 기지가 있는 지역으로부터 많은 보고가 제출되었다. 초콜릿 한 개에 미군 병사를 접대했던 중학교 1학년 여학생(미자와三澤), 중학교 2학년 여학생으로 매매춘의 가이드를 한 아이(아사카朝霞), 소음으로 수업을 할 수 없는 상황(이타즈케板付, 아시야芦屋, 다치카와立川) 등의 실상이 논의되었다.

---

47) 2차 대전이 끝나고, 미군점령 시기 일본의 매춘여성을 일컫던 말. '팡팡'이라는 표현이 어디에서 유래했는지는 불분명하다. 팡팡이 생겨난 유래에 대해서는 제2부의 칼럼 〈음악실 피아노에 숨겨진 점령시대사〉에 나온다.

대규모 군사기지와 아이들_ 도쿄 서부, 즉 네리마구練馬區, 사이타마현 와코시 和光市, 아사카시朝霞市, 니자시新座市 등의 지역에는 1930년대부터 전쟁 수행과 수도 방위를 위한 군사시설이 잇따라 조성되었다. 총면적은 740만 평 방미터로, 웬만한 야구장 면적의 500배에 달하는 넓은 토지가 군사시설로 반강제적으로 수용되었다.

패전 후, 이러한 옛 군사시설들은 미군에 접수되어 '캠프 드레이크'라는 대규모 기지로 변했다. 캠프 아사카朝霞(옛 육군 예과 사관학교와 육군 피복창)는 한국전쟁 때 보급기지가 되어, 늘 3,000명의 미군이 기지 내부뿐 아니라 거리에도 흘러넘쳤다.

1960~70년대에 벌어진 베트남전쟁 때는 아이들과 시민들이 각종 '기지 공해'에 시달렸다. 베트남전쟁 때 아사카 기지는 야전병원으로 사용되었는데, 길 하나를 사이에 둔 중학교에서는 베트남의 전장에서 부상당하거나 병에 걸린 병사들을 이송해오는 헬리콥터의 소음이 골칫거리였다. 헬리콥터가 학교건물에 거의 닿을 듯이 하강해서 200미터쯤 앞에 있는 헬기장에 착륙하면, 병원 건물에서 사이렌이 울리며 구급차가 헬리콥터에 다가갔다. 그 사이에는 수업을 전혀 할 수 없었다. 베트남에서 격전이 벌어졌다고 생각되는 날에는 헬리콥터가 줄기차게 날아들어 수업을 거의 할 수 없었다. 영어에 능통한 교사가 기지 사령관에게 편지를 써서 이런 어려운 상황을 호소하자, 얼마 후부터는 코스를 바꾸어 학교건물 남쪽의 주택가 위를 날게 되었다. 그러자 이번에는 병자나 젖먹이 아이들이 피해자가 되었다. 헬리콥터의 코스를 변경시킨 것만으로는 '기지의 소음문제'가 해결되지 않았다.

흰옷 차림의 부상병들이 기지를 둘러싼 철조망에 매달려 등하교를 하는 학생들에게 말을 거는 것도 일상적인 풍경이었다. 야전병원이라는 것은 수천 킬로미터 떨어져 있어도 전장의 한 부분이라는 것을 학생들은 실감했다. 1970년대에는 '기지 반환' 운동이 활발해져, 2차 대전 때부터 계속 사용된 군사시설도 공원이나 학교, 체육시설로 탈바꿈했다. 그러나 주된 것은 변했어도 아직 이 지역에는 넓은 기지, 육상자위대 아사카 주둔지가 남아 있다. 또 일본 전역에 산재하는 미군기지 총면적의 70% 이상이 오키나와현에 있으며, 일본 주둔군 총병력의 60% 이상이 오키나와 미군기지에 주둔하고 있다는 것도 잊어서는 안 된다.

오키나와현의 경우에는 패전 후 60년 동안 한국전쟁, 베트남전, 걸프전, 이라크전쟁 등 4개 전쟁에 관여한 미군기지 옆에 학교가 자리 잡고 있다. 마지막으로 걸프전 당시 오키나와 고등학생의 이야기를 소개한다.

"어젯밤에 꿈을 꾸었다/ 우리 학교에 미사일이 떨어졌다/ 굵은 비처럼./ 학교가 파괴되었다/ 꿈속에서 절규하는 우리와/ 잠들고 있다가 소리를 지르는 우리들이/ 모두 갑자기 일어났다./ 꿈이 현실처럼 생각될 정도로/ 무시무시한 전장의 꿈을 꾸었다."(《역사지리교육》 1991년 6월호)

6. 아이들은 신헌법을 어떻게 받아들였는가?

《새로운 헌법 이야기》 출간 문부성(지금의 문부과학성)은 1947년에 신제 중학생을 대상으로 하는 《새로운 헌법 이야기》를 발행했다. 목차는 "1)헌법, 2)민주주의, 3)국제평화주의, 4)주권재민, 5)천황폐하, 6)전쟁포기, 7)기본적 인권" 등으로, 아이들에게 알기 쉽게 해설한 것이었다.

그중에서도 '전쟁의 포기'에 대한 서술은 아이들에게 커다란 영향을 주었다. 이 부분을 살펴보자.

"여러분 중에는 이번 전쟁에 아버지나 형을 내보낸 사람도 많을 것입니다. 무사히 돌아오셨나요? 아니면 결국 돌아오시지 못했나요? 또, 공습으로 집이나 가족을 잃은 사람도 많을 것입니다. 이제야 겨우 전쟁은 끝났습니다. 두 번 다시는 그런 무섭고 슬픈 일을 겪고 싶지 않다고 생각하지 않나요? 이번 전쟁으로 일본은 어떤 이득을 취했을까요? 아무것도 없었습니다. 그저 무섭고 슬픈 일만 잔뜩 일어나지 않았습니까? 전쟁은 인간을 망치는 것입니다. 세상의 좋은 것을 파괴하는 것입니다. 따라서 이번 전쟁을 일으킨 나라에는 막대한 책임이 있다고 말하지 않을 수 없습니다. (후략)"

여기에서 두 번 다시는 전쟁을 하지 않는다는 헌법의 약속사항을 아이들은 배운다.

《새로운 헌법 이야기》를 배운 아이들은_《새로운 헌법 이야기》를 아이들은 신제 중학교 사회과에서 배운다. 국민학교가 생겼을 때 1학년생으로 입학해서 '나라를 위해 죽는 것'을 배운 1934년생 아이들은 '소국민少國民'으로 육성되었다. 그리고 패전으로 충격을 받고, 1947년 신제 중학교에서《새로운 헌법 이야기》에 접하게 된다.

이런 교육을 받은 종교연구가 하시모토 사나이橋本左內 씨는 당시의 체험을 다음과 같이 서술하고 있다.

"이런 말과 일러스트에 의해, 소국민시대에 주입된 편견에서 벗어나 크

《새로운 헌법 이야기》의 삽화

게 깨달은 바가 있었다. (중략) 황국사관과 군국주의의 글이나 말만 접할 수밖에 없었던 우리들에게 《새로운 헌법 이야기》의 한마디 한마디는 그야말로 새로운, 마치 '천지가 뒤바뀌는 것' 같은 실감이 들었다. 또한 거기에 실린 그림에는 군용기나 군함, 전차, 대포, 군인 등의 기존 소재들을 모조리 용광로에 집어던지고, 그 대신에 아래로부터 반짝반짝 빛나는 빌딩, 배, 소방자동차, 철탑 그림을 드러내었다. 그 용광로에는 '전쟁포기'라는 말이 하얀 고딕체로 크게 박혀 있었다. 갑자기 세상을 완전히 새롭게 본 듯한 우리들의 마음에, 이 일러스트는 용광로의 열기로 한층 더 분명하게 각인되었다."(하시모토 사나이, 《국민학교 1학년생》, 신니혼출판사新日本出版社)

이 무렵의 중학교 수업에 관해서 훗날 노벨문학상을 수상했던 오에 겐자부로大江健三郎 씨는, "나는 상하 두 책으로 되어 있는 《민주주의》라는 제목의 교과서가 나에게 심어준 뜨거운 감정을 떠올린다. (중략) 나는 지금 '주권재민'이라는 사상이나 '전쟁포기'라는 약속이 일상생활에서 가장 기본적인 모럴이라는 것을 느끼지만, 그 단초는 신제 중학교의 새로운 헌법 시간에 있었던 것이다"(《엄숙한 줄타기》)라고 말하고 있다. 일본국헌법은 아이들에게 큰 꿈과 희망을 주었던 것이다.

신헌법을 학생들은 어떻게 살렸는가?_ 신헌법은 아이들에게 큰 영향을 주었다. 여기서는 야마나시현 고후중학교甲府中學校(지금의 고후일고甲府一高)를 예로 들어보자.

고후중학교에서는 1947년 일본국헌법의 시행을 기념해서 다채로운 행사가 열렸다. 《고후중학교 소식》에는 ① 학생자치법의 제정, ② 학생회 이사 선거, ③ 신헌법 보급 교내 웅변대회, ④ 기념 소풍, ⑤ 전교생 자치회, ⑥ 헌법 시행 기념식, ⑦ 학생 이사회, ⑧ 기념 경보 연습회, ⑨ 신헌법 시행 기념 운동회, ⑩ 기념 강연회 등을 실시하려는 계획이 기술되어 있다.

이러한 움직임의 핵심은 학생자치법의 제정이었다. 이 자치법에는 "장래 민주주의 일본의 건설자라는 자각을 철저히 하고, 현재의 중학생 생활에서 자치적 교양을 효과적이고 적절하게 함양하기 위해 이 학생자치법을 확정한다. 우리들은 각 개인의 자유로운 인격이 존귀한 이치를 생각해서 학생생활을 명랑하고 쾌활하고 공정하게 하는 데 힘쓰고, 일반적인 건강과 기술을 향상시킬 책임을 각 개인이 진다는 것을 선언한다"고 강조하고 있다. 이러한 학생자치법의 제정을 그 지역 신문은 '학생헌법'이라고 평가했다.(역사교육자협의회 엮음, 《일본국헌법을 국민은 어떻게 받아들였는가》, 고분켄高文研)

7. 교육기본법의 제정으로 학교는?

교육기본법의 제정과 교육칙어의 효력 상실_ 전후 일본 교육의 전환에 큰 영향을 미친 것은 1946년에 일본을 방문한 미국 교육사절단이었다. 그 보고서에서 "우리들의 최대 희망은 아동에게 있다. 사실, 아동은 미래라는 무거운 짐을 짊어지고 있기 때문에 과거의 무거운 유산에 짓눌려서는 안 된다"고 하면서, 획일적인 교육에서 벗어나 아동의 자주적인 학습을 보장하는 교육과정을 만들어야 한다고 제안했던 것이다.

문부성도 그러한 제언을 받아들여서 〈신교육지침〉을 내고, 교육개혁에 착수했다. 또한 헌법 개정의 국회심의에 맞추어 교육기본법의 검토도 이루어졌다. 특히 헌법 제26조의 '교육을 받을 권리의 보장'을 시행하기 위한 준헌법적 성격을 부여하는 법으로서 논의되었다. 그리하여 1947년 3월 31일에 교육기본법이 공포, 시행되었다.

교육기본법에서는 "제1조(교육의 목적). 교육은 인격의 완성을 지향하며, 평화로운 국가 및 사회의 형성자로서 진리와 정의를 사랑하고, 개인의 가치를 존중하고 근로와 책임을 중시하며, 자주적 정신에 충만한 심신과 함께 건강한 국민을 육성하도록 시행되어야 한다"고 되어 있다. 또한 "제10조(교육행정). 교육은 부당한 지배에 굴복하는 것이 아니며, 국민 전체에 대해서 직접 책임을 지고 시행되어야 한다"고 하면서, 행정권이 교육에 개입하지 말아야 한다는 것을 명확하게 했다. 그리고 다음해인 1948년에 국회에서 교육칙어, 군인칙유, 그 밖의 교육 관련 조칙을 배제하거나 효력 상실을 확인하는 결의가 이루어졌다. 신이기도 한 천황에게 목숨을 바치는 교육은 명확히 부정되었다. 비로소 전전의 교육에서 탈피해, 태어난 때부터 인권을 가진 주체자의 위치를 부여하고 국민을 주권자로 육성하는 것을 목표로 하는 민주교육으로의 전환이 이루어졌던 것이다.

6·3·3학제의 발족_ 교육기본법에 의거한 교육을 실시하려면 새로운 학제가 필요했다. 이 경우에 ①교육의 기회균등, ②보통교육의 향상과 남녀차별의 철폐, ③학교제도의 단순화 등이 과제로 부각되었다. 평화적 문화국가를 건설하는 데 어떤 학제가 적절한지를 검토하여, 1947년 2월에 '6·3·3·4학제'가 결정되었다. 이 가운데 특히 문제가 된 것이 신제 중학교였다. 종래의 국민학교 고등과나 청년학교, 구제^{舊制} 중학교 등의 시설과 교원의 배치를 바꾸어야 하는 번거로운 문제가 있었기 때문이다. 또한 헌법에 의무교육은 9년간이라고 정한 것에 따라 신제 중학교는 의무제 및 남녀공학제가 되었다. 더구나 고등학교 교육까지는 보통교육으로 규정했으며, 마지막 4년간의 대학교육은 전문교육이 되었다. 이것은 일본 교육제도상의 커다란 변화였다.

그러나 4월 실시 2개월 전의 결정인데다 파탄이 난 재정사정으로 보아도 매우 곤란한 사업이었다. 이러한 곤란을 극복한 것은 '국민 다수의 열렬한 이상理想의 외침'(《6·3 의무제 실시 단행에 관한 성명》, 2월 20일)이었다.

새롭게 생겨난 PTA는 지역에서 모금활동 등을 적극적으로 벌여서 교구校具의 보충과 새로운 교사 건축 등에 협력했다. 이렇게 해서 새로운 학제에 의한 교육이 실시되었던 것이다.

아이들은 어떻게 받아들였는가?_ 새로운 교육의 방침도 제시되었다. 1947년 3월에 발표된 학습지도요령이다. 이것은 하나의 '시안'으로 여겨졌는데, 전전의 획일적인 교육을 반성하면서 "이번에는 오히려 밑으로부터 모두 함께 여러 가지로 만들어 나간다"고 하는 방침이 제시되었다. 따라서 지금까지와는 다른 수업이 전개되었다. 이런 수업을 체험한 하시모토 사나이 씨는 다음과 같이 말했다.

"신제 중학교에는 혁신과 청신의 기운이 가득 넘쳤다. 《새로운 헌법 이야기》의 내용을 기반으로 하는 교육이 행해졌다. 전교생에게 회의를 진행하는 법을 가르치기 위해서 강당에 전원을 모아놓고 의장을 내세운 다음, 하나의 테마에 대해 찬·반으로 갈라서 토론을 시키고, 다수결에 따라 최종결론을 내렸다. 이렇게 해서 전쟁 중에는 생각지도 못했던 민주주의적인 회의를 경험한 우리 학생들은 하나같이 마음에 밝고 뜨거운 희망과 자신감 같은 것을 갖게 되었다."(하시모토 사나이, 앞의 책)

당시 하시모토 씨가 입학한 신제 중학교는 소학교 2, 3학년의 교실과 옛 심상고등소학교 1학년 교실 3개를 배정받아서 겨우 수업을 실시했다. 체육관도 운동장도 소학교를 빌려야 했기 때문에, 소학교에 조심스러웠다고 한다. 학생회장에 선출된 하시모토 씨는 모두의 의견과 요구를 모아 다음과 같은 요구서를 소학교 교장 앞으로 제출했다고 한다. 첫째, 소학교는 우리들 중학교를 차별하지 말기 바란다. 둘째, ○○선생은 소학교만 생각해서 우리네 중학교를 무시하고 있다. 이 태도를 바꿔주기 바란다. 셋째, 독립된 중학교 교사^{校舍}를 세워주기 바란다.

결국 자신들의 의견을 표명하는 것이 가능한 시대가 된 것이다.

8. '메아리 학교'의 아동들은?

산

나는 학교보다도 산이 좋습니다.

그래도 글자를 읽을 수 없으면 곤란합니다.

— 사토 세이노스케

무차쿠 세이쿄 학급의 표어

언제든 힘을 합해서 행하자

결코 좀도둑질을 하지 말자

좋은 일은 스스로 나서서 행하자

일하는 것이 가장 좋다고 생각할 수 있도록 하자

우선 '왜?'라고 생각하는 사람이 되자

언제든 더 좋은 방법이 있는지 찾아보자

2004년 8월 14일, 야마카타현 가미노야마시립上山市立 야마모토소 · 중학교山元小 · 中學校에서 '메아리 학교의 비' 제막식이 열렸다. 이 비석은 현지에서 나온 큰 돌덩이로 만들었으며, 문집 《메아리 학교》에 실려 있는 사토 세이노스케佐藤清之助의 시 〈산〉과 6개의 표어가 새겨져 있다. 그러나 2년 후인 2006년 3월에 학생 수가 너무 적어서 소학교가 휴교에 들어갔으며, 3년 후인 2009년 3월에는 중학교도 휴교에 들어갔다. 이 학교 아동들의 작문(생활기록)을 통해서 패전 직후 아동들과 학교의 모습을 보도록 하자(무차쿠 세이쿄無着成恭 엮음,《메아리 학교》, 이와나미문고 참조).

'메아리 학교' 란? 1948년(쇼와 23) 4월, 무차쿠 세이쿄는 신임 초등 사회과 교사로 야마가타현 야마모토중학교에 부임했다. 그해에 입학한 43명의 중학생 생활기록을 묶어서 3년간《기관차》라는 문집을 16권 만들었는데, 이를 토대로 1951년에 발행된 것이《메아리 학교》였다(초판은 세이도샤青銅社에서 발행). 그 후에도 세이도샤→ 유리출판百合出版→ 가토카와문고角川文庫 → 이와나미문고를 거치면서 55년이 넘도록 계속 출판되었다. 처음 출판되고 얼마 후에 영화로 만들어져 문부대신도 무차쿠의 수업을 참관하러 왔다. 이 실천은 민간교육연구에서도 주목을 받아, 교육과학연구회는 패전 후 다시 간행된 기관지《교육》창간호(1951년)에서 '메아리 학교의 종합 검토'를 특집으로 삼았다. 또한 시로마루 후미오城丸章夫는 "그것은 신교육이 갖고 있지 않은 무엇인가가…… 일본 교사들의 마음속 고향과 연결되어 있으며, 더구나 이것이야말로 민주주의라고 부를 수 있는 교육의 질"을 가진 "민간교육운동의 새로운 발전을 향한 신호가 되었다"고 높이 평가했다(시로마루 후미오,《시로마루 후미오 저작집》제1권, 아오키서점青木書店, 1993년).《메아리 학교》는 신제 중학교의 초창기 교육 및 사회과(둘 다 1947년에 발족)의 새로운 상像을 제기한 실천이었다고 할 수 있다.

아이들의 생활기록에서 볼 수 있는 아동과 학교_ 에구치 고이치江口江一의 〈어머니의 죽음과 그 후〉(문부대신상 수상작)와 사토 도사부로佐藤藤三郎의 〈답사〉가 대표작으로 거론되어 왔지만,《메아리 학교》에는 43명이 쓴 63편에 달하는 생활기록이 실려 있다(이와나미문고. 판版에 따라 다소 차이가 있다).

당시 아동들 사이에서는 '내 맘이지'라는 말이 유행했다. 어른도 교사도 전쟁과 그 후의 격동 속에서 이제까지 가르쳐온 것과는 정반대되는 것을 말하기 시작했기 때문이다. 아동들은 항상 사회의 상황을 감성적으로 예리하게 파악하는 존재이다. 더구나 산촌 학교의 경우에 교사의 전근이 잦았던 것도 아이들의 불신감을 키웠다. 무차쿠와 아동들이 함께 한 3년간은 교육의 토대인 아동과 교사의 신뢰관계를 회복하는 것이었다. 사토 도사부로의 〈답사〉에서는 언젠가 '내 맘이지'라는 말이 사라지고 '6개의 표어'가 생겨난 상황을 말하고 있다. 쓰루미 가즈코鶴見和子는 과거의 실천으로서가 아니라 《메아리 학교》에서 배우는 현대의 의미로서 이것을 첫 번째로 지적하고 있다(이와나미문고판).

사토 세이노스케의 〈산〉에도 학교에 가지 않고 산에서 숯 굽는 일을 하는 아동노동이 다뤄진다. 《메아리 학교》의 첫머리에 실려 있는 이시이 도시오石井敏雄의 "눈이 펄펄 내립니다. 인간은 그 아래에서 살아가고 있습니다"에도 학교에 가지 않고 산에서 눈이 내리는 가운데 일을 하는 아동의 모습이 나타나 있다. 에구치 고이치는 유년시절에 아버지를, 중학생 때 어머니를 여의고, 중학생으로 한 집안의 대들보가 되었다. 에구치는 여동생과 남동생을 친척집에 맡기고, 할머니와 함께 농사일을 했다. 중학생인 에구치는 한 사람의 어엿한 농부로, 학교에 갈 시간이 별로 없었던 것이다. 생활기록에는 그러한 가운데서 아동들이 어떻게 살아가고 있는지가 나타나 있다. 쓰보타 조지坪田讓治는 책의 첫머리에서 "이 책은 쇼와 20년대의 일본 아동들이 '어떻게 살아가야 하는가'를 호소하는 필사적인 이야기입니다"라고 쓰고 있다. 여기에는 생산노동(아동노동)에서 충분히 해방되지 못한 패전 후 초기 산촌 아이들의 모습이 나타나 있다.

한편, 가와이 야에노川合ヤエノ는 〈교과서대〉라는 글에서 돈 때문에 '벌벌 떤다'고 했다. 그래서 '학교를 다니려면 돈이 어느 정도나 드는가'를 놓고 집단조사가 이루어졌다. 아동들이 '벌벌 떤다'고 하는 근거가 차츰 밝혀졌다. 학교 다니는 데 들어가는 돈이 촌민 한 사람의 연간 수입의 약 30%, 누에를 치거나 숯을 구워서 얻는 수입의 약 18%와 37%였다. 이번에는 촌의 교육예산, 인근 촌과의 비교로 조사가 확대되었다. 그것은 감성적인 사회인식을 과학적인 인식으로 바꾸고자 하는 과정이라고도 할 수 있다. 교과서 무상배급조치법은 1963년(쇼와 38)에 공포되었으므로, 그 이전에는 교과서대가 유료였다. 신제 중학교의 발족으로 중학교까지 의무교육이 되었지만 전후戰後의 혼란기 속에 교육예산도 적어서 교과서 무상배급까지는 가지 못했다. 그러나 중학교까지의 교육을 요구하는 여론이 높아서 "반대론자는 전혀 없었다"고 당시 문부대신 다나카 고다로田中耕太郎는 회상하고 있다(《니혼케이자이신문日本經濟新聞》 1986년 1월 27일).

무차쿠 세이쿄는 이엉을 얹은 교사에서 지도 한 장 없이, 찢어진 장지문으로 바람이 들어오는 교실에서, 현실과는 동떨어진 이상적인 농촌상을 그리고 있는 교과서에 의존하지 않고, 아동들의 머리로 지역과 농업의 현재 및 미래를 생각했다. 또한 무차쿠 학급의 고교 진학률(정시제定時制를 포함)은 43명 중 4명(약 10%)이었다. 이 기록은 전후 초기 산촌의 아동과 교육의 실상을 묘사함과 동시에, 시대를 뛰어넘어 지역에 뿌리를 두는 교육활동의 방향을 제시했다고 할 수 있다.

9. 신제 중학교의 발족은 어떻게?

시·정·촌장 4명의 자살, 180명의 사직_ 국민학교령(제8조)에도 8년간의 의무교육이 규정되어 있었지만, 전쟁 중이어서 실시되지 못했다. 1908년 4월 이래로 실시되던 6년간의 의무교육은 1947년 4월 학교교육법이 시행되면서 9년간으로 연장되었다. 이를 실현하는 데는 큰 희생이 따랐지만, 교육에 대한 국민의 뜨거운 기대로 어려움을 넘기게 되었다.

전후 학교체계의 개혁은 놀랄 만한 속도로 실시되었다. 내각 직속 자문기관인 교육쇄신위원회가 설치된 것은 1946년 9월이었다. 교육쇄신위원회가 학교체계에 관한 논의를 시작한 것이 동년 10월이었다. 12월 27일에는 의무교육을 9년간으로 연장할 것을 건의했다. CIE(민간정보교육국)도 이를 지지했다. 문부성도 이를 받아들여 1947년 2월 5일에 신학제를 발표했다. 2월 26일에는 6·3학제를 동년 4월에 실시하기로 각의에서 결정했다.

그러나 이 결정 과정에서, 관계자는 중대한 착오를 저질렀다. 우선 필요한 교실 수를 의무제가 되는 1학년생만 놓고 생각한 것과, 고등소학교와 청년학교(국민학교 초등과 또는 고등과 2년을 졸업하고 진학하는 학교로, 주로 야간 학교이다)의 교실 수를 과대평가한 것이었다. 그런데 당시에는 아직 의무교육이 아니었던 중학교 2, 3학년 학생도 상당수 재학하고 있어서, 한편으로 고등소학교나 청년학교의 교실은 의외로 부족했다. 1947년도의 신제 중학생 수는 319만 명이었다. 이에 비해 그대로 교실을 이용힐 수 있올 것으로 생각된 고등소학교 및 청년학교의 1946년도 학생 수는 합해서 216만 명으로, 103만 명이 증가한 것이었다. 더구나 1946년도의 고등소학교 및 청년학교 학생 216만 명은 교실을 확보하고 있다고 추정했지만, 실제는 56만 명분의 교실이 부족했다. 159만 명분의 교실이 부족한 채로, 예산 조치도 없이 새로운 학제를 시작한 것이다.

이 때문에 전국의 중학교 중에는 소학교와 공간을 함께 쓰거나 가교사假校舍에서 수업을 시작한 학교도 있었다. 그 결과, 2부제 수업은 당연하고 3부제, 4부제 수업을 하는 경우도 생겼다. 곳간이나 닭장, 헛간, 마구간에서 수업을 하는 경우도 있고, 도쿄에서는 전차교실도 출현했다.

그래도 1948년도는 약 50억 엔의 건축비보조금이 국가예산에 계상되어, 중학교 교사건축도 궤도에 오르는 것처럼 보였다. 그러나 1949년도에는 인플레이션을 막기 위해 초긴축재정을 실시하여 6 · 3학제 보조예산은 전액 삭감되었다. 각지에서 교사건축 계획이 중지되고, 건축 중이던 것도 도중에 중단되었다. 교육상 어쩔 수 없이 건축을 계속 추진했던 시 · 정 · 촌은 재정의 파탄을 가져와, 시 · 정 · 촌민의 세금 부담이나 강제 기부가 막대한 수준에 이르렀다. 한편으로는 시 · 정 · 촌장 등의 책임문제도 불거져, 1948년 4월부터 1949년 6월까지 6 · 3학제 문제로 사직한 시 · 정 · 촌장이 180명에 달했다. 야마나시현 고마군巨摩郡 무쓰자와촌睦澤村 촌장, 오카야마현 아테쓰군阿哲郡 이시가사토촌石蟹郷村 촌장, 가가와현 와타촌和田村 촌장, 돗토리시 시장은 자살했다. "공출과 교실은 시 · 정 · 촌장의 목숨이다"는 그 무렵에 생겨난 말이다.

'신목을 교육에 돌린다'는 결의로 세운 중학교_ 이처럼 6 · 3학제의 실시에는 큰 희생과 부담이 따랐지만, 많은 국민은 의무교육의 연장을 열망했다. 주민이나 교장이 앞장을 서고 중학생도 협력해서 중학교를 발족시킨 다음과

벌목 직전의 신목과 준공된 새 교사

같은 예가 보고되었다(사토 가오루佐藤薫, 《속 6 · 3제》, 교육홍보사, 1952년).

- 작업으로 번 1만 엔을 기부하고, 찬바람과 냉수도 아랑곳하지 않고 작은 개울에 들어가, 기초공사에 필요한 돌을 모으는 데 노력(이와테현 시와군紫波郡의 중학교 학생회)
- 직원과 학생이 건축을 위한 저금을 시작하고 토끼사육, 줄 꼬기, 메뚜기 잡기 등으로 번 13만여 엔을 기부(야마키티현 도키외촌常磐村의 중학교)
- 소 · 중학교의 아동과 학생이 줄을 꼬아서 판 대금으로 학교비품을 구입. 또한 중학교 전직원과 학생이 하나가 되어 학교부지 고르는 작업을 수행(아키타현 이케다테촌池立村)
- 전재산을 저당 잡혀 100만 엔을 차입한 촌장(후쿠시마현 가노촌加納村)

- 부인회가 폐신문지를 모아 1만 엔을 기부(사이타마현 나카야마촌^{中山村})
- 신문배달로 번 6천 엔을 기부한 중학생(효고현 와즈미정^{和住丁})
- 400여 명의 학생 전원이 토끼 1마리씩을 길러서 기부(히로시마현의 중학교)
- 이바라키현 유키군^{結城郡} 지요카와촌^{千代川村}에서는 뱀의 신, 농경의 신으로 숭배하던 신목^{神木} 7그루를 비장한 결의로 베어서 77만 3,500엔에 팔아 중학교를 지었다. 오래된 나무가 있던 자리에는 비석이 세워졌다. 그 비문에는 "자손이 번영하는 첩경은 교육에 있다. 우리들은 몇 십대에 걸쳐 선조들이 신이라는 이름으로 계승해온 유산을 교육이라는 형태로 바꾸기로 결의하고, 애석한 눈물을 억누르며 상인에게 팔았다"고 적혀 있다.

10. 경제성장기의 학교는?

도시로 향하는 아동과 부모_ 1954년 4월 5일 오후 3시 33분 아오모리역에서 중학교 졸업생 540명을 태운 D51의 8량 편성 열차가 출발했다. 이 열차는 21시간 반 걸려서 도쿄 우에노^{上野}에 도착했다. 전국에서 처음으로 집단취직을 하는 학생들을 실어 나른 열차였다.

이 무렵부터 시작된 고도 경제성장은 태평양 벨트 지대나 수도 도쿄로 향하는 인구이동을 촉진시켰다. 1960년에 1,786만 명이었던 도쿄 인구는 1970년에 2,411만 명으로 팽창하여, 전국의 4분의 1에 가까운 인구가 집중되었다. 지방에서 올라와 돈벌이를 하는 부모도 늘어났다.

> 아버지의 돈벌이
>
> 50의 나이가 되어서
>
> 아버지는 태어나서 처음으로
>
> 막노동자로 돈벌이를 시작하셨다
>
> '쌀과 땔나무만 있으면
>
> 겨울을 어떻게든 넘길 수 있을 텐데'
>
> 이렇게 말하면서
>
> 울컥하는 마음을 간직한 채 80살 노인과
>
> 중학 1학년 아이를 남겨두고 떠나가셨다
>
> (《부인민주신문婦人民主新聞》, 1964년 4월 26일)

　부모가 필사적으로 일해서 번 돈을 교육에 투입한 덕에 중학생의 고교 진학률은 점차 높아졌다. 1955년에 51.5%였던 것이 1965년에는 70.7%에 달했다. 따라서 집단으로 취직하러 오는 중학교 졸업생들은 '황금알'이라고 불렸다. 1963년부터는 일본교통공사가 창구가 되어서 집단취직 열차로 이들을 수송했지만, 그것도 1976년에는 문을 닫았다.

도시 인구의 급증과 교육 문제＿ 공업도시였던 가나가와현 가와사키시의 1950년도 인구는 25만 명이었다. 그러나 1973년에는 100만 명을 넘어섰다. 그것은 지방에서 인구가 유입된 데 따른 것으로, 대부분 청년층이었다. 이들 청년층은 핵가족을 구성하고 도시에 정착해 나갔다. 그런 가운데 의무교육을 하는 학교들의 정비가 요구되었다. 가와사키시의 경우, 전후부터 1952년까지 설립된 소·중학교는 6개에 지나지 않지만, 1954년부터 학교 신설 붐을 맞아서 1963년까지 24개교가 신설되었다.

한 반의 정원이 60명이나 되는 콩나물 교실도 생겨났다. 각 도시는 교육 예산을 늘리는 데 고민해야 했다.

지방에서 올라와 집단취직을 한 아이들에 대한 교육도 과제였다. 야간 정시제定時制 고등학교가 신설되고, 중학교를 졸업하지 않은 아이들을 위한 야간중학교도 신설되었다.

공해에 직면한 아이들_ 석유공업단지의 형성은 심각한 공해를 유발했다. 1969년 4월 21일, 공해오염지대에 거주하는 소학교 4학년 남자아이가 '기관지 천식에 의한 심장쇠약'으로 사망했다. 1971년 9월에는 소학교 4학년 여자아이가 같은 병으로 사망했다. "이렇게 고통스럽다면 죽는 것이 나아요. 아, 어머니, 어떻게 하면 죽을 수 있나요?"라는 아이의 말에 "부모와 딸이 함께 울었다"고 한다.

이러한 상황을 타개하기 위한 움직임이 교육 현장에서도 나타났다. 가와사키시에 있는 호세이제2고등학교法政第二高等學校에서는 화학 과목 교육과정에 공해 학습을 집어넣었다. 이런 학습을 한 학생들은 다음과 같은 변화를 보여주었다고 한다.

① 이제까지 관심도 없고 어떤 주의도 기울이지 않은 채 보아 넘겼던 주변의 '공해'에 대해서 깊은 관심을 갖게 되었다.

② 일본 각지에 이처럼 '공해'를 유발하는 사업이 많으며, 우리들의 건강과 생활을 해치고 있다는 사실을 알게 되어서 놀랐다.

③ 기업의 이윤추구를 위한 '공해'의 방치, 자치단체가 '공해대책'에 미온적인 것에 대해 명확하게 비판을 하게 되었다.

④ 스스로 '공해' 방지에 나서는 의미를 생각해보게 되었다.

이러한 인식에 도달한 것은 책을 읽고 찾아보는 것만이 아니라 스스로 조사활동을 한 결과였다.

화학 교사와 화학부의 학생들이 미리 준비한 알칼리 종이를 자신들의 거주지나 가와사키 시내에 매달고, 스스로 분석을 한 것이 공해에 대한 학생들의 인식을 변화시켰다.

1971년 8월 19일 '공해와 교육' 연구회가 발족했다. "이 모임은 아이들을 공해로부터 지키고 공해 없는 국토를 되살리기 위한 교육을 하는 전국의 교사와 시민에 의해 만들어졌다"고 했다. 연구회에서 호세이제2고등학교의 실천은 높은 평가를 받았다. 이 연구회는 '환경과 공해' 연구회로 이름을 바꾸어, 좋은 환경을 만들기 위한 교육 실천을 지금도 계속하고 있다.

{ ·제5장·
또 하나의 학교사 }

1. 아이누학교

동화정책과 아이누학교_ 메이지 정부는 홋카이도를 내지內地 식민지로 규정짓
고 개척에 나섰다. 그 무렵 과제가 되었던 것이 선주민先住民 교육을 어떻게
할 것인가 하는 문제였다.

1872년(메이지 5)에 학제가 시행되었다. 당시 선주민이었던 아이누 민족
에 대해서는 자신들의 언어 · 풍습 · 전통문화를 기본적으로 버리도록 해
서, 도쿄의 개척사가학교開拓使假學校나 강제로 이주시킨 가라후토(사할린)의
아이누교육소敎育所, 나아가 선교사가 열었던 교회의 학교에서 일본인으로
동화시키는 교육이 전개되었다.

그 후 1899년의 〈옛 토착인학교 보호법舊土人學校保護法〉에 따라 홋카이도
전역에 아이누학교를 설립했다. 1901년(메이지 34)부터 10년 동안 21개교

홋카이도 구시로군釧路郡 하루토리春採의 아이누학교(1891년)

가 설립되었다. 히다카노쿠니日高國에 10개교, 이부리노쿠니膽振國 6개교, 도카치노쿠니十勝國 3개교, 구시로노쿠니釧路國 2개교였다. 그러나 일반적인 소학교보다 수학 연한이 짧은 교과목도 적지 않았다. 또한 도덕이나 국어가 중시되고 충군애국의 황민화 교육이 행해졌다.(다바타 히로시田端博史·구와바라 마사토桑原眞人 감수, 《아이누 민족의 역사와 문화》, 야마카와출판사山川出版社)

교육내용은 어떠한 것이었을까?_ 1916년(다이쇼 5) 홋카이도부청령北海道府廳令 제86호가 발포되었다. 거기에서 아이누 아동들을 위한 특별 교육과정으로서 '옛 토착인 교육규정'이 제시되었다.

수업 연한은 4년이며, 취학연령은 7살에 시작되었다. 교육과정은 수신, 국어(일본어), 산술, 체조, 실업(농업, 재봉) 등이었다. 수업시간은 주 18시간까지로, 아이누 사람들의 생활실태를 고려해 수업시간을 줄였다고 했으며, 지리, 역사, 이과 등은 교육과정에서 제외되었다.

이에 대해서는 아이누 사람들뿐 아니라 교사들도 반대해서, 1922년에 옛 토착인 교육규정은 파기되고 홋카이도 전역과 동일한 교육과정이 되었다. 따라서 취학연령은 6살에 시작되는 것으로 낮아지고, 수업 연한은 6년이 되었다. 또한 교육과정에는 지리, 일본역사, 이과, 도공圖工[48]이 추가되었다. 그리고 아이누 학교 취학률도 점차 높아져, 1920년대 후반부터는 100%에 가깝게 되었다.(《히다카교육사日高敎育史》)

그러나 황민화교육 · 동화교육에 목적을 두고 행해졌으므로, 아이누어 같은 아이누 민족 고유의 문화는 교육과정에 포함시키지 않았다는 근본적인 문제가 남아 있었다.

2. 오키나와의 황민화교육

오키나와의 동화정책_ 오키나와전沖繩戰 연구자인 오타 마사히데太田昌秀 씨는, "나는 교육이야말로 오키나와전을 포함해 태평양전쟁에서 310만여 명의 국민을 희생시켰을 뿐만 아니라, 이웃 여러 국민들에게 씻기 어려울 정도의 상처를 입힌 원흉이라고 생각하지 않을 수 없습니다"(《제3차 이에나가 교과서 소송家永敎科書訴訟[49] 의견서)라고 말하고 있다. 본래부터 오키나와 사람들은

---

48) 도화圖畵와 공작工作. 즉, 그림 그리기와 물건 만들기.
49) 고등학교 일본사교과서 《신일본사新日本史》(산세이도三省堂)의 집필자인 이에나가 사부로家永三郎가 일본 문부성을 상대로 교과서 검정의 부당성을 주장한 일련의 소송. 제1차 소송은 1965년, 제2차 소송은 1967년, 제3차 소송은 1984년에 시작되어, 1997년 최고재판소의 제3차 소송 판결로 종결되었다. 종결까지 32년이 걸린 가장 긴 민사재판으로 기네스북에 올랐다. 소송의 최대 쟁점은 '교과서 검정은 헌법 위반'이라는 이에나가 측의 주장이었다. 최고재판소는 교과서 검정 자체는 합헌으로 판결했다. 그러나 문부성이 지시한 일부 검정 내용이 국가의 재량권에서 벗어났다는 것을 인정했다.

메이지 정부에서 '신부新附50의 민民'이었으며, 천황의 지배가 미치지 않는 '화외化外51의 민民'이었다. 따라서 오키나와를 일본화하기 위해 철저한 황민화정책을 실시했다. 그 기본적인 입장은 '내지內地' 사람들에 비해 오키나와 사람들을 열등하다고 여겨, 동화(황민화)를 정당화하려는 것이었다. 이러한 움직임에 대해 오키나와 최초의 신문인 《류큐신보琉球新報》는 오키나와에 대한 차별을 극복하기 위해서는 "오키나와 현민을 진정한 일본인답게 만들어야 한다"고 적극적인 동화론을 내세웠다.

오키나와 황민화교육의 특징 근대의 국민교육에서 '공통어'의 보급은 피할 수 없다. 그러나 오키나와에서는 극단적인 형태로 행해졌다. 그중 하나는 방언의 박멸이었다. 발음·악센트·억양이나 지역의 독특한 감탄사까지 체크해서 문부성이 말하는 공통어로 통일시키고자 했다. 학교에서는 '방언박멸 운동'이 전개되었다. 방언을 사용한 학생에게 '방언찰方言札'이라고 적힌 나무패를 건네고, 이것을 지닌 학생은 역시 방언으로 이야기하는 다른 학생을 찾아서 건넨다는 벌칙도 있었다. 이러한 교육은 오키나와 고유문화에 대한 자부심을 빼앗는 동시에, 본토로부터의 차별을 재구축하는 것으로 이어졌다. 오키나와전이 벌어졌을 때, 오키나와 방어군이 내린 명령 중에 "군인이건 군속이건 간에 표준어 이외의 말을 사용하는 것을 금하고, 오키나와어로 이야기하는 자는 간첩으로 보고 처분한다"는 내용이 있다. 방언을 사용하면 스파이로 여겨졌던 것이다.

---

50) 새로 복속됨.
51) '교화가 미치지 않는', '문명이 뒤떨어진' 등의 의미.

방언찰(복제)

또한 황민화교육의 일환으로, 성과 이름을 바꾸는 운동도 행해졌다. 우치난추(오키나와현 사람)라는 것이 알려지면 장차 취직도 곤란해진다고 해서, 소학교 교사 등이 중심이 되어 추진했다. 예를 들어 '카나구스쿠金城'를 '긴조'로, '코친東風'을 '아즈마'로 바꾸는 상황이 일어났다. 이렇게 오키나와에서 행해진 굴욕과 비애로 가득한 황민화교육은 그 후 식민지 타이완이나 조선, 만주, 남양군도南洋群島[52] 등에서도 시행되었다.

3. 격리된 교실 — 젠쇼학원全生學園

"여러분들은 면적이 40헥타르에 인구가 1천여 명밖에 되지 않는 그야말로 장난감 같은 작은 나라가 일본열도 내에 존재하고 있다는 것을 아십니까? 이런 나라는 마르코 폴로의《동방견문록》에도 나오지 않는다는 등의 이유로, 잘 모르고 하는 말이라고 무시해버려서는 안 됩니다. 이 나라의 역사는 겨우 50년이 되었을 뿐이기 때문입니다. 그러면서도 한 나라를 형성한 이상, 엄연히 국경이 있고, 출입국관리령에 따르지 않으면 함부로 출입국을 할 수 없습니다. 또 헌법과 건국의 정신이라는 것도 있고, 국민 생활에 질서가 있는 것도 일반 국가와 다르지 않습니다. 다만 다른 점은

---

52) 1차 대전 이후 일본이 국제연맹의 위탁을 받아서 통치하던 태평양 적도 이북의 여러 섬. 미크로네시아에 해당한다.

어떤 나라도, 즉 자본주의 국가이건 사회주의 국가이건 간에, 모든 나라가 그 목표를 발전이라는 것에 두는 데 반해, 이 나라에서는 멸망만이 국가의 유일한 이상理想이라는 점입니다.(시마 히로시島比呂志, 《기묘한 나라》, 1959년 발표)

1909년, '기묘한 나라' 젠쇼병원 초대원장인 이케우치 사이지로池內才次郎(의사가 아니라 경찰관료)는 환자들에게 "너희들을 어떻게 다루면 좋을지 도무지 모르겠다. 어쨌든 감옥보다 한 등급을 감한다는 형편에 맞춰 살아가자"고 말했다. 치료에 전념해야 하는 환자들을 온갖 작업에 몰아넣고, 거역하면 건방지다고 해서 욕설과 폭행을 가하고, 재판 없이 감옥에 보냈다(93명이 수용되어, 22명이 그곳에서 사망).

전전戰前에만 있던 이야기가 아니다. 일본열도에서 한 번도 유행한 적이 없는 한센병(나병)을 국가의 수치로 간주해서 단속 대상으로 삼는 풍조가 세계적으로 유례없는, 강제로 평생 동안 완전히 격리시키는 정책을 시행해서 일본 한센병자의 100년을 절망적인 것으로 만들었다. 두말할 나위 없이 강제 · 노동수용소에 의한 민족 정화였다.

이 '기묘한 나라'에도 아이들의 생활과 학교가 있었다. 그중 하나가 도쿄 히가시무라야마시東村山市의 젠쇼학원(히가시무라야마시립 소 · 중학교 젠쇼분교실소生分敎室)이다. 지금은 마룻바닥의 일부가 이미 내려앉았고, 깨진 유리가 흩어져 있다. 작은 교실에는 이 분교실 최후의 졸업식을 했던 1979년도 달력이 벽에 남아 있다. 근처에는 아이들이 수용되었던 소년 · 소녀사少年少女舍가 있다. 예전의 기준에서 이곳의 다나미 12.5개 면적쯤 되는 방 하나에서 8명이 생활했다. '배운다는 것은 희망을 말하는 것'이라는 프랑스의 저항시인 루이 아라공Louis Aragon53의 말은 교사들이 즐겨 쓰는 말이었

다. 하지만 부모형제에게서 격리되어 이름을 빼앗기고, 죽어 뼈가 되어서
도 수습을 거부당하고, 진료소 안에서 환자끼리 결혼해도 강제로 단종수
술斷種手術을 해야 하고, 취직이나 상급학교 진학도 막히고, 진료소에서 퇴
소하는 규정도 없는 아이들에게 희망이라는 것은 무엇이었을까? 다음은
2001년 〈나병예방법〉 위헌 국가배상 청구소송에서 원고 승소 판결 후 시
행된 한센병 조사사업의 방대한 조사 내용 중 한센병 진료소 내의 학교에
서 배운 사람들의 증언이다.

- 한 학급에 10명 정도였다. 공부 같은 것은 하지 않아도 좋다고 생각
  했다.(1929년 입소한 남성)
- 진료소 내의 생활은 공부로 이어지지 못했고 공부에 힘쓰는 사람도
  없었다.(1936년 입소한 남성)
- 희망도 무엇도 없었다. 그 무렵 습자에서 "소년이여, 큰 뜻을 품어라"
  라고 쓰게 했다.(1925년 입소한 남성)
- 학교 교무실에 학생은 들어갈 수 없었다. 선생님을 부를 때는 전용 모
  스 부호 같은 신호로 주고받았다.(1943년 입소한 여성)
- 원외에 나갈 수 없는 학생들이 참고서 구입을 의뢰하고 돈을 건네면,
  교사는 돈을 핀셋으로 집어 교무실에서 소독액을 묻힌 다음 창문에 걸
  어 말렸다. 그 후로 이 소년은 교사에게 아무런 말도 한 적이 없다.(원
  래 환자였다가 분교실 선생으로 근무했던 아마노 슈이치天野秀一 씨의 이야기)

---

53) 루이 아라공(1897~1982). 프랑스의 시인이자 소설가. 종래의 전통을 부정하고 불합리성을 추구하는 등 허무
    주의로 이어지는 다다이즘과 인간의 잠재의식이나 무의식에서 참다운 리얼리티를 찾으려는 초현실주의(쉬
    르레알리슴) 운동을 펼쳤다.

이러한 에피소드는 흔하다. 그러나 환자들의 분노를 샀던 교사도 원래 학교로 돌아가면 분명 학생들과 사이가 좋은 선생님이었을 것이다. 731 부대[54]의 장병이 출병 이전이나 귀환 후에는 좋은 아버지, 훌륭한 할아버지, 벌레도 죽이지 못하는 농부였듯이 말이다.

일본 최초의 소년원이 1923년에 설립되었는데도, 한센병자의 의무교육은 전후에야 실시되었다. 그때까지 젠쇼학원은 환자들 가운데 교육정도가 높은 사람이 교사가 되어 가르치는, 말하자면 사숙私塾일 뿐이었다. "마을에 배우지 않는 집이 없게 한다"[55]는 의기양양한 모습 이면에서 한센병환자의 의무교육은 '외면하고', 소년단 활동은 강요했다. 나병 예방법 폐지에 큰 역할을 한 오타니 후지오大谷藤郎 씨(당시 후생성 국립요양소 과장)가 비밀리에 진료소와 형무소의 예산을 비교해보니 1인당 식비 등 산출된 숫자는 "모두 형무소 이하이거나 겨우 같은 액수 정도였다"고 한다.

다마젠쇼엔多磨全生園[56]은 얼마 후면 100주년을 맞이하는데, 그 사이 직원이나 의사 등에게서는 한 사람의 감염자도 나오지 않았다. 이것은 다른 시설에서도 마찬가지다. 결혼한 사람들 사이의 감염도 없었다. 또한 환자 수는 메이지 이래로 자연스런 감소곡선을 그렸고, 강제격리 정책 후에도 그런 추세가 가속화되지는 않았다. 이것도 격리를 하는 것이 의미가 없음을 말해준다.

한 세기를 지나면서, 강제적으로 병생 동안 절대격리를 시키는 세계적으로 유례없는 조치는 제도상으로는 없어졌다. 그러나 한 가지가 없어지

---

54) 2차 대전 때 일본이 만주 하얼빈에서 운영하던 비밀부대. 페스트균을 비롯한 세균탄을 개발할 목적으로 중국 군 포로를 비롯하여 한국인, 러시아인, 몽골인을 대상으로 생체실험을 한 것으로 악명이 높다.
55) 1872년 발포된 일본의 〈학제령〉에 나오는 교육의 방침.
56) 국립요양소 다마젠쇼엔은 도쿄도 히가시야마시에 있는 한센병 환자 수용시설로, 1909년에 창립되었다.

고, 새로운 격리가 자유로운 선택의 결과로 시작되려 하고 있다.

참고문헌

우치다 이로후미內田博文, 《한센병 검증회의의 기록 — 검증문화의 정착을 추구하며》(아카시서점明石書店)

도쿠나가 스스무德永進, 《격리 — 고향에서 쫓겨난 한센병자들》(이와나미 현대문고)

다케다 도오루武田徹, 《'격리'라는 병 — 근대 일본의 의료공간》(고단샤講談社)

4. 야간중학

"야간중학을 아시나요?" 이런 질문을 받으면, "야간고등학교나 야간대학은 알아도 의무교육인 중학교에 야간이 있다는 것은 몰랐다"고 대답하는 사람도 있을 것이다.

문부과학성에서 시행하는 고등학교 졸업과정 인정시험(옛 대학입학자격 검정시험)이 유명하지만, 중학교 졸업과정 인정시험에도 연간 수십 명이 응시하고 있다.

그런데 일본이 전쟁에 패하고 새로운 일본국헌법이 생겼을 때, 헌법에는 다음과 같이 명시되었다.

"제26조. 모든 국민은 법률이 정하는 바에 따라 그 능력에 맞춰 동등한 교육을 받을 권리를 가진다. 모든 국민은 법률이 정하는 바에 따라 자신이 보호하는 자녀에게 보통교육을 받게 할 의무를 진다. 의무교육은 무상으로 한다."

그러나 전후의 혼란기 속에서 의무교육을 받을 수 없었던 사람들이 많았다. 그런 이유로 공립 야간중학을 개설하게 된 것이다.

공립 야간중학은 전국에 35개교(도쿄도 8개교, 가나가와현 6개교, 지바현 1개교, 교토부 1개교, 오사카부 11개교, 나라현 3개교, 효고현 3개교, 히로시마현 2개교)가 있다. 여기에서 공부하고 있는 사람은 2,800명 정도이다(2006년 현재).

또한 공립이 아니라 자주적으로 시행하고 있는 곳도 있다. 홋카이도에서 오키나와까지 전국 각지에 17개교가 개설되어 있다.

필자가 사는 사이타마현에는 공립 야간중학이 없다. 그런데 1985년에 사이타마에도 야간중학을 세웠으면 하는 바람에서, '사이타마에 야간중학을 만드는 모임'이 만들어졌다.

그 후 20년 넘게 운동을 계속하는 가운데 현縣의 지사를 비롯한 현 교육위원회는 중학교 개설은 시 · 정 · 촌市町村 단위로 하므로 어떤 시 · 정 · 촌이 책임지고 맡아준다면 언제라도 개설할 수 있게 한다고 했다. 그러나 시 · 정 · 촌 측은 학생들이 자신의 시 · 정 · 촌에만 거주하는 것이 아니므로 개설하기 어렵다는 회답을 반복했다. 이 때문에 20년이 넘도록 개설이 성사되지 않고 있다.

현내에는 1만 명 이상의 의무교육 미수료자가 있다. 중학을 졸업하지 않고는 고등학교 입시를 볼 수 없기 때문에 매년 20명 안팎의 학생이 도쿄도 내의 공립 야간중학에 일부러 다니고 있다.

여기에서 공립 야간중학과 자주적으로 시행하고 있는 자주 야간중학의 차이를 살펴보자. 입학 가능 연령을 보면 공립 야간중학은 중학교를 졸업하지 않은 15세 이상으로 되어 있다. 자주 야간중학은 연령에 관계없이 자유롭게 배울 수 있다.

공립 야간중학은 중학을 마쳤다는 졸업증서가 나온다. 자주 야간중학은 중학으로 인정되지 않기 때문에 중학교 졸업 정도 인정시험을 보아야 한다(고등학교에 진학하기 위한 인정이므로, 인정받지 않아도 일정한 학력이 있다면 25세를 넘긴 무렵부터 고등학교에 들어갈 수는 있다).

가르치는 방식에도 차이가 있다. 공립 야간중학은 교육과정에 따라 일제수업(적은 인원)을 하게 된다. 학교이기 때문에 당연히 교사校舍를 사용할 수 있고, 전문 교과 담임이 있다. 또한 다수의 교재를 사용하고, 교과서도 있다. 그리고 학교 자체에서 급식도 한다. 자주 야간중학은 교육과정에 따르는 것이 아니라 학생들의 요망을 토대로 수업을 진행한다. 교과서나 교재는 학습자가 준비해야 한다.

이와 같이 공립 야간중학과 자주적으로 운영되는 중학은 커다란 차이가 있다. 여기에서는 가와구치川口 자주 야간중학에서 가르치는 사람과 배우는 사람에 대해 소개해보자.

가르치는 사람들(스태프)은 회사를 정년퇴직한 사람이나 교사 출신, 학생 등 가르치는 일에 흥미를 가진 사람이라면 누구라도 할 수 있다. 다양한 인생을 겪어왔기 때문에 학습내용을 가르칠 때도 인생관에 근거한 이야기가 많게 된다.

여기에서 스태프의 태도는 우선 학습자의 입장에서 본다는 것이다. 그러므로 스태프가 일방적으로 가르치는 것이 아니라 학습자로부터 배우기도 한다고 받아들인다. 학습방법은 맨투맨으로, 학습자가 가장 배우고 싶어 하는 내용을 중심으로 진행한다. 학교를 다닌 적이 없는 사람은 소학교 학생 때의 학습내용을 이해하지 못한 채 교실에 온다. 어떤 것을 알고 싶은지 들어서, 학습자에게 알맞은 형태로 스태프와 함께 학습을 시작하므로, 알지 못한다는 말이 거짓말처럼 느껴질 만큼 의욕적으로 공부를 해서 고등학교에 진학하는 사람도 있다.

나이가 많은 사람 중에는 재학습을 위해 오는 경우가 많다. 최근의 글에 가로쓰기가 많아지면서 글의 의미를 이해하지 못한다거나 로마자를 읽지 못한다고 호소하는 경우도 많다. 이들은 교실에서 겸손하게 공부를 한다. 학교를 다니지 않은 10대 청소년이 이런 고령자가 공부하는 모습을 보고 자신도 더욱 힘을 낼 수 있게 되었다거나, 높은 목표를 세우고 그것을 향해 큰 발걸음을 내디뎠다고 하는 경우가 있다.

동시에 가르치는 사람이 항상 자기 근처에 있다는 것은 마음 놓고 공부를 할 수 있게 해준다. 이해를 할 수 없을 때는 "이것, 모르겠어요"라고 소리 내어 묻는 것이 좋다. 모르는 아이에게 아는 아이가 가르쳐주는 것도 중요하다.

항상 학습자에게서 가르침을 받는 자세를 가지는 것이 중요하다. 교실에는 외국 사람도 일본어를 배우러 온다. 이 외국인과 학습하는 것이야말로 스태프가 공부하는 무대이다. 외국인은 일본어 학습과 함께 일본 문화도 알고 싶어 하는 경우가 대부분이다. 서로 언어의 차이와 함께 문화의 차이를 배울 수 있는 것이다. 또 외국인은 일본이기 어렵다고 이런저런 질문을 자주 한다. 그때 생생한 일본어를 알게 하려면, 상대방의 말을 알아들어야 한다. 여기에서 서로 배운다고 하는 관계가 생긴다.

그런데 일본의 학교에서는 자신의 나이에 맞는 학년에 편입되기 때문에, 일본어를 알지 못해서 학습내용을 점점 이해할 수 없게 되는 경우가 있다. 결국 학교 가기가 싫어지게 된다. 만약 일본어를 알지 못하면, 특별히 일본어 교실을 만들면 되지 않을까?

등교하지 않는 아이, 히키코모리^{ひきこもり},<u>57</u> 외국에서 온 아이들이 공부할 곳을 어떻게 보장할지가 이제부터의 과제이다.

| 57) 정신적인 문제로 외출을 하지 않고 집에 틀어박혀 지내는 사람.

학교의 역사를 조사한다

· 제1장 ·
변천을 조사한다

1. 학교건물의 역사

학교건축의 탄생_ 1872년(메이지 5) 메이지 정부는 학제를 발포하여 근대적 학교제도를 발족시켰다. 그러나 처음에는 학교에 대한 국민의 이해가 부족했으며 재정상의 여유도 없었으므로 학교건물을 신축하는 경우가 적었고, 종래의 데라코야나 사숙을 그대로 사용하거나 개조해서 사용했다. 1875년 문부성 기록에 따르면, 2만 692개의 소학교 중에서 8,257개교(약 40%)가 사원을 빌려서 사용했고, 다음으로 6,794개교(약 33%)는 민가를 사용했다. 당연히 학생 수도 적어서 그해 소학교 1개교당 평균 학생 수는 약 60명이었고, 교사가 1명밖에 없는 학교가 1만 2,551개교(전체의 58%), 그리고 90%의 학교가 교사 수 3명 이하였으므로 급한 대로 사원이나 민가를 사용할 수 있었던 것이다. 당시에는 소수였지만, 독지가의 기부나 열정을 가진 현령(지사)의 후원으로 문명개화의 풍조에 편승해서 의양풍擬洋

洋風의 학교건물도 세워지기 시작했다. 의양풍 건축이란, 재래의 목조건축 외관에 서양풍의 형식이나 수법을 가미해서 지은 것이다.

의양풍과 일본풍의 절충에서 점차 서양식으로 통일 취학률도 높아지고 학교 규모도 커지게 되자, 건축에서 의양풍이냐 일본풍이냐 하는 문제에 복도의 위치나 채광의 문제까지 얽히게 되었다. 왜냐하면 의양풍은 건물의 한가운데에 복도를 두고 그 양 옆에 교실이 있는 구조였기 때문이다. 유리 가격이 비싸서 창이 작은 탓에 어두웠으며, 통풍도 잘 되지 않았다. 복도를 사이에 둔 반대편 교실의 소음도 들렸다. 한편, 일본풍은 남측에 통로를 두었으므로 창(장지문, 문)을 닫으면 어둡고, 창을 열면 바람이 너무 들어와서 안정감이 없었다. 그래서 절충식이 많았던 것인데, 결국은 서양식으로 통일되어갔다.

그 계기가 된 것은 지금의 아이치, 기후현 일대의 노비濃尾지진(1881년 10월 28일)과 도쿄부 지진(1894년 6월 20일)이었다. 이 지진으로 학교에 피해가 생기자, 문부성은 1894년 8월 "서양식을 사용해야 한다"는 통달을 보냈다. 또한 1890년대에는 병식체조兵式體操가 성행하여, 학교에 옥외 체조장(운동장)과 우천 체조장(실내운동장)을 설치하게 되었다.

남북 복도 논쟁과 20평 교실 건축은 서양풍이 되었지만, 복도를 북측에 둘 것인가 남측에 둘 것인가를 놓고 격렬한 논쟁이 벌어졌다. 북일본 지역에서는 겨울의 난방 설비를 제대로 갖추지 않은 문제도 있어서 북측에 복도를 두고 남측에 교실을 두는 형태를 주장했다. 그러나 시코쿠, 규슈 등에서는 여름의 강한 햇살을 차단하기 위해서는 남측에 복도를 두는 것이 좋다고 주장했다. 논의가 비등했지만 1901년 4월 8일, 관보에 문부성 학교 위생기사 미시마 미치요시三島通良가 〈학교건물 위생상의 이해利害 조사보고〉라는 장문의 논문을 써서 위생론의 입장에서 북측 복도설을 설명했다. 이것이 결정타가 되어 전국에 걸쳐 일률적으로 북측에 복도, 남측에 교실을 배치하게 되었다.

또한 1907년 소학교령이 개정되고 다음해부터 소학교 6년간이 의무교육이 되었다. 학교 규모도 커지고, 교실의 크기도 문제가 되어 4칸×5칸＝20평(66m²)이 교실의 단위가 되었다.

학교시설의 새로운 시도와 철근 콘크리트 건물의 출현_ 다이쇼기는 학교건축에서도 메이지기의 외국 모방에서 탈피하려는 새로운 시도가 나타났다. 우천 체조장에 대해서는 1905년(메이지 38)에 문부성에서 외벽을 설치하고 마루를 깔도록 권고했지만, 당시에는 흙이나 모래바닥에 지붕만 올려서 비바람을 그대로 맞을 수밖에 없는 것이 많았다. 그러다가 다이쇼기에 들어서 눈이 많이 오고 추운 지방부터 외벽을 설치하고 마루를 깐 체조장이 만들어지기 시작해서 현재의 체육관과 같은 모습이 되었다. 또한 메이지기의 아령식 체조[58]에서 벗어나 철봉이나 도약대 등을 이용하여 전신을 합리적으로 발달시킨다는 스웨덴 체조가 도입되어, 넓은 실내 체조장이 필요해진 것도 하나의 요인이었다.

다이쇼기 초반(1910년대)까지 학교건물은 목조였다. 목조 건물은 화재

---

58) 아령체조: 쇠나 나무로 된 아령을 가지고 하는 체조. 팔을 위아래, 앞뒤, 좌우로 흔들거나 몸통에 붙여 돌리는 등 다양한 방법으로 운동을 한다. 17세기 유럽에서 유행하여 19세기 미국에도 확산되었으나 스웨덴 체조의 보급으로 쇠퇴했다. 현대에도 운동선수들이 체력단련 등의 목적으로 한다.

에 약하다. 실제로 학교건물에는 불이 자주 났다. 불이 났을 때 어진영이나 교육칙어등본을 꺼내려고 하다가 순직한 교원도 생겨났다. 피해액도 많았다. 또한 도시 지역에서는 학교 부지를 확장하기가 쉽지 않았다. 그래서 철근으로 3층을 지어서 학교건물 면적의 확대를 꾀하고, 옥외 체조장의 면적을 확보할 수 있는 철근 건물이 세워지게 되었다. 철근으로 지은 최초의 소학교는 1920년(다이쇼 9) 11월에 완공된 고베시의 스사소학교須佐小學校였다. 같은 해 12월에는 고베시립 운추소학교雲中小學校, 요코하마시립 고토부키소학교壽小學校도 완공되었다. 간토대지진재(1923년) 후에는 철근 콘크리트로 지은 학교건물이 비약적으로 증가했다. 또한 어진영이나 교육칙어등본을 보호하다가 순직하는 교원이 생기지 않게 할 목적으로 학교건물과는 별도로 봉안전을 세우게 되었다.

무로토 태풍과 복도 폭의 확장_ 학교건축의 역사에 커다란 영향을 준 것은 1934년(쇼와 9)의 무로토室戸 태풍이었다. 그해 9월 21일 오사카·고베 지방을 강타한 무로토 태풍으로 오사카부에서 학교건물이 무너진 곳이 164개교였다. 오사카 시내에서만 완전히 파괴된 학교가 28개교, 반파된 곳이 71개교, 크게 파괴된 곳이 77개교에 달했다. 또한 무너진 건물에 깔리는 등으로 많은 사망자(오사카부에서 사망한 아동이 676명)를 냈다. 이 경험에서 문부성은 그해 12월 '학교 건축물의 영선營繕 및 보전에 관한 건'이라는 훈령을 내려 부지 선정상의 유의점이나 신축할 경우 구조상의 주의점, 피난하는 계단의 위치나 수, 계단 한 단의 높이, 기존 건물의 보강 공법 등에 대해서 지시했다. 또한 이 태풍 후에 한 학교에 적어도 한 동은 철근 콘크리트로 지어야 한다는 여론이 높아졌다. 그래서 1938년경부터 피난의 경험에서 복도 폭은 2.25~2.27미터가 보통이 되었다.

전쟁 재난과 학교건물_ 아시아 · 태평양전쟁 중에 학교 건물은 숫적으로 크게 줄었다. 그리고 학교건물의 사용 목적도 변했다. 국민학교령(1941년 2월 공포)에는 국민학교의 시설은 "국민학교의 목적 이외에 이를 사용할 수 없다"고 되어 있지만, "단, 비상재난의 경우나 교육, 군사, 산업, 위생, 자선 등의 목적으로 특별히 필요한 경우에는 이에 한해서 예외로 한다"고 규정되었다. 이를 근거로 학교는 징병검사 장소가 되기도 하고, 전시 재난 중에는 구호나 피난 시설이 되기도 했다. 공습으로 학교 자체가 불타 버린 경우도 많았다. 전재戰災를 입은 학교는 3,556개교, 전재 면적은 국 · 공 · 사립학교를 합해서 약 930만 평방미터였다. 200만 명 이상의 아동과 학생이 학교건물을 잃었다.

6 · 3학제 발족과 전후의 학교건물_ 전쟁으로 학교건물을 잃었지만 1947년 4월부터는 새로 중학교 3년간이 의무교육이 되었다. 중학교는 독립 건물이 원칙이었지만, 이후 3년간 늘어나는 500만 명의 학생을 수용할 학교건물의 설립은 쉽지 않았다. 이 때문에 아래의 표와 같이 비정상적인 수업이 속출했다. 그 후 문제가 된 것은 아동과 학생의 급증에 따른 대책이었다. 1947~49년에 태어난 제1차 베이비 붐 세대가 1953년에 소학교, 1960년에 중학교, 1963년에 고등학교, 1966년에 대학교에 들어가게 되었다. 빽빽하게 들어찬 교실, 조립식 학교건물이 세워졌다.

전후에도 학교건물은 여러 차례 재해(주로 태풍)를 입었다. 피해를 입은 것은 목조 건물이 많았다. 1954년에는 소 · 중학교건물 중 철근 콘크리트

'비정상 수업'의 실태(1949년)

(단위: 학급 수)

	소학교	중학교
2부제 수업을 하는 학급	13,908	3,268
강당, 실내 체조장을 사용하는 학급	2,888	3,342
건물의 복도, 승강구, 화물유치장을 사용하는 학급	3,888	3,090
임시건물이나 가건물을 사용하는 학급	3,927	12,037
	24,611	21,737

자료: 이치카와 쇼고市川昭午 · 하야시 다케히사林健久,《교육재정》

로 지은 것이 15%, 목조 건물이 85%였지만, 1975년 이후에는 거의 대부분 목조 이외로 지었다. 이렇게 해서 태풍의 피해는 줄고, 학교건물이 태풍이 불 때 주민이 피신하는 장소가 되었지만, 근래에는 목재의 따스함이나 부드러운 감촉 등이 교육상으로도 효과가 있다는 점이 재평가되고 있다. 또한 군대 막사처럼 보이는 학교건물의 구조에서 벗어나 그 지역의 특징이나 특산을 살리는 개성 있는 건축도 이루어지고 있다.

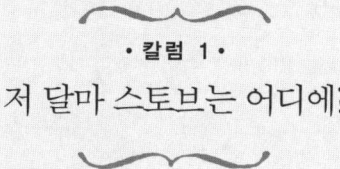

· 칼럼 1 ·

저 달마 스토브는 어디에?

교실에서 사라진 달마 스토브(가와구치시 주물
전시장)

나이가 어느 정도 지긋한 사람들은 교실의 난방도구였던 '달마 스토브'[59]에 정말로 그리운 추억을 가지고 있을 것이다. 바람이 센 날에는 연기가 역류해서 교실에 가득했고, 비가 오는 날에는 젖은 석탄에 불이 좀처럼 붙지 않아서 추위에 떨기도 했을 것이다. 철제의 긴 연통이 교실 천장에 매달려 있고, 안전용 철망이 사각의 우리처럼 스토브 주위를 둘러싸고 있었다. 급식이 없던 시대에는 그 위에 알루미늄 도시락 통을 놓아서 덥히기도 했다. 점심시간이 가까워지면 따뜻해진 도시락 안의 반찬 냄새가 교실에 퍼져 배에서 꼬르륵 소리가 났다. 큰 주전자를 스토브 위에 올려놓고, 점심을 먹을 때면 선생님이 도시락 뚜껑에 따뜻한 물을 따라주기도 했다. 입술을 뚜껑에 갖다 대었다가 너무 뜨거워서 데기도 했다. 방과 후 당번이 재를 치우고 다음날 사용

59) 배가 불룩한 모양의 석탄 난로

할 석탄을 가져오면 당번으로 해야 할 일은 끝이 났다.

전전, 전중, 전후에 교실난방의 주된 원료는 석탄이었지만, 한때 코크스를 사용한 적도 있었고, 지역에 따라서는 사각형의 큰 화로가 난방기구로 등장해서 목탄이 사용되었다. 전후의 부흥기에는 '검은 다이아몬드'라고 일컬어진 석탄도 에너지 혁명에 의해 석유에 주역의 자리를 빼앗기게 되었다. 이처럼 그리운 달마 스토브는 교실에서 어디로 사라져버렸을까?

달마 스토브는 쇠로 만든 것이었다. 그래서 전국 굴지의 주물 생산지였던 사이타마현 가와구치시川口市를 방문해보니, 가와구치시의 '주물전시장'에 정겨운 모습으로 전시되어 있었다. 긴 연통이 붙어 있는 스토브는 철망으로 둘러싸인 채 묵직하게 놓여 있고, 옆에는 석탄을 넣는 검은 타원형의 양동이도 준비되어 있었다. 가와구치 주물협동조합 사무소에 들러 여러 가지 이야기도 들어보았다.

무로마치기室町期에 시작된 가와구치의 주물업은 일본의 근대공업화와 함께 발전해, 특히 가까운 게이힌京浜공업지대에서 주문한 부품을 위주로 해서 생산을 했다. 가와구치에서 만든 달마 스토브는 홋카이도나 도호쿠 지방으로 많이 팔려나간 것 같았다. 사무소에서 신제품 스토브가 있다고 알려주어 역 앞의 오래된 철물점을 방문해봤다. 가게 앞에 솥이나 가마와 섞여서 신제품 달마 스토브가 당당히 자리 잡고 있었다. 점원에게 물어보니 지금까지도 나무부스러기를 태워서 처리하는 업자(창호가게, 목수)들이 주문하는 경우가 있어서 가게에 놓았다고 한다. 달마 스토브는 이렇게 잘 살아가고 있었다.(가와구치 주물협동조합,《주물이 완성되기까지》참조)

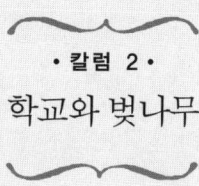

· 칼럼 2 ·

학교와 벚나무

벚나무는 언제부터 학교에?

소·중학교를 포함해 지금도 '벚꽃(왕벚나무를 중심으로)의 명소'라고 전해
지는 곳은 에도시기 이후의 경관이 많다고 할 수 있다. 막부 말기, 에도 소
메이꾸井의 꽃집에서 만들어져 '소메이요시노'라는 이름이 붙은 이 벚나무는
다른 품종과 다르게 잎이 나기 전에 꽃이 확 피고 확 떨어지는 품종이었다.
일본인에게 친숙한 산벚나무(야마사쿠라) 계통의 품종을 밀어낸 이 신품종
의 학명이 에도엔시스(prunus yedoensis matsumura)였다.

학교 외에도 성터의 공원, 군대 관련 부지, 지역의 공공장소, 지역주민이
집단으로 받들고 기억할 만한 장소 등에 이 벚나무가 심어졌다. 시기적으
로는 청일전쟁(1894~95년), 러일전쟁(1904~05년) 이후였다.(다카기 히로시高
木博志, 《수업에서 생기는 아이들의 의문과 질문》 역사편, 민슈샤民衆社)

'학교'는 천황의 가르침을 배우게 하는 장소였기 때문에 메이지 전기의
'학교'에는 식재수植栽樹로 꽃이 피는 나무나 열매를 맺는 나무를 심지 않았
다(시로마루 후미오城丸章夫, 《별과 벚꽃과 천황》, 신니혼출판사). 꽃나무 중에서도
득정 품종의 벚나무만 예외적으로 소·중학교에서 즐겨 심게 된 데에는 나
름의 시대 배경이 있었던 것이다.

벚꽃과 교과서

확 피고 확 지는, 꽃이 질 무렵이 예쁜 소메이요시노는 학교(교육)와 어떻게 연결되어 있었던 것일까? 그 경위를 추적해보자.

모토오리 노리나가本居宣長의 "시키시마敷島의 야마토고코로大和心60를 누군가 묻는다면, 아침 해에 빛나는 산벚나무 꽃"이라는 노래는 '꽃은 역시 야마사쿠라'라는 감정이 자연스레 표현된 것으로, 햇살에 비치는 꽃의 아름다움과 우아함을 야마토 정신에 빗댄 것으로 해석된다. 1878년(메이지 11), 야마가타 아리토모山縣有朋의 심복이었던 니시 아마네西周는 육군 장교를 대상으로 한 강연에서, 이 노래는 솔직한 마음을 보여주고 있으며, '군인의 정신'을 말하고 있다고 했다. 그랬던 것이 러일전쟁 직후부터 해석이 달라져버렸다. 벚꽃처럼 확 피고 확 지는 것이 군인과 일본인의 정신이라는 것이었다.(시로마루 후미오. 위의 책) "지는 사쿠라, 남은 사쿠라도 지는 사쿠라"라고 해서, 벚꽃을 군국軍國 전사자의 상징으로 여기는 야스쿠니 신사가 벚꽃의 명소가 된 것은 당연했다.

국정 이전의 교과서부터 조사해보면 학제 발포 직후의 《소학독본》 권1(1873년판)에서는 '벚꽃' 그림을 넣어서 단어 학습에 사용했다. 대체로 이 시기에 벚나무는 매화, 복숭아, 버드나무와 더불어 저학년 단어 학습의 소재였으며, 학년이 높아짐에 따라 식물도감의 내용이 되었다. 그런데 1880년대 교과서에서는 이자와 슈지井澤修二가 엮은 《창가집》 초편에 봄의 야산을 노래한 〈봄 산〉이 실려 있다. 《소학독본》 권1 (긴코도金港堂판)에는 "벚나무는 꽃의 우아함을 사랑하며"라고 했고, 《심상소학독본》에 '봄 색'이 등장하는

---

60) 일본 고유의 정신, 일본 혼. 중국의 문화와 사상을 본받는 중국적인 사고방식을 뜻하는 가라고코로漢心와 대비되는 용어로 에도시대 이후 널리 사용되었다.

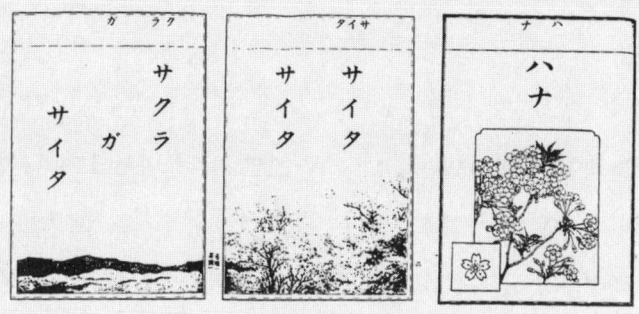

《심상소학독본》과《소학국어독본》의 삽화

등, 벚꽃은 봄의 정경을 나타내는 표현으로 등장하는 데 머물렀다.

국정 제1기(1903년)의 《고등과독본》에서는 "작은 산에 벚꽃이 피어 있다. 작은 산 위의 병정놀이"라고 하여 벚꽃과 병사를 연결짓게 된다.

제2기(1910년)에는 《고등과독본》에 〈요시노산吉野山〉61이 등장하며, 구스노키 마사쓰라楠木正行,62 무라카미 요시테루村上義輝,63 고다이고천황後醍醐天皇64이 벚꽃과 함께 나타난다.

제3기(1918년)의 《심상과 국어독본》 권1에는 '꽃'의 삽화로 벚꽃이, 고등과용에는 메이지 천황이 지은 벚꽃에 관한 시 한 수가 실려 있다. 제4기(1933년)에 들어가면 《소학국어독본》 권1에서는 "폈다 폈다 사쿠라가"로 시작하며, 그 3쪽 뒤에 "나아간다 나아간다 군대가 나아간다"라고 구성되어 있다. 이미 긴 전쟁에 돌입하고 있었던 것이다.(사이카와 마사토시犀川政稔, 〈사쿠라, 그 역사와 교과서에 미친 방향〉, 《도쿄가쿠게이대학기요東京學藝大學紀要 : 자연과학계》57, 2005년 참조)

---

61) 나라현에 있는 산으로, 벚꽃의 명소.
62) 남북조 내란기 남조 가와치국의 수장.
63) 가마쿠라 말기의 무장.
64) 1308~1318년 시기의 천황.

2. '보건실'의 역사

학교의(学校医) **제도의 성립** _ 1878년(메이지 11) 도쿄 히토쓰바시에 체조전습소가 설립되어 미국인 릴런드(G. A. Leland)가 의료체조를 가르치고, 체조실시 후의 효과를 측정하기 위해 활력검사(活力検査)라는 체력측정을 했다(이것이 뒷날의 신체검사로 이어졌는지 여부는 불명확하다. 메이지 30년대부터 문부성 직할 학교에서는 활력신체검사를 했다).

학교위생제도를 충실히 하기 위해 문부성 내에 조직을 만들기 시작한 것은 청일전쟁 후의 일이었다.

1896년에는 학교위생고문회의가 설치되어, 고토 신페이(後藤新平)[65] 고가네이 요시키요(小金井良精)[66] 벨츠(Erwin von Bälz) 등 9명의 고문을 두고, 미시마 미치요시(三島通良)[67]가 위생주사로 참여했다. 월 1회 회의를 통해 학교위생제도를 만들고 그것을 완성시키는 업적을 이 회의는 남겼다.

1898년, 공립학교에 〈학교의를 두는 건〉의 칙령이 공포되었다. 이것은 일본이 모범으로 삼은 유럽에 비해서도 결코 늦은 것이 아니었다. 이미 현 및 시·정·촌 단위에서 학교의를 둔 곳이 생겨나 있었다. 도쿄시 고지마치구(麹町区)가 최초(1894년)의 배치 지역으로, 학교 촉탁이라는 이름으

---

65) 고토 신페이(1857~1929). 메이지, 다이쇼 시대의 정치가. 1892년 위생국장이 되어 공중위생행정의 기초를 닦았다. 1898년부터 8년간 타이완 총독부 민정국장을 맡아 식민지 경영에 수완을 발휘해 그 실적으로 1906년 남만주철도주식회사 초대 총재에 취임했다.

66) 고가네이 요시키요(1858~1944). 해부학자, 인류학자. 1880년 도쿄대학 의학부를 졸업하고 독일 유학 후 귀국하여 초대 도쿄대학 해부학 교수가 되었고, 1893년 일본해부학회를 창립했다.

67) 미시마 미치요시(1866~1925). 메이지, 다이쇼 시대의 학교보건 연구원. 학교보건의 창시자이고, 모자보건 법규 개선, 미시마식 우두법의 발명 등을 지휘했다.

로 3명의 의사를 두고 예산은 구의회에서 계상했다. 촉탁의는 주 1회 이상 학교에 나와 아동들의 건강 여부를 점검하고, 교내에서 부상을 당하거나 급한 환자를 돌보며 결석자의 이유를 조사하는 것 등을 임무로 삼았다. 도쿄 다음은 고베로, 3명의 의사를 시장의 제안으로 두었다. 현 산하의 모든 시·정·촌립학교에 학교의를 둔 것은 야마가타현이 제일 앞섰는데(1895년), 학교의는 조사와 함께 그 결과를 시·정·촌장 및 학교장에게 보고하고 현지사나 군장郡長에게 진술할 권한도 갖고 있었다. 도쿄나 고베 등의 도시 지역에서는 학교진료·구급처치·신체검사 등 의료 면이 주된 업무였으며, 야마가타처럼 농촌이 많은 지역에서는 환경위생관리에 큰 비중을 두었다. 학교의를 배치하는 지역은 증가하고 있었지만, 업무내용은 전국적으로 통일되지 않았다. 그래서 〈학교의 직무규정〉을 공포하여 업무내용의 통일성을 꾀했다.

1903년 브뤼셀에서 열린 만국학교위생회의에는 미시마 미치요시가 참석하여, 일본의 학교위생제도에 대해 보고하여 높은 평가를 받았다. 그러나 국내의 교육잡지에서는 "국가교육의 일대 경사"로 평가하면서도, 500명 미만의 정·촌립 소학교를 예외로 하고 있는 점을 들어서 비판적 의견을 보이기도 했다. 이렇게 해서 칙령 공포 후 20년이 지난 1918년(다이쇼 7)에 학교의가 배치된 학교는 80%를 넘어섰다.

전문화가 진행된 학교의 다이쇼기에 들어와서는 학교의 배치가 확대됨에 따라 학교진료가 각지에서 활발히 시행되었다. 그에 따라 치료의 대상이 되는 질병도 많은 종류에 달했고, 특별실로서 위생실의 설치도 기대를 모으게 되었다. 학교의도 또한 종래의 내과·소아과계 의사 외에 안과·이

비인후과 · 치과 등의 전문의로 촉탁을 확대했다.

다이쇼 말기부터는 각 지역에서 학교치과의를 배치하는 현령縣令 등이 제정되었으며, 학교의 제도보다 십여 년 늦게 〈학교치과의령〉이 공포됨에 따라 1930년대에는 학교 차원의 치과위생활동도 시작되었다.

신체검사와 '위생실'의 필요성_ 학교의가 칙령으로 정해진 1898년에는 '학교 전염병 및 소독방법'도 정해져서, 학교에서 예방해야 하는 전염병이 지정 되었고, 청결방법이나 소독방법도 지시되었다. 나아가 '학생 · 생도 신체 검사 규정'을 전국의 공립 소학교에 확대하여 실시하게 되었다.

신체검사를 전국의 공립 소학교에서 실시하게 되자, 당연히 전용 공간 도 필요해졌다. '설비준칙 · 규칙'에도 이에 대해 정해진 것은 없고, 검사 실 · 의무실 · 위생실 등의 용도를 지닌 공간도 없었다. 따라서 신체검사 등은 강당이나 체조장을 이용했다. 미시마 미치요시는 〈신체검사 유의사 항〉의 '검사실' 항목에서 다음과 같이 서술하고 있다. "신체검사 용도로 제 공하기 위해서 별도의 방을 하나 준비하는 것이 좋을 것이다. (중략) 추운 계절에는 따뜻하게 할 수 있는 장치를 준비하고, 모든 검사기계는 항상 그 안에 두어야 한다. 가끔은 이를 의무실로 사용할 수 있는 구조로 만들 면 일거양득이라고 할 수 있다."

트라코마의 유행과 학교간호부의 등장_ 1897년(메이지 30)경부터 전국적으로 트라코마가 유행했다. 결막염의 일종인 트라코마는 학교 전염병의 하나 로 당연히 출석정지 조치를 해야 하는 질병인데, 환자가 많아지면 만성화 되어서 장기간 치료를 해야 하는 특성이 있었다. 그래서 환자의 출석을 허락해 학교 내에서 세안洗眼 · 점안點眼 등의 치료를 해서 예방 효과를 거두는 방법을 취했다. 이를 위해 학교의의 조수로 학교에 간호부를 두는 곳이 나타났다.

1905년 기후현 하시마군羽島郡 다케가하나소학교竹ヶ鼻小學校와 가사마쓰소학교笠松小學校가 트라코마 치료를 시작하면서 치료실을 설치하고 교의校醫 감독하에 간호부를 고용하여 방과 후 점안을 한 것이 최초의 '위생실' 설치였다.(일본학교보건회 엮음, 문부성 감수,《학교보건 백년사》) 그 무렵 기후현에서는 징병검사에서 트라코마 환자가 많은 것으로 나타나, 트라코마를 철저히 예방하는 데 노력했다. 1907년, 에나군惠那郡 다카야마촌高山村 장정의 30%가 트라코마를 앓고 있었다.(《기후현사》근대 하권)

그래서 최초의 학교간호부 채용이 곧바로 '위생실'의 탄생으로 이어지게 되었다. 기후현에 이어 간호부가 배치된 곳은 사가현 마쓰우라군松浦郡 규라기소학교厳木小學校였다. 1908년, 교사를 개축할 때 각각 5평(약 16m²)의 '의무실'과 '양호실'을 마련했다. 당시 다른 부 · 현에 조회를 했지만 회답이 없었다는 것을 보더라도, 그 무렵 전국적으로는 기후현과 사가현의 두 사례뿐이었다고 생각된다. 1920년대 말 문부성 조사에 따르면, 진찰실(의무실)이 설치된 학교는 전국에서 1/30에도 미치지 못했다.

도시 지역의 신설 학교에서 모범적 진찰실 설치 도시 지역의 신설 소학교에서는 그 후 모범적 진찰실을 설치하는 곳이 점차 많아지게 되었다.《지요다千代田區 교육백년사》상권(지요다千代田 교육위원회)에 따르면, 1921넌(다이쇼 10), 도쿄시 고지마치구 반초소학교番町小學校에서는 목조 2층 건물인 신축 교사에 '위생실'을 마련했다. 그때는 아직 정해진 명칭이 없어서 위생실 ·

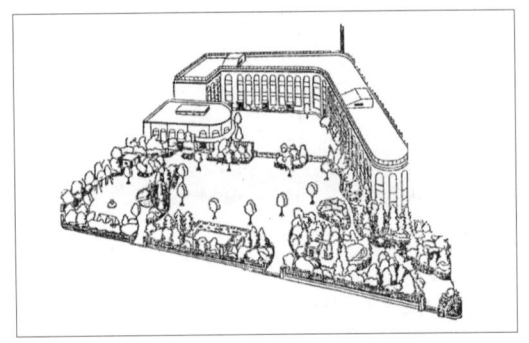

간토대지진 후 부흥사업으로 신축된 유시마소학교湯島小學校와 인접해서 조성된 공원

의무실·치료실·정양실靜養室·휴양실·체육위생실 등으로 다양하게 불렸다. 1923년 간토대지진으로 인한 도쿄시의 학교 피해는 소실된 소학교 117개교, 이재 아동 약 14만 6,000명으로 나타났다. 지진 피해 후 도쿄시는 대대적으로 학교건물의 복구에 돌입했다. 내진 구조의 3층 철근 콘크리트 건물을 표준 모델로 해서, 1927년(쇼와 2) 1월 준공된 간다神田의 아와지소학교淡路小學校에서 1940년 2월 시바芝의 교바시소학교京橋小學校에 이르기까지 13년간에 걸쳐 이 사업은 계속되었다. 〈도쿄시 훗코소학교復興小學校 건설 표준 평수표〉에 따르면, 전체 학교에 6평(약 18m²)의 '위생실'이 설치되어 있다. 내진 구조의 교사뿐 아니라 학교에 인접해서 '소공원'을 조성했는데, 이는 재해 때 피난장소로 활용한다는 대진재의 교훈도 살린 것으로, 117개교 중 52개교에 소공원이 조성되었다.(《도쿄시 교육부흥지》)

'위생실'의 표준 설계는 6평이지만 학교에 따라서는 교실 1개 크기의 면적을 차지한 곳도 있었다. 치료와 검사에 필요한 기구도 정비되었으며, 또 학교에 따라서는 치과치료 설비나 일광욕실·태양등 조사설비照射設備·뢴트겐을 갖춘 곳도 있었다.

그러나 고지마치나 간다를 비롯한 도쿄 중심부의 소학교와는 다른 모습이 도쿄 주변부에서 나타났다. 예를 들면 이타바시구板橋區나 무코지마구向島區에 신설된 소학교는 목조 2층 건물인데, '위생실'은 설치되어 있었지만 복도 북측의 '해가 들지 않는 장소'에 설치되었다.

'위생실'에서 '보건실'로_ 1934년(쇼와 9)의 〈소학교 시행세칙〉에 따라 '위생실'을 두어야 해서 점차 전용 위생실을 설치하게 되었는데, 설비표준이 제시되지 않아서 설비내용은 가지각색이었다. 대도시와 떨어진 지역에서는 독지가의 기부로 별개의 동에 진료실·휴양실을 마련하기도 했지만, 교실을 개조해서 사용한 경우가 대부분이었으며, 비치된 기구도 일정하지 않았다.

1941년에 〈위생실의 설비준칙에 관한 사항〉이라는 답신이 나와, '위생실'이 갖추어야 할 일정한 설비내용이 제시되었다. 또한 다양한 명칭으로 불려온 이 공간도 〈학교보건법〉(1958년)에 따라 '보건실'로 통일되었다. 〈학교교육법 시행규칙〉에서는 학교체육의 목적을 이루는 데 필요한 시설의 하나로 '보건실'을 들고 있다.

학교간호부에서 양호교사로_ 앞에서 언급했듯이, 1905년(메이지 38) 기후현에서 학교간호부를 채용한 것이 일본 최초의 학교간호부 사례였다. 전술한 기후현의 2개 학교에서는 간호부를 고용해서 교의校醫 감독하에 치료실에서 세안과 점안을 1년간 계속했다. 그 결과 다케가하나소학교에서는 트라코마에 걸린 학생의 비율이 66.4%에서 24.1%로 낮아졌으나, 간호부 채용은 1년 만에 폐지되었다. 그리고 1909년부터는 기후시 심상고등소학교

에서 시비市費 직원으로 히로세 마쓰廣瀬ます가 채용되어 그 후 28년 동안 이 학교에 근무했다. 실질적으로 일본 학교간호부 제1호라고 해도 좋을 것이다. 1935년에는 뜻있는 졸업생들이 히로세의 추도비를 세웠다.

초기에 학교간호부를 둔 것은 공중위생의 대책으로 이루어진 것이었으며, 학교위생에 종사한다는 형태로 채용한 것은 1912년(메이지 45)의 오사카 사카이堺가 최초였다고 한다.(《학교보건 백년사》) 거기에서는 5명의 간호부를 고용하여 시내 소학교 9개교와 유치원 두 곳을 순회시켰다. 다이쇼 기에는 공비公費로 소학교에 간호부를 두는 경우가 급격히 늘어서 아오모리시, 히로사키시弘前市, 오이타시大分市 등에서는 시내 모든 학교에 1명꼴로 배치했다. 그러나 대부분의 시·정·촌에서는 트라코마 대책이 주된 업무여서 순회제를 취했기 때문에 학교직원이 아니라 관청에 적을 둔 간호부도 있었다. 그래서 학교직원이라는 의식이 낮았으며, 학교위생 활동을 펼쳤다고 말하기도 어렵다.

제1차 세계대전 후의 다이쇼 데모크라시는 교육에서 아동중심주의를 낳았고, 학교위생 면에서도 변혁을 가져왔다. 아동의 건강을 지키고 육성한다는 목적이 학교위생에 추가되고, 질병이나 이상이 있는 학생에게만 주목한다는 임무에서 탈피하여 병약하거나 허약한 아동을 돌보는 일도 중요한 임무가 되었다. 1922년(다이쇼 11)의 부·현 위생주사회의府縣衛生主事會議는 '학교간호부를 두는 건'을 문부성에 전달했다. 오사카에서는 간호부를 학교직원으로 임명한 학교도 있었다(오사카시 북구 사이비제2소학교濟美第二小學校). 당시의 전국조사에 따르면 학교간호부는 111명이었으며, 학교간호부의 직무규정은 쇼와 초기에 20여 개 현에서 부·현령府縣令으로 제정되었다. 학교간호부를 최초로 양성한 것은 1924년(다이쇼 13) 도쿄여자고등사범학교에서 열린 강습회였으며, 그 후 홋카이도에서는 오타루小樽 · 삿포로에서 고등여학교 졸업자를 대상으로 3주간의 강습회가 열렸다(1925, 26년). 오키나와현에서도 1년간의 장기적인 학습을 진행하는 양성소가 설치되었다(1928년).

1929년에는 문부성 훈령으로 학교간호부의 양성 방향이 정해졌다. 그에 따르면 간호부는 정식으로 교육관계 직원의 지위를 가졌지만, 자격 · 신분 · 대우 면에서는 법제상의 규정이 없었다. 그러다가 1941년 〈국민학교령〉을 통해서 비로소 '양호훈도'라는 교육직 지위를 획득했다. 1905년에 전국 최초로 기후현에서 학교간호부가 채용된 뒤로 36년이 지나서야 교육직으로 인정을 받게 된 것이다. 2차 대전 후의 〈학교교육법〉에서는 '양호교사'로 명칭이 바뀌고, 그 전까지는 소수에 지나지 않던 양호교사를 둔 학교도 늘어나, 1980년대에는 양호교사의 수가 약 4만 명에 달했다.

3. 청소당번의 시작

아이들이 자신이 배우는 곳을 청소하는 이 지극히 당연해 보이는 관행이 언제부터 시작되었는지는 확실하지 않다. 국가(문부성)가 이 문제를 성책으로서 다루게 된 것은 앞에서 언급한 바와 같이 청일전쟁 이후의 일이다. 청일전쟁과 그 후의 타이완 '정벌'에서 일본군은 수많은 병사자病死者(전사자의 십 수 배)를 냈다. 문부성에서는 일본인의 체력이 약하고 위생관념이 희박한 데 원인이 있다고 보았다. 신체검사를 연 2회 정기적으로 시행하게 된 것(1897년 3월 15일의 문부성 훈령 제3호)은 그에 따른 대책이었으며, 같은 해 1월 10일의 문부성 훈령 제1호에서 학교청결 방법을 지시한 것도 이 때문이었다. 이 학교청결 방법은 일상청결 방법, 정기청결 방법, 침수 후 청결방법의 3부로 이루어져 있었다. 다시 말하면 일상 청소나 대청소 에 대한 지시였다.

이런 학교청결 방법에 따라, 각 소학교에서는 청소규정을 만들어 실시 했다. 아래에 소개하는 것은 기후현 요로정립養老町立 가미타도심상고등소 학교上多度尋常高等小學校의 〈청소규정〉(초록)이다.

제1조 학교의 청결을 유지하고 아동의 위생사상을 발달시키기 위해 교
　　　사校舍와 교지校地를 청소한다.
제3조 청소는 일일청소, 대청소, 운동장 청소, 기타 청소로 나눈다.
제4조 일일청소는 각 학급에서 이를 시행하고 그 규정이나 방법 등은
　　　담임교사가 정한다.
제5조 대청소는 격주 1회, 토요일에 시행한다. 일일청소에서 하는 것
　　　외에 다음과 같은 사항을 시행한다.
　　　－종이나 천을 사용하여 1층 구석구석 유리창 청소를 할 것.
　　　－마룻바닥에 걸레질을 할 것.
　　　－필요하면 걸레로 책상 옆을 닦을 것. 교무실 대청소는 1학년
　　　　담임교사의 감독하에 3학년 이상의 아동이 한다.
　　　－1학년 교실의 청소는 고용원(소사小使)이 한다.
　　　－당일 비나 눈이 올 때는 다음으로 연기한다.
제6조 운동장 청소는 매주 월요일에 한다. 운동장에 있는 오물을 없애

고 잡초를 제거하고 낙엽을 긁어모으는 등의 일을 한다. 운동장 청소는 2학년 이상의 아동 한 조를 내보내 1학년 담임교사의 감독하에 시행한다.

제8조 청소는 방과 후에 시행하는 것을 원칙으로 한다.

제10조 청소할 때 시끄럽게 굴거나 어수선하게 해서는 안 된다. 또 청소를 한다고 다른 수업을 방해하지 않도록 주의해야 한다.

제11조 청소는 미세한 점이라고 할지라도 더 주의해서 해야 하며, 꼼꼼히 하는 습관을 기르도록 유의해야 한다.

제12조 청소도구는 그 용도에 따라 정중히 다루고, 사용 후에는 반드시 일정한 장소에 정돈해두어야 한다.

메이지 39년 6월 인가

(《기후현 교육사》 별편 1, 비주얼판, 기후현 역사자료보존협회 발행)

배우는 장소를 청소하는 것 자체는 훨씬 이른 시기부터 시작되었다고 생각되지만(후쿠시마시 사쿠라모토소학교櫻本小學校 메이지 7년 1월의 벌칙규정 제6조에는 등굣길의 딴 짓 등으로 지각을 한 학생에게는 대빗자루로 교정을 청소시키는 벌을 준다는 내용이 보인다), '아동의 위생사상 발달'을 목적으로 청소를 시킨 것은 이 '학교청결 방법'이 그 계기가 되었던 것 같다.

4. 학교급식의 역사

학교급식의 시작_ 일본에서 학교급식이 시작된 것은 1889년(메이지 22) 10월, 야마가타현 쓰루오카정鶴岡町(지금의 쓰루오카시)의 사립 주아이소학교忠愛小學校(불교 각 종파사원이 설립)에 의한 것인 듯하다. 그곳에서 가난한 아동을 대상으로 점심(주먹밥, 소금에 절인 연어, 채소절임)을 준 것이 기원이 되었다. 쓰루오카시 다이도쿠지大督寺 경내에 있는 '학교급식 발상지' 비문에는 (같은 해, 같은 달에) "쓰루오카 각 종파사원 주지들이 상의해서 형편이 좋지 않은 가정의 아이들을 가르치고 양육하기 위해 다이도쿠지 내에 사립 주아이소학교를 개설하고, 기부금품을 받아서 아이들에게 도시락을 지급했다"고 되어 있다. 히로시마, 아키타, 이와테, 시즈오카, 오카야마 등의 현 일부에서도 메이지 연간에 실시되기 시작했다는 기록이 있다. 1910년대에 들어 학교급식은 자선구제사업에 머무르지 않고 영양 상태가 좋지 않은 아동의 영양을 보충할 목적으로 사회적으로 시행하게 되었다.

쇼와공황과 전쟁 중의 학교급식_ 쇼와기에 이르면 경제 불황이 심각해져, 도호쿠 지방의 철도에 인접한 마을들의 아동은 열차 승객들이 버린 도시락에 남아 있는 것을 먹기 위해 서로 다투는 비참한 상황이 되었다. 1932년 9월, 정부는 국고에서 보조를 하는 학교급식을 시작했다. 그러나 대상 아동의 수는 그해에 약 38만 명이었다. 1936년에는 62만 명으로 증가했는데, 이는 전국 아동 수의 겨우 몇 퍼센트에 지나지 않았다. 그 때문에 급식을 하는 학교는 빈궁한 학교라는 세간의 인식도 있었다. 한마디로 학교

학교급식 발상지의 비석(출처:위키백과 일본)

급식은 '음지의 것'이었다.

1940년에 들어 학교급식의 목적은 아동의 영양개선과 체격향상으로 바뀌었지만, 태평양전쟁이 발발하면서 실시하기가 어렵게 되었다. 1944년 3월에도 6대 도시의 국민학교 전체 아동 200만 명에게 학교급식을 실시하기로 각의에서 결정하여 쌀, 미소[68] 등을 특별 배급했지만, 얼마 후 시작된 학동소개로 이 급식도 중지되었다.

미국의 원조로 시작된 전후의 학교급식_ 패전 당시 대용식이나 산나물 등으로 근근이 급식을 실시하던 학교가 약 2,000개교였으나, 식량사정 악화와 식량통제 강화로 중지하는 곳이 잇달았다. 학교급식의 양상이 크게 바뀐 것은 점령군의 원조가 시작되면서부터였다. 1946년 1월, 라라 구호물자(LARA, 미국의 사회사업단체 등으로 결성된 아시아구호연맹에서 제공하는 식량 등)를 제공받아서 전국 도시의 아동 300만 명에게 학교급식을 개시했다. 1949년 10월에는 유니세프(유엔 아동기금)로부터 우유를 기증받아 유니세프 급식도 시작했다. 1950년 7월부터는 가리오아(GARIOA, 미국 정부의 점령지 구호기금)의 지원으로 미국산 밀가루로 만든 빵과 우유, 부식을 제공하는 완전급식이 실시되었다. 처음에는 도쿄, 요코하마, 나고야, 교토, 오사

| 68) 일본식 된장.

카, 고베, 히로시마, 후쿠오카의 8대 도시에서만 실시되었으나 다음해 12월부터는 전국의 시 단위로 확대되었다.

학교급식법의 성립_ 1951년 샌프란시스코 강화조약의 조인으로 급식용 물자의 재원이었던 가리오아 자금이 중단되었다. 이에 따라 학교급식의 존속이 위태로워지자 국고보조로 학교급식을 계속하자는 목소리가 전국적으로 일어났다. 이러한 목소리를 배경으로 1954년 6월에 학교급식법이 성립되어 국가와 학교설립자의 보조를 토대로 학교급식을 실시한다는, 지금까지 계속되고 있는 학교급식의 기초가 만들어졌다. 그렇게 해서 현재는 소학교의 거의 100%, 중학교에서도 약 70%의 학교에서 급식을 실시하고 있다. 전후 아동·학생의 현저한 체격향상에는 학교급식이 큰 역할을 했다고 생각되지만, 오늘날 다음과 같은 문제점도 지적되고 있다.

① 급식은 미국의 밀 소비확대 전략에 따라 시행된 것으로, 빵 위주가 되어서 일본인이 빵과 양식洋食을 선호하게 되었다. 국가가 쌀밥 급식을 도입한 것은 1978년이며, 쌀밥을 주 3회 제공하는 것을 목표로 정한 것은 1986년이다.

② 육식 중심의 고단백, 고지방 식사로 아이들에게 고혈압, 당뇨병 등의 성인병이 많이 생기고 있다.

③ 매일 막대한 양의 남는 음식이 발생하여, 쓰레기 발생과 자원 낭비를 초래하고 있다.

④ 학교급식으로 종종 식중독이 발생한다. 식재료를 몇몇 학교에서 공동 구입하는 방식이 확대된 1965년 이후에 몇 차례 발생했다. 또 O157 식중독사건,[69] BSE(광우병),[70] 조류독감[71] 등이 발생하자 식단을 변경했다.

이러한 문제점 외에 더 근본적인 것이 있는데, 식습관을 기르는 것은 가정의 역할이므로 식량난 대책으로 시작된 급식의 역할이 끝난 것이 아닌가 하는 지적도 있다. 그러나 학교급식을 통해 주위에서 일하는 사람들이나 식문화에 대해 배우는 수업이 실시되기도 하듯이, 급식은 다양한 교육 장면을 제공한다. 향후에도 논의가 계속되어갈 것으로 생각된다.

5. 운동회의 역사

운동회의 시작_ 일본 최초의 운동회는 1874년(메이지 7) 해군병학교海軍兵學校 기숙사에서 열린 교토유기카이競鬪遊戲會72였다. 그리고 학교에서 운동회가 처음으로 실시된 것은 1878년 5월 25일 삿포로농학교라고 전해진다. 6월 16일에는 도쿄대학에서도 운동회를 했다.

운동회가 소학교 등에 보급된 것은 1880년대 후반부터였다. 1885년에는 홋카이도, 시즈오카현, 야마나시현 등에서 운동회가 열렸다. 그리고

---

69) O157은 식중독을 일으키는 병원성 대장균. 'O'는 독일어 'Ohen'의 머리글자이며, 157은 발견된 순서에 따라 붙여진 것이다. 일본에서는 1996년 오사카 인근 사카이 지역의 소학교를 중심으로 O157균에 의한 집단식중독이 발생하여 사회적으로 큰 파문이 일었다. 당시에는 무려 9,500여 명의 아동이 식중독을 일으켰고, 그중 3명이 숨졌다.

70) 소의 중추신경계 감염으로 뇌조직이 스펀지 모양(해면상)으로 변하여 치매 등 신경이상 증세를 나타내는 병. '소해면상뇌증(牛海綿狀腦症)'이라고도 불린다. 비정상 변형 단백질인 프라이온이 원인체로 추정된다. 변종 크로이츠펠트 야코프병 환자에게서 추출되는 프라이온이 광우병 소의 프라이온과 유사하여, 이 병이 광우병에서 전염된 것으로 추정되고 있다. 이 때문에 크로이츠펠트 야코프병을 '인간광우병'이라고 한다.

71) 닭, 오리, 야생 조류 등 조류 바이러스 인플루엔자로 발생하는 급성 바이러스 전염병. 인간에게도 전염되며 높은 치사율을 보인다.

72) 1874년 3월 21일, 도쿄 쓰키지築地에 있던 해군병학교 기숙사에서 영국인 교관의 지도로 열렸다. 교토유기競鬪遊戲는 'athletic sports'를 일본어로 번역한 말이다.

다음해에 소학교령이 발포되어 체조가 소학교 교육의 정식 과목이 되자, 이를 반영해서 운동회가 전국적으로 확대되었다. 히로시마현, 사이타마현, 군마현, 이바라키현, 나가노현, 야마구치현, 도쿄부, 가나가와현 등에서 운동회가 실시되었다. 그중 가나가와현을 예로 들어보자. 구라키군久良岐郡의 《무쓰우라쇼촌립六浦莊村立 산분소학교三分小學校 연혁지》에 따르면, 1886년 3월 기사에 다음과 같이 기술하고 있다.

"3월 27일 오후에 학생 30여 명을 인솔하여 다카시마산高島山에서 출발하여 가미노타케神の嶽에 이르러 절 안에서 맨손체조를 연습하고 이케고촌池子村을 거쳐 학교로 돌아오는 길에 채취한 회양목을 교정에 심었다. 이것이 운동회를 열게 된 첫걸음이 되었으며, 체조 과목을 실시하게 된 시초였다."(《가나가와현 교육사》, 1976년)

아직 나중의 운동회와는 차이가 있지만, 이처럼 체조 과목의 성립과 운동회의 시작은 연동되었던 것이다. 또한 이 시기에는 연합운동회의 형태로 실시된 경우가 많았던 것도 특징이다. 메이지 20년대에는 이러한 운동회가 일거에 보급되었다. 구라키군 도베학교戸部學校를 예로 들어 당일 종목을 살펴보면 다음과 같다.

"빨리 달리기驅走競爭, 네 발 달리기犬馳競爭,[73] 표적 맞히기的中[74](여학생), 2인3각 경기, 장애물 경주國步競爭,[75] 오테다마お手玉 넣기[76](여학생), 와누가 경기輪脱ケ競爭,[77] 구슬 가지고 달리기玉持競爭,[78] 눈가리기目カクシ競爭[79](여학생), 게걸음

---

73) 개가 달리는 모습처럼 두 손을 땅에 짚고 두 손과 두 발로 달리는 경기.
74) 표적을 향해서 구슬을 던져 맞히는 경기.
75) '나라의 어려움國步을 이겨내는 경기'라는 의미로, 오늘날의 장애물 넘기 경주를 말한다.
76) 오테다마는 한국의 오자미처럼 속에 팥 등을 넣고 꿰맨 작은 주머니. 두 편으로 나뉘어 공중에 매단 바구니에 오테다마를 얼마나 많이 넣는지 다투는 경기.
77) 몸을 날려 공중에 매단 바퀴를 빠져나가는 경기.

경기蟹行競争,[80] 고양이자루 경기猫袋競争,[81] 깃발 뺏기旗取競争, 1인1각 경기,[82] 사다리 뺏기 경기, 다리 사이 지나가기韓信股潛り競争,[83] 대장 빼앗기大將取競争"(위의 책) 등이다. 나중의 운동회와 같은 경쟁적인 종목이나 체조 종목이 아니라 유희적인 성격이 많았다.

메이지 후반, 다이쇼기의 운동회_ 1900년(메이지 33)에 소학교령이 개정되어 의무교육 연한이 4년이 되자 소학교 취학률이 90%로 높아졌다. 또한 1907년에 의무교육 연한이 4년에서 6년으로 늘어나면서 소학교마다 학생이 급증했고, 자연스레 학교의 정비를 모색했다. 학교에는 '체조장'을 의무적으로 설치하게 되었다.

가나가와현 다치바나군橘樹郡 이나다촌稻田村(지금의 가와사키시)의 스게소학교菅小學校도 1910년에 새로운 교사校舍와 교정을 만들었다. 그리고 최초의 운동회가 열렸는데, 당시 상황이 《스게소학교 100주년 기념지》에 다음과 같이 기술되어 있다.

"새 교사로 이전했을 때는 교정은 아직 보리를 벤 상태 그대로였다. 거기에 옛 부지에서 소나무ㆍ버드나무ㆍ벽오동을 옮겨 심었는데, 모두 열심히 했다. 부지도 충분하지 않은 이 교정에서 처음 운동회가 열려, 아동들은 모두 맨발로 달리고, 율동을 하기도 했다. 오쓰카大塚 선생은 버드나

---

78) 커다란 구슬을 가지고 빨리 달리는 것을 다투는 경기.
79) 헝겊 따위로 눈을 가리고 사람을 잡는 경기.
80) 게처럼 옆으로 달리는 경기.
81) 고양이를 넣은 자루에 허리 아래를 집어넣은 채로 빨리 달리는 것을 다투는 경기.
82) 한쪽 다리를 손으로 잡은 채 외다리로 누가 빨리 가는지를 다투는 경기.
83) 한신韓信은 유방을 도와서 천하통일을 이루는 데 큰 공을 세운 중국 한나라의 뛰어난 장수이자 관리이다. 한신은 젊었을 때 무뢰배의 다리 사이를 기어서 지나가는 수모를 견뎌내면서 훌륭한 재상으로 성장했다는 일화를 남겼다. 이런 한신과 같이 다른 사람의 다리 사이를 얼마나 빨리 빠져 나가는지를 다투는 경기이다.

무 아래에 개구리 장식을 만들어 아동들을 즐겁게 했다. 또 수염이 듬성 듬성 난 고토ㅍ島 선생은 오르간을 치면서 모두에게 유희를 가르쳤다. 유희는 손에 아령을 쥐고 〈하코네箱根의 산〉이라는 노래 등에 맞춰 율동을 하는 것이었다. 또한 이런 노래도 있었다. '돛대 위를 보아요, 보아요/ 바람에 팔랑팔랑 나부끼는 깃발/ 저것이야말로 일본의/ 무용武勇의 꽃을 피운다.' 이러한 노래를 부르면서 춤을 추는 유희는 국위선양에 힘쓴 당시 풍조를 반영하는 것이었다."

다만 이러한 독자적인 운동회는 아직 적었으며, 연합운동회가 많았다. 연합운동회는 학교간 대항경기여서, 운동경기의 열기를 높이는 역할을 했다. 이 연합운동회도 다이쇼기에 전국적으로 확대되었지만, 당시에는 그와 병행해서 각 학교별 운동회도 늘어났다. 종목도 체험적인 종목이나 창가유희, 리듬댄스, 달리기, 그물 당기기, 군사교련 종목 등으로 다양해졌다.

쇼와 전전기戰前期의 운동회 1930년대에 들어 군국주의가 강화되면서 만주사변을 계기로 중일15년전쟁에 돌입하자, 운동회의 모습도 점차 달라졌다. 그 특징을 《운동회와 일본 근대》(요시미 순야吉見俊哉 외 엮음, 세이큐샤青弓社)를 참고하며 살펴보자. 1930년과 1938년의 운동회 프로그램을 나가노현 아코촌赤穂村(지금의 고마가네시駒ヶ根市)의 《아코소학교 백년사》에서 살펴보자.

개인경기가 줄고 '기쿠노하나菊の花,[84] 애국행진곡, 헤이타이兵隊상,[85] 히노마루, 겐페이 전쟁놀이,[86] 적전敵前 상륙, 폭탄 릴레이' 등 전시戰時 색깔이 강

---

84) 국화. 가마쿠라 시대 이후 천황과 황실의 무늬로 많이 사용되었다.
85) 병정놀이 '헤이타이상'은 '병사님'이라는 뜻이다.

해지는 경향을 엿볼 수 있다.

또한 아시아·태평양전쟁기에 이르면, 점차 운동회라는 이름을 체육회로 바꾸게 된다.

효고현의《히가시스마교사東須磨校史》에는 다음과 같이 기술되어 있다.

"체육회(10월 상순). 흥아성전興亞聖戰의 체육회

체육회의 정신은 근본태도에서 작년도와 하등 달라진 것이 없다. 종래 운동회라고 불렀던 이름을 체육회라고 부르게 되었다. 종전에는 어떠했는가 하면 그저 재미를 즐기는 연중행사였으며, 남에게 보여준다는 생각에서 기분이 경박해지고는 했다. 나쁘게 말하면 '축제 때 야단법석을 떠는 것'과 같은 모습이 되어서 진정한 학교체육 정신과는 상당히 동떨어진 것에 진력했다. 이런 결함을 일소해서, 모든 사람과 학교를 한 덩어리로 만드는 엄숙한 체육제전이 되었으면 하는 취지에 다름 아니다. 결론적으로 비상시여서 축제의 떠들썩함을 멀리하려는 것과 같은 일시적인 생각은 결코 아니다. 흥아대사업興亞大事業의 달성에 매진하는 이때, 체육회를 본연의 모습으로 바꾸어서 진정한 황국민으로서 평소에 단련한 몸과 마음을 유감없이 발휘함과 아울러, 아동 체력을 향상시키고, 더불어 협동심, 인내심, 규율 존중의 정신, 용감 민활한 기질을 양성하는 데 노력해야 한다고 생각한다."

여기에서 알 수 있듯이, 이는 단지 이름만을 바꾸는 변화가 아니었다. '황국민 연성鍊成'이라는 슬로건이 중심에 내걸리게 되었다. 이는 1941년에

---

86) 겐페이 전쟁源平合戰과 같이 두 편으로 갈라져서 하는 모의 전쟁놀이. 겐페이 전쟁은 헤이안平安 시대인 1180년부터 1185년까지 벌어졌던 전쟁. 조정을 장악하고 있던 다이라씨平氏와 지방 세력인 미나모토씨源氏 사이에 벌어졌던 전쟁으로, 각지의 제후들은 두 세력 중 어느 한 편을 들었다. 다이라씨가 패하고 미나모토씨가 전국을 장악하여 가마쿠라 막부가 수립되었다.

국민학교가 탄생하고, 종래의 '체조' 과목이 '체련體鍊' 과목으로 바뀐 것과
도 연동된다. 체련 과목의 무도武道로 유도, 나기나타なぎなた,[87] 검도 등이
도입되었으며, 체육회에도 차츰 이런 종목들이 포함되었다. 그 밖의 특징
이라면, 달리기경주가 줄어들고 '싸움기술 겨루기, 돌파, 비행기 놀이, 깃
발 뺏기, 총력전, 이겨다오 헤이타이상, 장난감 전차, 열병 분열, 군함행
진곡, 히노마루' 등 전시색이 강한 종목이 많아졌다.

패전 직후의 운동회 패전은 교육에 지대한 영향을 끼쳤다. 1945년에는 운
동회를 둘러싼 시비가 일었다. 각 학교마다 논의가 제기되었다. 나가이
겐지의 《교사는 패전을 어떻게 받아들였는가》(교육사료출판회)에서 군마현
다카사키시립高崎市立 히가시국민학교東國民學校를 사례로 삼아 그러한 논의의
경과를 살펴보자.

"늘 10월에 열리는 운동회를 둘러싸고 9월 직원회의에서 논의가 이루
어졌다. 9월 26일에 다카사키시가 '내용을 검토하되 예년과 같이 실시'라
는 방침을 발표했기 때문이다. '체련대회'를 '운동회'라고 할 것인가, 남자
종목인 '봉 쓰러뜨리기棒倒し', '기마전' 등 전시색이 강한 것을 실시해도 좋
은가, 종래 행해져 온 애국행진곡 시비 등이 논의되었다."

10월 15일에 운동회는 실시되었다. 그때의 일은 다음과 같이 기술되어
있다.

"교문에 서 있는 안내판의 글자도 선명하고 아름답다. 교정에서 놀고
있는 아이들도 모두 즐거운 것 같다. 이윽고 시작을 알리는 큰북 소리가

| 87) 기다란 일본 칼을 사용하는 무술.

났다. 확성기의 음악이 경쾌했다. 교장선생님의 훈화에 이어 개회식이 종료되었다.

먼저 1학년생들의 '달리기경주', 다음으로 2학년생들의 '음악유회', 계속해서 3학년생들의 '달리기경주'가 열렸다. '빵', '빵' 하는 총성이 맑게 갠 하늘에 기분 좋게 울려퍼졌다.

교정이 건조해서, 아이들이 달릴 때마다 하얀 먼지가 일었다. 박수 소리, 응원 소리, 교정에는 상쾌한 기운이 가득했다. 이런 분위기 속에서 프로그램은 계속 진행되었다. 이렇게 운동회는 거행되었다.

교문에는 '체련대회'라고 적힌 안내판이 서 있었지만, 등사판으로 인쇄된 프로그램에는 '대운동회'라고 되어 있었다. 결국 착오로 그렇게 된 것이었다.

5, 6학년 남학생 280명 전원이 참가하는 합동 '대기마전'이 벌어졌는데, 4학년 남학생까지 여기에 호응해서 기마전을 했다. 모두가 '시조나와테四條畷'[88] 노래를 합창하면서 행진을 했다. 기마전문답騎馬戰問答이나 행진곡회의行進曲會議의 뒷이야기를 알지 못하는 아이들은 활기에 가득 찼다.

이렇게 전전戰前과 똑같은 운동회가 열렸다. 지금 어느 곳에서든지 실시되고 있는 운동회는 전후戰後 민주주의 교육의 확립과정에서 재편된 것이다.

| 88) 오사카부大阪府에 있는 도시 이름.

6. 소풍과 수학여행의 역사

소풍·수학여행의 기원_ 운동회와 함께 중요한 학교행사로 실시되고 있는 것이 소풍과 수학여행이다. 기록에서 알 수 있는 최초의 소풍은 1885년(메이지 18)의 후쿠오카 도요쓰중학교豊津中學校의 소풍이다. 물론 그 이전에도 절이나 신사에 참배를 하는 등의 행사는 있었다. 그러나 도요쓰중학교의 경우, 확실한 규칙에 따라 소풍을 실시했다. 그 규칙을 보자.

"제1. 실제 지역에 가서 학술연구를 하고, 정신을 활발히 하며, 신체를 튼튼히 한다. 또한 학생들의 친목을 꾀하는 것을 목적으로 한다.

제2. 한 달에 2회 일요일에 모인다.

제3. 오가는 중에 중학생다운 자격을 손상시키지 않도록 과격하거나 난폭하게 굴지 않고 삼가 신중하게 행동한다.

제4. 전원 모자를 쓰고 양복이나 하카미[89]를 착용한다."

이것으로 보아 현재 교외로 나가서 하는 총합학습을 소풍이라는 이름으로 실시했음을 알 수 있다.

그러나 그 후의 소풍은 같은 해 나온 모리 아리노리森有禮 문부상의 교육상주문에 있는 '병식체조'의 일부로 자리매김하게 되었다. 다음해인 1886년에 도쿄사범학교가 '장도소풍長途遠足'을 실시했는데, 그 보고서에는 다음과 같이 기술되어 있다.

"금일 본교에서 처음으로 학생들에게 장도를 시행한 것은, 하나는 병식

---

89) 겉에 입는 일본 전통의상. '바지'라는 뜻으로, 허리에서 발목까지를 덮는다. 주름이 넉넉하게 잡혀 있으며, 바지처럼 가랑이가 있는 것이 보통으로, 치마바지의 형태를 띤다. 지금도 졸업식 등의 행사 때 입기도 한다.

조련을 연습하기 위해서이고, 또 하나는 현장에 가서 학술연구를 하려는 목적이다."

여기에서 소풍은 첫째로는 군사교련의 일부로, 그리고 둘째로는 학술 연구로 자리매김하고 있는 것을 알 수 있다. 실제로 도쿄사범학교의 경우, 학생들은 군장軍裝을 하여 총기와 배낭에 외투와 모포를 꾸리고, 몇 권의 병서와 신발, 양말, 갈아입을 셔츠를 준비해서 떠났다고 한다. 기간은 12일 동안으로 공포를 쏘는 연습, 병사 배치 연습을 했으며, 학술연습으로는 날씨 조사, 조개류 채취, 지도그리기, 학교참관 등을 했다.

한편, 수학여행은 〈심상사범학교 설비준칙〉에 구체적으로 나타난다. 거기에는 다음과 같이 기술되어 있다.

"수학여행은 정기학업 중 1년 60일 이내로 시행할 수 있다. 학생의 식비 이외의 비용을 걷지 말아야 한다."

여기에서 소풍과 수학여행은 시행 기간에 차이가 있다는 것을 엿볼 수 있다. 목적에서는 소풍과 수학여행에 별 차이가 없이 시작된 것으로 생각된다.

전전의 소풍 · 수학여행_ 메이지기의 소풍 및 수학여행의 모습을 살펴보자. 무장행군을 하는 수학여행을 실시한 학교도 있었다. 예를 들면 효고현의 호메이의숙鳳鳴義塾이 대표적인데, 무장을 하고 직접 숙식을 해결하면서 행군했다고 한다.(《호메이중학 50년 기념지》)

학술연습이나 관광지 견학을 중시하는 경우도 있었다. 전자의 예로는 다이고고등학교第五高等學校, 후자의 예로는 아오야마사범학교靑山師範學校 등을 들 수 있다.

이러한 소풍과 수학여행은 중학교 중심이었으나 드물게는 소학교에서도 실시되었다. 나가노현에서는 고등소학교에서 실시되었다는 기록이 남아 있다. 그러다가 문부성은 1892년에 수학여행을 장려하는 문부대신의 훈령을 발표했다. 훈령 내용은 다음과 같다.

"하계 휴업 및 기말 휴업 등 가능한 한 적당한 시기를 택해 교사가 학생들을 인솔해서 수학여행을 하여 산천과 교외를 두루 걸어서 신체와 정신을 단련함과 더불어 지식과 견문을 넓히도록 한다."

그러나 실제로는 수학여행에 많은 비용이 들고 교육적 효과 면에서도 의문이 제기되어, 홋카이도에서는 '숙박여행의 폐지' 훈령이 나왔으며, 효고현에서는 '소학교의 숙박 금지' 훈령이 나왔다.

그 후 문부성은 1901년에 '병식분리兵式分離'의 방침을 내세워 현재의 수학여행에 가까운 형태로 실시 방침을 바꿨다. 그 결과 중학교에서는 '만선滿鮮 수학여행' 등을 실시하는 곳도 나타났다.

다이쇼기에는 소학교의 소풍과 수학여행도 일반화된다. 가나가와현의 스게소학교에서는 다이쇼기 중반에 이르러 소풍과 수학여행을 실시했다. 그 기록을 살펴보자.(《스게소학교 100주년 기념지》)

"다이쇼시대 중반에 들어 도시락을 가지고 핫슈엔八州園이나 게이오가쿠京王閣 등 부근을 걷는 소풍이 시행되었고, 졸업할 때가 되어서야 비로소 닛코日光로 수학여행을 가게 되었다. 또 에노시마江ノ島나 가마쿠라鎌倉를 견학한 적도 있다."

지금도 가나가와현의 소학교 6학년생들은 닛코로 수학여행을 가는데, 이러한 수학여행은 그 무렵에 시작된 것이었다.

한편, 고후중학甲府中學(지금의 야마나시현립 다이이치고등학교第一高等學校)에서

전전의 수학여행. 전함 미카사三笠 견학(위)과 이세신궁 참배《고텐바소학교御殿場小學校 창립 백주년 기념지》

강행원족強行遠足이 시작된 것은 1924년이었다. 그해 문부성에서 메이지절에 체육행사를 실시하라고 내린 통달에 부응한 것이었다. '강행원족'이라는 이름을 붙인 것은 "자신의 체력에 따라 걸을 수 있을 만큼 걷는다는 것을 강조하기" 위해서였다. 이 행사는 지금도 고후다이이치고등학교의 전통행사로 계속되고 있다.

쇼와기에 들어와서는 전시색이 강한 소풍·수학여행으로 성격이 바뀌었다. '경신숭조敬神崇祖 사상과 국방의식의 앙양'이 소풍과 수학여행의 취지였다. 이세신궁伊勢神宮·모모야마고료桃山御陵·메이지신궁明治神宮·가시하라신궁橿原神宮 참배나 각지의 신사·불각佛閣 참배가 목적이었다. 군마현립 마에바시중학교前橋中學校에서는 1929년의 수행여행을 가시하라신궁으로 갔는데, '건국봉사대'로서 3시간에 걸쳐 노력봉사를 했다. 또한 군사시설이나 군함견학도 중시되었다. 와카야마현립 와카야마중학교는 구레吳의 해군공창海軍工廠을 견학하며 국방의식의 강화를 꾀하는 수학여행을 실시했다.

이러한 수학여행도 1940년에 문부성이 제한 통달을 내면서 시들해졌다. 그러나 나가노현립 나가노상업학교와 같이 1942년에 '전승기원 신사 참배'라는 명분을 내세우며 수학여행을 실시한 학교도 있었다. 당시에는 그런 명분을 내세우지 않으면 수학여행을 실시할 수 없었다. 그러나 1943년 이후에는 수학여행이 전면적으로 금지되었다.

전후의 부활_ 전후에는 식량위기 등의 경제위기나 교육을 둘러싼 혼란도 발생했기 때문에 소풍이나 수학여행을 자제했다. 1947년에 시즈오카현 시미즈고등여학교清水高等女學校 등 소수의 학교가 실시했지만 어디까지나 예외적인 것이었다.

소풍과 수학여행이 다시 시행된 것은 1950년대에 들어서부터였다. 1949년에 국철國鐵의 단체할인이 부활된 것이 그 계기였다. 또한 다음해부터는 전국적으로 수학여행의 규제가 완화되었다. 1953년의 문부성 통달, 그리고 1954년 전용열차에 의한 연합 수송이 시작됨에 따라 수학여행이 점차 정착되었다. 수학여행지도 교토·나라·도쿄 등이 중심이었지만, 1960년대부터 교통기관이 정비되자 홋카이도·규슈로 확대되었으며, 1980년대부터는 히로시마·나가사키를 비롯하여 오키나와 그리고 외국으로 확대되고 체험 내용도 다양해졌다.

7. 교복의 역사

구제 중학교의 교복_ 현재의 고등학교 전신인 구제 중학교는 1886년(메이지 19)의 학교령에서 5년제 중등교육을 담당하는 심상중학교로 시작되었다. 1899년 이후에는 단순하게 중학교로 칭해졌지만, "중학교는 남자에게 필

지금의 도쿄도립 히비야고등학교의 1894년도 졸업사진

요한 고등보통교육을 시행한다"고 하여, 구제 고등학교 등의 고등교육기관 진학을 희망하는 남자를 위한 학교로 다분히 특권적인 중등교육기관이었다. 물론, 의무교육은 아니었다. 다만 이러한 중학교에 앞서서 중등교육을 위한 학교가 없었던 것은 아니다. 1871년에 개교한 공립학교라는, 현재의 가이조고등학교海城高等學校의 전신에 해당하는 학교 등이 있었다. 그러나 그 학교에는 학생의 복장에 관한 규정이 없었다. 학생들은 대부분 일본옷和服을 입었고, 사족士族의 자제는 작은 칼을 착용하고, 상인의 집에서는 마에가케前掛け90 차림으로 아이를 학교에 보냈던 것 같다. 저마다 자기 집안의 신분이나 직업에 따라서 달리 입었던 것이다.

학생복이 교복이 된 계기는 학교령에 따라 중학교에 병대식兵隊式 체조가 도입되어 군사교련이 시작된 데 있었다. 군사교련은 2차 대전 이전의 학교에서 행해지던 남학생을 대상으로 한 군사교육과 훈련을 말한다. 그 내용은 각개교련, 부내교련, 사격, 시휘법, 군사강연, 선생사 등으로, 학생

| 90) 일본식 앞치마.

들의 사상대책, 전력저하의 저지를 목적으로 한 것이라고 생각된다. 교련에서는 병사와 같은 기민한 행동을, 그것도 단체로 학생들에게 시켜야 했다. 거기에 일본옷은 정말로 적합하지 않았다. 그래서 육군 하사관의 전투복을 모델로 한 중학생 교복이 고안되었던 것이다. 이렇게 해서 학생복이 탄생했다. 위의 사진은 도쿄부 심상중학교(지금의 도립 히비야고등학교日比谷高等學校)의 1894년도 졸업사진이다. 견직모자에 신사복을 입은 교사들을 에워싼 채, 44명의 학생들이 각자 나름의 포즈를 취하고 있다. 그들은 전원이 호크로 옷깃을 여민 형태의 검은 색 학생복 상의와 긴 바지를 입고, 모자를 머리에 쓰거나 손에 들고 있는 모습이다. 1888년의 도쿄부 심상중학교 규칙에는 교복의 착용을 의무화하고 있다. 사진은 그로부터 6년 후의 것이다. 구제 중학교 학생들은 이 시기부터 학생복을 교복으로 입게 되었다.

전쟁과 카키색 교복_ 물론 교복이 정해진 것은 도쿄의 중학교만이 아니었다. 학교령이 시행된 뒤로 각지에서 중학교가 세워졌는데, 이들 학교는 어디든지 5개의 금색 단추가 달린 비슷한 모양의 교복을 입었다. 지금도 학생복의 전형이라 할 수 있는 이러한 형태가 그렇게 해서 전국에 보급되었던 것이다. 그리고 군사교련이 정식 교과가 된 1925년경부터는 등교할 때 발에 '게트르guêtres'[91]라는 각반을 차고 배낭이나 가방을 메야 했다.

　이윽고 15년전쟁이 시작되자, 정부는 국민생활 전반을 통제하기 시작했다. 중학생 교복에 관해서도 문부성 통달로 1941년부터는 '국방색'이라

---

[91] 행군이나 훈련을 할 때 발목 부분을 보호하기 위해 그 부위를 감는 띠. 1970~80년대 한국의 교련시간에도 착용했다. 한국에서는 각반脚絆이라고 했다.

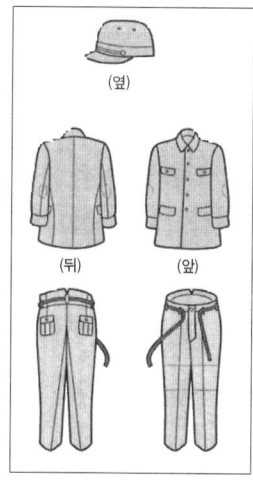

(옆)

(뒤)　(앞)

15년전쟁기의 남학생 교복

고 불린 카키색에 성인용 국민복을 기본으로 디자인하고, 보통의 허리띠 대신에 바지와 똑같은 천으로 만든 요대腰帶를 두르도록 전국적으로 통제를 가했다. 모자도 군대식의 전투모가 되었다.

이렇게 해서 중학교는 전후의 교육개혁으로 신제 고등학교가 되었지만, 교복은 과거의 형태로 돌아가서 전후의 고등학교에 계승되었던 것이다.

결국, 지금도 남자 고등학생 교복으로 쉽게 볼 수 있는 5개의 단추가 달린 학생복은 원래 군대의 전투복을 모델로 한 것이었다. 메이지헌법하의 국민개병 시대에 중학생 때부터 복장 면에서도 학생을 장차 병사에 어울리는 인간으로 기르려는 교육적 의도가 거기에 도사리고 있었던 것이다.

여자교육과 교복_ 전전에 남자의 중학교에 해당하는 여자 중등교육기관이 고등여학교였다. 1899년(메이지 32)에 도·부·현에 세우는 것이 의무화되었다. 남자 중학교보다 1년 짧은 4년제였지만 3년제도 있었으며, 1920년에는 5년제도 인정되었다. 고등여학교에서는 중류 이상 가정의 여성을 대상으로 주로 현모양처를 육성하기 위한 교육이 시행되었다. 다만, 그 이전부터 주로 기독교 난제에 의해 사립 여학교가 개설되었다. 다음의 사진은 1877년경 도시샤여학교同志社女學校의 학생들이다. 모두 일본옷 차림이며 기모노의 무늬도 다양해서 아직 교복의 규정이 없었음을 알 수 있다.

도시샤여학교의 학생들(1877년경)

아토미여학교跡見女學校의 학생(1897
년경)

그래서 그중에는 머리를 짧게 자르고, 남성용 바지를 입고, 게타F駄92를 신고, 양산을 가진 여학생도 있었다. 즉, 학생들의 복장이 자유로웠던 것이다. 그러나 얼마 지나지 않아서 이른바 로쿠메이칸鹿鳴館93 시대가 되어 서구화주의西歐化主義가 강해지자, 1887년에 여성 양장의 채택을 권장하는 황후의 사소서思召書라는 것이 내려져, 학교에서도 교복으로 양장 차림을 하게 되었다.

그러나 그 후 급격한 서구화정책에 대한 반동으로 국수주의가 대두하여 일반 여성이 양장 차림을 하는 것은 줄어들었고, 여학교에서도 일본옷을 교복으로 정하는 학교가 늘어났다. 그렇더라도 기모노는 불편한 점이 많았으며, 체육수업이나 운동회에서 몸을 움직이기 힘들다는 등의 이유로 유행한 것이 바지였다. 다만, 이전의 남성용 바지는 아니고 긴 스커트 같은 여성용 바지로, 색은 적갈색, 캐시미어 등의 무늬 없는 모직물로 만든 것이 많았다. 그 바지를 입으면 무거운데다

---

92) 일본식 나막신.
93) 1883년 도쿄에 세운 사교장. 외국 손님이나 외교관의 숙박과 접대를 위한 장소로, 일본 상류층이 이곳의 연회나 무도회를 통해 서양문화를 접하게 되었다. 일본 개국 후 서구화정책을 상징하는 장소로 여겨진다. 로쿠메이칸이 세워진 1883년부터 국수주의 움직임이 본격화된 1890년까지를 '로쿠메이칸 시대'라고 한다.

꼭 조이는 허리띠는 하지 않아도 되고, 어느 정도 운동을 해도 옷자락 밖으로 맨발이 보이지 않았다. 적갈색의 바지에 검은 편상화 스타일이 1900년을 전후해 각 부·현에 설립된 고등여학교의 교복이었다.

세일러복의 등장_ 그런 일본옷을 대신해서 양장이 여학생 교복으로 채택된 것은 1차 대전 이후였다. 아무래도 위생이나 활동성을 감안하면 양장이 낫다고 할 수 있어서, 점차 양장을 받아들이는 학교가 늘어났던 것이다. 특히 간토대진재 때 일본옷 차림의 많은 여성이 신속히 대피하지 못해서 희생되었는데, 이런 사정이 그와 같은 변화 추세를 촉진했다. 여학생의 서양식 교복은 처음에는 수트나 점퍼 형태였지만, 나중에는 세일러복(세라복)이 주류가 되었다.

세일러복은 본래 영국 해군의 수병복이었는데, 일찍부터 영국에서는 수병복을 흉내 내서 만든 아동용 통학복도 '세일러복'이라고 불렀다. 그것이 러일전쟁을 전후한 시기에 일본에 들어왔다. 처음에는 일본해(동해) 해전 등의 영향으로 남자아이에게 세일러복을 입혔지만 거의 같은 시기에 여학교에서도 체육이나 운동이 중시되고 앞서 언급한 바와 같이 간토대진재의 교훈으로 여학교 교복의 양복화가 진행되었다. 그러던 중에 세일러복의 산뜻함, 청결함, 간소함이 받아들여져, 우선 도시 지역의 여학교가 세일러복과 주름 스커트pleats skirt를 교복으로 재택하기 시작했고, 얼마 지나지 않아 전국에 널리 퍼지게 되었다.

이 시대의 도시를 중심으로 한 사람들의 생활이나 복장의 양풍회洋風化, 다이쇼 데모크라시 시대의 여성운동 고조, 여성의 사회적 활동분야 확대, 나아가 1920년 정부가 정원을 늘리지 않으면 안 될 정도의 고등여학교 진학률 상승 등으로 서양옷이 여학교 교복으로 자리 잡고 세일러복을 보급시켰던 것이다.

그러나 15년전쟁이 시작되어 정부가 국민생활을 통제하기 시작하자, 세일러복 차림도 찾아볼 수 없게 되었다. 남자 교복에도 가해진 1941년의 교복 통제로, 여자 교복은 숄 칼라^{shawl collar}[94]에 벨트가 있는 상의와 주름 없는 넓은 스커트로 통일되고, 왼쪽 가슴에 소속 학교를 표시하는 표식을 붙이게 되었다. 그리고 1944년에는 문부성이 여학생 교복의 전시규정^{戰時} ^{規定}이라는 통달을 내려, 고등여학교 학생들도 성인 여성과 마찬가지로 몸뻬를 입게 되었다.

신제 고등학교의 발족과 교복 개혁_ 1948년에 구제 중학교와 고등여학교가 개편되어 신제 고등학교가 발족했다. 그 전 해에는 교육기본법이 제정되고 일본국헌법도 시행되었다. 일본의 민주화를 짊어질 인재의 육성이 교육의 목표가 되었지만 교복제도는 많은 학교에서 유지되어, 전전과 마찬가지로 남학생은 학생복, 여학생은 세일러복이 교복의 기본형이 되었다.

고등학교 교복을 재검토하게 된 것은 1970년 전후의 일이다. 1960년대 후반에 활발히 전개된 대학 학생운동에 자극과 영향을 받아서, 고등학교에서도 학생들이 학교 본연의 모습이나 수업내용에 대해 자신들의 요구를 모아 학교 측에 개선을 촉구하게 되었다. 그러는 가운데 교복이나 교모가 폐지되기도 했고, 규칙이 개선되거나 완화된 학교도 다수 나타났다. 아래의 글은 1972년에 교복을 폐지한 지바현립 히가시카쓰시카고등학

---

94) 1941년 통일된 일본 여학생 교복의 숄을 걸친 것과 같은 칼라. 수세미(일본어로 헤치마) 모양의 칼라도 여기에 해당한다.

敎東葛飾高等學校에서 교복의 폐지를 바라는 학생회의 주장이다.

"교복제도는 교육의 전체성, 통일성, 획일성을 중시하던 시대에 적합한 것이었다. 개성의 신장과 자율이 존중되는 현대의 교육에서 교복제도는 필요하다고 할 수 없다. 학생다움을 보여주는 필수 요소로 교복을 떠올리는 것은 과거의 이미지에 집착한 편견이다. 경제적인 면에서도 교복이 유리한 것은 아니다. 물론 종래의 교복을 계속해서 애용하는 것은 개인의 자유지만, 제복으로서의 교복은 유지할 필요가 없다."(《창립 50주년 기념지》)

오늘날에도 교복이 없는 고등학교나, 있어도 표준복으로 착용하는 것을 의무화하지 않는 고등학교도 상당수 존재한다. 그중 대부분은 당시 학생들의 교복 폐지 혹은 개혁 운동이 교사나 보호자의 이해와 지지를 받아 그렇게 결정하는 데 이르렀기 때문이다. 그 후 교복을 폐지한 학교에서 일부 학생이 화려한 복장으로 등하교 하는 것이 문제가 되면서 지역의 평판을 의식하여 교복을 부활시킨 학교도 있었지만, 이제까지 교복의 일부였던 모자는 그 시기 이후로 거의 모든 학교에서 사라졌다.

블레이저와 미니스커트_ 블레이저blazer는 19세기 영국에서 탄생해 미국에서 샐러리맨의 근무복으로 보급된 수트suit의 일종이다. 1970년대 후반에서 1980년대 초에 걸쳐 도시권을 중심으로 많은 고등학교가 신설되었다. 이들 학교에서는 새로운 교복이 제정되었는데, 대개는 기존의 학생복이나 세일러복에서 벗어나 밝은 색의 스포티한 블레이저에 넥타이를 하는 차림으로 바뀌었다. 그 이유는 대부분이 샐러리맨 가정에서 자란 학생들이어서 블레이저나 넥타이는 부모가 매일 직장에서 착용하는 친근한 '제복'

이라고도 할 수 있는 복장으로, 자신들의 교복으로 받아들이기 쉬웠기 때문이라고 할 수 있다.

또한 당시에 그때까지 학생 모집에서 어려움을 겪던 사립 여자고등학교가 교복을 바꾸자 응시자 수가 급증했다는 이야기가 도쿄를 중심으로 퍼져 나갔다. 그때까지의 감색이나 검은색의 무늬 없는 주름 스커트 대신에 체크 무늬 미니스커트를 교복으로 채택했던 것이다. 미니스커트는 1958년경 런던에서 젊은 여성들이 입기 시작했다는데, 종래의 타이트 스커트의 길이를 짧게 한 것이었다. 교육의 터전인 학교는 그때까지 패션과는 가장 동떨어진 곳이었다. 유행하는 패션을 따르지 못하도록 막는 편이었다. 그러나 학생들에게 교복은 매일 가장 장시간 입게 되는 양복이다. 10대 후반의 여성이 조금이라도 패셔너블한 복장을 갖추고 싶어 하는 것을 막을 수는 없을 노릇이다. 교복의 센스나 귀여움이 주로 여자 중학생의 고등학교 선택을 결정하는 한 가지 요소가 되기 시작했다. 이를 알아차리고 우선 사립 고등학교가 여학생들의 기대에 부응해서 교복을 바꾸는 데 착수했다. 그 효과가 크다는 것을 알게 된 공립 고등학교도 뒤를 따랐다. 지금은 남자용도 포함해서 몇 가지의 교복을 제정해서, 어떤 것을 입을지는 학생들의 뜻에 맡기는 학교도 있다. 교복은 변해가고 있는 것이다.

자기 교복의 역사를 조사해보자 ─ 조사 방법_ 그런데 이러한 학생복의 역사를 알았을 때, 학생들은 무슨 생각을 할까? 역사란 과거의 것, 끝나버린 것, 자신들의 실생활과는 관계없는 것이라고 여기기 쉬운 오늘날의 고등학생에게, 역사는 오히려 현대로 통하며, 자신들의 생활 자체가 역사의 최전

선임을 실감 나게 받아들일 수 있게 하지 않을까? 학생들에게 그것은 역사의식의 각성을 촉진시키는 학습체험일 따름이다. 필자가 그들의 교복이 왜 오늘날처럼 되었는지, 그 역사를 조사하고 연구하는 학습에 많은 고등학생이 나서도록 만들고 싶어 하는 이유도 거기에 있다.

그러나 역사공부라고 하면, 많은 고등학생이 교실에서 선생의 이야기를 듣고 판서한 내용을 노트에 옮겨 적는 것을 떠올린다. 자신들의 문제의식에 입각해서 자료를 수집하고 분석하고 종합해서 일정한 결론을 이끌어내는 탐구적인 학습활동이라면 아직 경험하지 못한 학생도 많고, 무엇을 어떻게 해야 할지 모르겠다고 외면해버리는 학생도 적지 않을 것이다. 그러므로 이런 학습을 시작할 때는 구체적인 학습방법을 안내하는 지도가 필요하다. 예를 들면 필자의 경우는 아래와 같이 조언했는데, 참고가 되면 좋겠다.

《학교사》를 조사하고, 관계자에게 이야기를 듣자

"우선 처음에는 학교 창립 이래 10년 정도의 간격으로 편찬되는 《학교사》 같은 자료를 조사해보렴. 그 책에는 오늘 너희들이 입고 있는 교복이 언제, 어떻게 결정되었는지 기록되어 있단다. 그리고 그것을 알았다면 교복을 제정하거나 개혁하는 데 관계했던 선생에게 당시 상황을 묻는다든지, 그 시기의 졸업생에게 당시 학생들이 교복에 대해 가졌던 의식이나 기대, 개혁운동의 유무 등에 대해 인터뷰하는 것도 효과적인 방법이라고 생각한다. 다만, 반드시 약속을 한다거나, 인터뷰 목적을 사전에 설명하며 협조를 요청하는 등, 인터뷰의 기본적 방법이나 매너는 알아두어야 하겠지."

교복 제정과 개혁의 배경을 살펴보자

"교복의 제정이나 개혁의 시기 및 이유가 파악되면, 왜 그 시기에 그러한 교복이 제정되고 또 개혁이 일어났는지, 그 배경을 살펴보렴. 그렇게 하려면 당시 정치나 경제 상황, 고교생이 사회에 관여하는 방법, 그리고 그것을 일반 사람들이 어떻게 보았는지를 아는 것도 중요하단다. 도서실 역사관계 코너의 책뿐만 아니라, 신문의 축쇄판 등도 조사해보렴. 분명 좋은 자료를 찾을 수 있을 거야. 만일 교내의 도서실로는 불충분할 경우, 지역 공립도서관에 가보는 것도 좋겠지. 조사하는 중에 의문이 생긴다든지, 좀 더 조사해보고 싶은 것이 있다면 참고자료실에 가서 사서에게 문의해보렴. 그러면 필요한 자료나 좀 더 깊이 있게 조사하려면 어떻게 해야 좋을지 잘 안내해줄 거야."

조사한 것을 토대로, 고등학생의 교복은 어떠해야 할지 모두 생각해보자

"오늘 여러분이 입고 있는 교복은 어떻게 해서 그렇게 제정되고 개혁되었을지, 그 이유를 여러 가지 배경과 관련지어 생각해보자. 그리고 가설(대답의 예상)을 세워, 그것을 학급 학생 모두에게 들어보자. 분명 다양한 질문이나 비판이 나올 텐데, 그렇다면 또 조사하고, 조사한 사실을 토대로 자신의 가설을 발전시키는 것이 좋겠지. 그렇게 하는 것이야말로 우리들을 진실에 가까워지게 이끌어줄 거야. 그리고 지금부터 고등학생의 교복은 어떠해야 할지 모두 생각해보자."

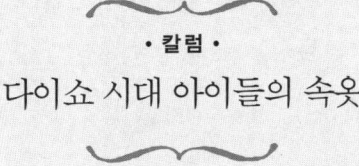

다이쇼 시대 아이들의 속옷

　　일본의 아이들은 언제부터 속옷을 입었을까? 이와 관련한 기록은 거의 남아 있지 않기 때문에 정확히는 알 수 없다. 그러나 히라노 후미코平野婦美子가 쓴《여교사의 기록》(니시무라서점西村書店, 1940년)에는 귀중한 기록이 남아 있다. 히라노는 1926년(다이쇼 15)에 지바현 여자사범학교를 졸업한 후, 현내의 농어촌(지금의 소데가우라시袖ヶ浦市)에 있는 나가우라소학교長浦小學校를 시작으로, 이치카와소학교市川小學校, 도쿄 시나가와구의 제4히노소학교第四日野小學校에서 근무하다가 1942년 4월에 작문교사 탄압과 관련해서 교직에서 쫓겨났다.《여교사의 기록》은 히라노가 근무했던 3개교에서의 실천을 엮은 것이다.

　　히라노가 속옷 조사를 하게 된 것은 첫 근무 학교에서 일어난 일 때문이었다. 체조시간에 아이들의 움직임이 이상했다. "그래도 남자아이들은 옷자락을 접고 후다닥 뛰어서 뜀틀도 넘는데, 여자아이들은 옷자락이 날릴까 신경이 쓰여 좀처럼 넘지 못했다."(《여교사의 기록》) 왜 이렇게 몸놀림이 어색할까? 다른 교사들도 이런 경우를 겪었을 텐데, 그 원인이 어디에 있는지는 생각해보지 못했던 것일까? 아니면 속옷은 가정문제로, 교사가 이야기할 수 있는 것이 아니라고 생각했을까? 관련 기록도 볼 수가 없다.

　　히라노의 시선은 다른 교사와 달랐다. 어쩌면 아이들이 속옷을 안 입은 것은 아닐까? 그래서 즉시 자신이 맡은 4학년 반을 조사해보았다. 예상했던 대로 '남자 17명 중 남자용 팬티를 입은 아이는 겨우 1명, 여자는 25명 전원이 드로어즈(drawers, 여성용 속바지)를 입고 있지 않다'는 사실을 알았다.

별로 대수롭지 않은 언급이지만, 이는 일본 아동사에서도 대단히 귀중한 기록이다. 이것 말고도 다이쇼 시대 말에서 쇼와 초기의 것이라고 생각되는 기록이 없는 것은 아니다. 예를 들면 니이가타현 시로네시립白根市立 시로네소학교의 창립 백주년 기념지 《시로네 100》(1973년 간행)에서 이를 엿볼 수 있다. 거기에는 '팬티'를 주제로 다룬 박스 기사가 실려 있다. "내일은 몸무게를 재므로 팬티를 입고 오도록"이라고 선생이 알려준 다음날, 한 명의 아이가 엄마용 속옷의 고무를 떼어낸 검은 팬티를 입고 왔다. 이후 그 아이는 회사중역이 된 오늘날에도 별명이 '팬티'다."

여기서도 몸무게를 재는 날에만 속옷을 입는 듯한 아이들의 일상생활이 표현되어 있지만, 어디까지나 특정 개인의 회상이라는 한계가 있다. 그런 점에서도 히라노가 남긴 기록의 가치가 높다는 것을 알 수 있다.

히라노의 실천이 대단한 이유는, 조사를 하는 데 그치지 않고 아이들의 생활에 근거해 실천적으로 해결하고 있다는 점에 있다. 히라노는 "아직도 이런 학교가 있을까?"라고 놀라며, "얼른 이 복장문제를 개선해야겠다는 생각에 애가 탔다. 우선 속옷과 드로어즈를 만드는 일이 시급하다"고 생각했다. 그러나 "비록 서두른다고 해도, 1엔 가까운 큰돈을 모으기가 무척 곤란해서 속상해 어찌할 바를 몰랐다. 그래서 무언가 해서 자신들의 손으로 돈을 만들도록 해야만 했다". 히라노는 나가우라촌이 '다행히 드넓은 보물

바다'를 가지고 있음에 주목했다. "자, 모두, 일을 해서 드로어즈나 운동복이나 속옷을 만듭시다. 선생님이 바느질 하는 법을 가르쳐줄 테니까." 여자아이들은 눈동자를 빛내며 "아! 기뻐라. 선생님, 바닷가에서 벌이를 해서만들어요"라고 말했다.

다음 일요일에는 아이들을 데리고 바다로 갔다. 굴, 대합, 바지락을 잔뜩캤다. 일주일도 지나지 않아서 필요한 대부분의 천을 구할 수 있을 만큼 돈을 모았다. 그리고 재봉시간을 이용해서 옷을 완성했다.

"자신들에게 당장 필요한 것이라서 모두들 재봉기술을 열심히 익혔다. 수업이 끝나도 중단하지 않고 '선생님, 좀 더 빨리 만들어 입고 싶어요'라며 졸랐다." 히라노의 시안試案이 전교에 퍼져서 5학년, 6학년, 고등과 여학생들도 자기 손으로 옷을 만들게 되었다. "이러한 기운은 학부형들의 마음을 크게 움직여서, 옷감을 구할 돈이라면 얼마든지 필요한 만큼 댈 테니까 만들어만 달라는 신청이 학부형들한테서 들어오게 되었다."

이러한 내용을 담은 《여교사의 기록》을 1948년 센다이仙台의 고서점에서 찾아내어 열차 안에서 탐독한 사람이, 앞에서도 언급한, 당시 야마가타사범학교山形師範學校 학생이었던 무차쿠 세이쿄였다. 무차쿠 세이쿄가 뒷날 《메아리 학교》에서 한 실천은 히라노의 실천이 밑바탕이 되었던 것이다.

8. 시험의 역사

시험의 시작_ 시험을 좋아하는 학생은 아마도 없을 것이다. 교사도 같은 마음일지 모른다. 이런 심성은 어디에서 비롯된 것일까?

학교교육의 제도로서 '시험'이 도입된 것은 1872년(메이지 5)의 〈학제〉에서였다. 〈학제〉에서는 소학교를 하급과 상급으로 나누어 각 4년씩 총 8년을 수업 연한으로 하는 과정으로 편성했다. 각 과정은 1급부터 8급까지로 '등급'을 구분하여, 반년마다 한 등급을 수료하는 것으로 정했다. 이 '등급'은 현재의 '학급'을 의미하는 것이 아니라, 일정한 '학력' 수준으로 구분된 그레이드를 나타내는 학급편성(일종의 능력별 학급)을 말한다. 이런 등급의 판정수단으로 '시험'이 채택되었다.

〈학제〉에서는 승급을 위한 '진급시험'과 졸업시험에 해당하는 '대시험'의 두 가지 시험을 규정했다. 제도상 학생은 '진급시험'을 하등 소학에서 8회, 상등에서 8회로 총 16회, '대시험'을 하등 및 상등에서 각 1회씩으로 두 번 시험을 치러서 합격하지 못하면 진급과 졸업이 불가능했다. 더욱이 부·현에서 매월 실시하는 '항례시험(恒例試驗)'과 우수학생을 모아 학교 간에 경쟁을 시키는 '비교시험' 등 다양한 시험이 치러졌다. 학생들은 시험에 찌든 상태였던 것이다.

시험의 내용은 암기 중심으로, 수업은 시험에 종속되어 주입식 교육으로 전락했다. 성적이 공표되고, 성적에 따라 석차나 좌석이 결정되었다. 진급이 있으면 당연히 낙제(유급조치)가 있고, 반대로 월반도 인정되었다.

'대시험'은 부정행위를 막기 위해 관원이 입회하는 감독이 의무화되어,

학생들은 감독자의 시선 속에서 대시험을 치렀다. 1879년의 〈교육령〉에서는 부모나 후견인 등 지역주민의 시험참관이 허용되었다. 성적 우수자에게는 포상을 했고, 낙제자나 성적 불량자에게는 '열등' 표식을 붙이는 벌을 주었다.

시험제도의 모순_ 당시에 소학교 취학률은 낮았고, 통학률이나 졸업률은 더 낮았다. 교육비를 부모와 주민에게 부담시켰다. '오치코보레落ちこぼれ[95]'를 구제하는 시스템도 없는 구조에서, 이와 같은 시험제도는 오히려 낙제자나 중도 퇴학자를 양산한 것이었음을 짐작할 수 있다. 그러면 메이지 정부는 왜 이런 경쟁주의적인 시험제도를 도입했던 것일까?

근대화를 서두르는 메이지 정부로서는 서구의 지식과 기술을 효율적으로 습득하는 것이 급한 일이었다. 그 수단이 경쟁주의 · 서열주의적인 시험제도였다. 옛 신분이나 연령이 제각각인 상황에서는 '학급'보다 '학력'에 기반을 두는 '등급' 쪽이 현실적이고, 시험 성적만이 평가받는 구조는 신분질서를 타파하는 '사민평등四民平等'의 이념을 구체화하는 것이었다. 개인의 입신출세를 중시하는 풍조 속에서 상벌에 의해 민중의 경쟁심을 부채질하는 시험제도는 한편에서는 반발과 탈락자를 낳으면서도 민중에게 수용되었다고 생각된다.

그러나 1890년에 제정된 교육칙어를 기본으로 하는 국가주의 교육은 '충량한 신민' 육성을 위한 덕육德育과 '강병' 육성을 위한 체육을 중시해서,

---

95) 어떤 조직이나 체제, 집단행동 등에서 일반적인 사람들보다 뒤떨어져 쓸모없다고 취급받는 사람. 학교에 가지 않거나 집에 틀어박혀 지내는 사람(이를 가리켜 '히키코모리'라고 한다)이 늘어나면서, 주간지 등에서 만들어 쓴 말이다.

지육知育 편중의 전형인 시험제도를 소학교에서 억제, 폐지하는 방향으로 전환했다. 시험제도에 의한 과도한 경쟁은 국가가 요구하는 국민교육의 목표와 모순된다고 인식되었기 때문이다. 학급편성을 등급제에서 '학급', '학년'제로 전환하고, 시험의 목적을 '교수상의 참고'와 '졸업인정'으로 한정했다(1891년). 그리고 시험에서 석차를 정하는 것이 금지되고(1894년), 졸업인정을 위한 시험도 폐지되었다(1900년).

그러면 시험에 의하지 않고 어떻게 '각 학년 과정의 수료', '전교과의 졸업'을 인정했을까? "아동의 평소 성적을 고려해서"(1900년의 소학교령 시행규칙) 정했던 것이다. '고사考査'라는 용어가 시험에 대립하는 개념으로 등장했는데, 이는 태도나 행동 등 인격 면을 중시하는 평가에 기반하고 있다(다만, 시험이 완전히 부정된 것은 아니다). 학적부의 학업성적란에 수신, 국어, 산술, 체조와 함께 조행操行(일상의 행동)란이 설정된 것이 그 전형적인 경우이다. 표기의 방법까지는 규정되어 있지 않았기 때문에, 각 부 · 현 사범학교 부속 소학교의 고사법에서는 성적을 점수(10점법)로 표시하고 그것을 갑 · 을 · 병 · 정이라는 평어로 평점화해서 각 과목 4점 이상, 전과목 평균 5점 이상을 졸업과 수료의 표준으로 삼았다. 이 과정에서 ○×△의 3단계 평가기호를 사용하는 경우도 있었다.

이와 같이 해서 소학교에서 원칙적으로 시험이 추방된 것과 달리, 중학교에서는 진급 · 졸업시험이나 석차의 서열화가 계속되어 법적으로 인정되었다. 시험은 일상화되고 성적이나 석차는 공표되었으며, 경쟁에 의한 도태가 공공연히 일어났다. "건강, 경제력, 학력의 3박자가 갖춰지지 않으면 중학교 졸업은 곤란했다." 메이지 후기부터 심각해진 고등학교 진학경쟁이 그 전제가 되고, 오히려 그것이 가혹한 시험에 의한 경쟁에 박차를 가했다. 그리고 그 경쟁은 다이쇼기에 들어와 중학교 진학경쟁이 되어, 다시 소학교로 되돌아오게 되었다. 이런 진학열은 자본주의의 발전에 수반된 것이었다. 소학교의 교육이 시험준비 교육으로 왜곡되는 것을 문제시한 문부성은 1927년(쇼와 2)에 중학교 입학시험제도의 개혁을 단행해 입시에서 필기시험을 폐지하고 소학교의 보고서(내신서)와 인물고사(구두시험), 신체검사로 선발할 것을 지시했다. 그러나 1930년에는 필기시험이 부활했다. 내신서의 중시는 석차 다툼을 소학교에 끌어들이고 구두시험은 형태를 바꾼 학과시험으로 변해, 진행 경쟁은 개혁을 통해서도 줄어들지 않았다.

다이쇼기에 등장한 '테스트'_ 경쟁주의적인 '시험'은 서열과 선별의 도구로서 기능했지만, 이를 대신한 '고사'도 문제점을 극복하지는 못했다. 시험과 고사는 어느 면에서는 상호보완적이라고도 할 수 있다. 더욱이 양자 모두 주관적이고 모호한 평가 방법이라는 점은 공통적이다. 다이쇼기에는 미국의 교육운동에 영향을 받아서, 시험이나 고사에 나타나는 평가의 주관성을 비판하고 평가의 객관성과 수량적 측정을 촉구하는 교육측정운동이 등장했다. 이렇게 해서 시험과 더불어 '테스트'라는 용어가 등장했다. 그러나 이 운동은 정규분포곡선에 기초한 상대평가를 '과학적'이라고 합리화하고, 학생의 능력은 유전적인 소질로 결정된다는 교육관을 내포하고 있었다. 이런 관점을 구체화한 지능검사가 직업이나 진학의 선별 도구로 활용된 것은 당연한 결과였다.

또한 1900년경부터 일부 부·현에서 시작되어 나중에 군부와 협력하여 전쟁 중인 1943년까지 문부성이 실시한 〈장정#T교육조사〉는 주목할 만하다. 이 조사는 "징병검사 때 신체검사와 함께 실시한 장정의 교육 정도 및 학력 조사였다." 이 조사는 군부의 교육(학력) 요구를 충족시키기 위한 기본적 데이터로 활용되었는데, 1931년도 이후에는 문부성이 선정한 동일 문제를 사용해서 학력수준의 객관성을 확보하려고 했다. 군부도 문부성도 이 조사에 나타난 '학력의 낮은 수준', '조기퇴행 현상'의 원인을 밝힐 수는 없었다. 그러나 이 조사는 목적을 "중등학교 이상의 졸업자를 제외한 장정에 대해서 교육 정도 및 학력을 조사해서 교육개선에 이바지하고자 한다"(1925년)고 했다. 시험, 고사, 테스트를 교육조건의 개선으로 이어가는 교육평가의 관점이 부재했음을 생각하면 실로 피상적인 이야기라고 하지 않을 수 없다.

전쟁 중에 완성된 절대평가_ 중일전쟁이 시작된 후 일본의 침략전쟁은 총력전의 단계로 들어섰다. 1941년에 소학교는 국민학교로 명칭을 바꾸어 "황국의 도에 따라", "국민의 기초적 연성을 이루는" 것을 목적으로 삼았다. 이에 따라 학적부의 개정이 이루어졌다. 각 과목의 성적은 "평소의 상황을 통해 그 습득, 고찰, 처리, 응용, 기능, 감상, 실전 및 학습태도 등 각 방면에서 이를 종합평정" 해서 기입하며, 평정은 10점법을 바꾸어 우·양·가의 평어를 기입하도록 의무화했다.

또한 '조행'은 폐지하고, 이를 각 교과나 과목 안에 포함시키는 것으로 바뀌었다. 종합평정은 교사가 "헤아려서 직관적으로 사정하는" 것을 중시했다. 그리고 각 학년 과정의 수료를 인정하는 것은 시험이 아닌 "아동 평소의 성적을 고려해서" 정하게 했다. 굳이 '시험'이 아니라 '고사'로 할 것을 지시하고 있는데, 여기에는 교육측정운동에 대한 비판이 들어가 있다.

어쨌거나 여기에서 전전형戰前型의 절대평가가 완성되었다. 그리고 그것은 '태도주의 평가'의 전형이기도 했다. 중학교의 '입학고사'는 1942년에는 '학구제', '종합고사제'를 채택하고 내신서에 석차를 쓰지 말라는 통달이 내려왔다(현실에서는 경쟁을 배제할 수 없었지만). 결국은 시험에 기초한 경쟁이 개인주의적 경향을 조장하고 '성전聖戰 완수'에 지장을 준다는 사고방식에 근거한 개혁이었던 것이다.

흔들리는 전후의 교육평가 패전 후 교육개혁기에는 종래의 시험이나 고사에 대한 반성을 바탕으로 교육평가의 새로운 관점이 제기되었다. 아직 시안이었던 1947년의 《학습지도요령 일반편》 제5장 〈학습결과의 고사〉는 이렇게 서술하고 있다. "학습에 의해서 아동이나 학생이 어떻게 변했는지, 교재와 지도법이 적절했는지를 밝혀서 향후 지도의 출발점을 명확히 하고 지도계획을 생각하기 위해서 교사에게는 학습결과를 알 수 있는 고사가 필요하며, 아동과 청년에게는 학습목표에 어느 정도나 근접했으며 이러한 학습을 어떻게 진행할 것인지를 생각하기 위해서는 고사를 생략할 수 없는 것이다."

그러나 그 후 학습지도요령의 구속력이 강화되어, 〈지도요록指導要錄〉이 과목의 5단계 상대평가에 따른 평정을 소학교와 중학교에 의무화하고 '대외증명을 위한 원부'라는 성격을 강화함에 따라, '시험'('고사', '테스트')은 다시 암기 중심의 '학력'을 측정하는 수단이 되고 말았다. 고등학교와 대학교에 들어가기 위한 입시경쟁은 전전戰前의 규모를 훨씬 능가할 정도로 치열해졌다. 이를 시정하기 위해 등장한 '새로운 학력관'에 기초해서 '관심 · 의욕 · 태도'를 중시하는 평가는 전전의 '고사'에 나타난 평가관과 비숫하며, 또한 전후에 비판받은 태도주의 평가로 '회귀'하는 것이기도 했다.

한편, '여유'에서 '학력향상'으로 요동치며 되돌아간 현재의 교육정책은 신자유주의적인 개혁을 배경으로 시험의 경쟁적 측면을 계속 강화하고 있다. 그래서 교육기본법의 개악은 시험을 마음의 통제 수단으로 삼을 위험성을 지니고 있다. 시험을 경쟁 · 차별 · 선별 · 관리통제의 도구에서 해방시키려면, 전적으로 학생의 학력을 보장하고 인권으로서의 발달을 보장하기 위해 교사의 수업개선이나 교육조건의 개선 · 정비로 이어지는 교육평가를 하려는 착실한 노력이 필요할 것이다.

참고문헌

사토 히데오佐藤秀夫, 《학교 '안과 밖' 사전》(쇼가쿠칸)

사이토 도시히코齊藤利彦, 《시험과 경쟁의 학교사》(헤이본샤平凡社)

아마노 마사테루天野正輝, 《교육평가사연구》(도신도東信堂)

9. 통지표의 역사

통신부의 시작 — 가정과의 관계를 긴밀하게 하는 수단_ 아이들의 학업성적을 부모에게 연락 · 통지하는 것은 학제기學制期부터 실시되었다. 메이지 20년대에 들어설 무렵부터 통신부通信簿(명칭은 다양)는 성적의 통지만이 아니라 '충량한 신민'의 육성을 목적으로 하는 '훈육'의 성과를 높이기 위해 가정과의 관계를 긴밀히 하는 수단으로 인식되었다. 이는 국가주의 교육의 확립을 배경으로 한 움직임이며, 또한 취학을 독려하는 정책의 일환이기도 했다. 1891년의 〈소학교 교칙대강〉에는 '학교와 가정이 기맥氣脈을 통하는 방법'으로 통신부의 발행을 촉구하는 내용이 들어 있다. 이처럼 통신부의 기재사항은 학업성적만이 아니라 품행, 출석상황, 신체상황, 학부모 유의사항, 아동 유의사항, 통신란(학교에서 가정으로, 가정에서 학교로) 등 학생의 학교생활 전반에 이르게 되었다.

유명무실해진 통신부_ 학적부가 공적인 장부로 확립되는 1900년대 이후, 통신부는 학적부의 형식에 따라 편성되는 경향이 강했다. 더욱이 한 학년 3학기제가 성립되는 이 시기에는 각 학기말에 통신부가 배포되어 연락부로서의 성격은 제한적인 것으로 점차 유명무실해졌다. 훈육에 관련된 기술은 교사에게는 부담이어서 부형간담회 등 별도의 장소에서 협의하는 쪽이 실제적이었다. 가정에서 적어 보내는 연락란도 축소되어, 결국에는 받는 쪽의 도장을 찍는 난이 되었다. 이렇게 해서 통신부는 학업성적의 통지표로 바뀌어갔다. 다이쇼의 자유주의 교육론 중에는 통신부 폐지론까지 나타났다.

전후의 통지표 개선 조처_ 2차 대전 후의 교육개혁기에는 새로운 학적부가 공표된 1948년 말부터 통지표를 개선하기 위한 조치가 각 학교에서 시작되었다. 통지표의 형식화와 관습화에 대해서 예를 들면 다음과 같은 자주적인 개선안이 등장했다.

① 부모가 이해하고, 아동이 이해할 수 있게 하자.

② 아동에게도, 부모에게도 성장의 결과를 알 수 있게 하자.

③ 교육의 목적에 토대를 두고 아동의 객관적인 위치를 알 수 있게 하자.

④ 학습내용과 과정을 알고, 노력의 목표를 구체적으로 파악할 수 있게 하자.

⑤ 인간 전체의 모습이 쉽게 드러날 수 있게 하자.

⑥ 교사를 번거롭게 만들지 않도록 하자.

그러나 공적인 장부인 지도요록이 과목의 평정을 5단계 상대평가로 표시하도록 의무화했기 때문에, 통지표는 그 제약을 강하게 받아서 학교가 자율적으로 처리하기는 곤란해졌다. 상대평가는 일정 집단에 속한 학생의 평균적인 성적을 기준으로 학생들을 비교하는 것이 기본적으로 전제된다. 5단계 상대평가는 예를 들면 테스트 점수가 높은 학생부터 대체로 3을 38%, 4와 2를 각각 24%, 5와 1을 각각 7%씩 평정하는 식으로 비율을 정해서 학생들의 성적을 구분한다. 따라서 집단 내의 위치는 알 수 있어도 무엇을 이해했고 무엇을 이해하지 못했는지를 학생이나 보호자가 알 수 없는 평가이다. 또한 고등학교는 절대평가라고 하여 확실한 평정의 배분비율의 틀 자체는 없지만, 실제로는 교사들 간에 평정이 불공정하게 이루어지는 것을 바로잡기 위해 평균점을 토대로 평정의 배분기준점을 조정하는 상대평가를 채택하고 있는 학교가 많다.

이러한 5단계 상대평가의 모순이 가장 심각하게 드러나는 것은 고등학교 입시의 내신서가 큰 의미를 가지는 중학교 고학년이다. 이 평정은 학생에게도 보호자에게도 신경과민을 불러일으키는 숫자였다. 자신의 득점과 평정의 관계에 대한 클레임이 항상 발생했다. 그러나 중학교 교육은 고등학교 입시에 강하게 구속받고 있어서, 5단계 상대평가 자체의 재검토나 통지표 개선운동으로는 나아가지 못했다.

1970년대에 통지표 개선을 위한 움직임은 주로 소학교에서 나타났다. 5단계 상대평가의 모순을 완화하기 위해서 각 과목의 단원마다 도달목표를 명시하고 그것을 '매우 잘함', '잘함', '노력을 요함' 등의 3단계로 표시하는 통지표가 많이 등장했다. 1971년에 문부성이 "통신부의 기재 방식은 자유"라고 표명한 것도 이런 움직임을 더욱 부채질했다. 1975년부터 교토부京都府에서 교육행정과 학교가 공동으로 진행한 도달도 평가 운동은 "모든 아이들에게 학력을 보장하는" 것을 목표로, 통지표 개선에 나선 전형적인 운동이었다. 그러나 설령 통지표를 개선하더라도 지도요록에서는 5단계 상대평가로 기재해야 했다. 이러한 '이중장부' 상태는 교사들을 고민스럽게 만들어, 통지표 개선운동이 반드시 수업개선으로 이어지지는 않는 문제점을 초래하게 되었다.

2001년의 지도요록 개정으로 '학습기록'란의 '관점별 학습상황'의 평가와 '평정'이 절대평가로 바뀌었다. 전후 오랫동안 계속된 5단계 상대평가는 표면상 사라졌다. 이 개정에 맞춰 통지표를 다시 만든 소·중학교도 많았다. 그러나 '관점'의 시비, '관점'과 평정의 관계, 상대평가가 뒤섞인 절대평가라는 문제 등, 이 개정에 따른 평가의 변경은 여러 가지 문제를 내포하고 있다. 그리고 통지표가 학생이나 보호자에게는 오히려 알아보기 어려운 것이 되고, 수업이나 평가의 국가 관리 및 통제가 한층 더 진행된 것은 이 개정의 가장 큰 문제점일 것이다.

참고문헌

사토 히데오, 《학교 '안과 밖' 사전》(쇼가쿠칸)

사이토 도시히코, 《시험과 경쟁의 학교사》(헤이본샤)

아마노 마사테루, 《교육평가사연구》(도신도)

10. 문부성 창가의 역사

문부성 창가란?_ 문부성이 《심상소학교 독본창가讀本唱歌》라는 교과서를 발행한 것은 1910년의 일이다. 그리고 이듬해인 1911년부터 1914년에 걸쳐 《심상소학창가》(제1학년부터 제6학년용)가 발행되었다. 거기에는 〈달〉, 〈봄이 왔네〉, 〈가마쿠라〉 같은 대표적인 창가가 들어 있었다. 그러나 이상하게도 이들 교과서는 국정교과서가 아니었다. 그렇다면 문부성은 왜 이런 교과서를 만들었던 것일까? 그 이유는 그때까지 음악 시간에 가르치던 창가는 문어체이며 더구나 번역물이 다수여서 아동들에게 친숙하게 다가가기 어려웠기 때문이다. 그 무렵에는 언문일치 창가 운동이 일어나 '모모타로桃太郎', '긴타로金太郎', '우라시마 타로浦島太郎' 등의 전승동화를 소재로 한 창가가 아이들 사이에서 인기를 끌었다. 문부성도 겉으로는 종래의 입장을 바꾸지 않았으나 그러한 풍조를 무시할 수는 없었으므로 문부성 창가 교과서를 만들기 시작했다고 생각된다.

그러나 이 교과서 제작은 새로운 문제를 초래하게 되었다. 문부성이 교과서 제작에 즈음해서 작사위원과 작곡위원을 선정하여 창가의 채택 여부를 결정했는데, 당시 채택된 시점에 작사자와 작곡자에게 저작권을 포기하라고 요구했던 것이다. 그래서 '문부성 창가'라고 부를 수밖에 없는 노래가 되어버린 것이다.

〈마을의 대장간〉 가사의 변천_ 〈마을의 대장간村の鍛冶屋〉이 문부성 창가가 된 것은 1912년이었다. 그때의 가사는 다음과 같았다.

1. 잠시도 그치지 않는 망치질 소리/ 날아 흩어지는 불꽃, 펄펄 끓는 물의 거품/ 풀무의 바람은 쉬지를 않네/ 일에 힘쓰는 마을의 대장간

2. 주인은 이름 높은 옹고집 할아범/ 일찍 일어나고 일찍 잠을 자며 병을 알지 못하네/ 쇠보다 강하다고 자랑하는 팔뚝으로/ 훌륭하고 튼튼하게 만드는 데 정성을 쏟네

3. 칼은 팔지 않지만/ 큰 낫 작은 낫/ 써레에 가래, 호미와 손도끼여/ 평화의 도구 쉼없이 두들기네/ 매일 싸우네 게으름이라는 적과

4. 부지런히 불을 붙여 가난을 면하세/ 명물 대장간은 매일매일 번성하네/ 인근에 유례없는 일에 대한 좋은 평판/ 망치 울리는 소리 한층 더 높아지네

다이쇼 데모크라시의 영향을 받았기 때문인지, 이 시기 〈마을의 대장간〉은 평화의 도구만 만드는 옹고집 노인이었다. 그렇지만 전쟁기에 들어서 국민학교로 바뀐 1942년부터 《초등과음악》에 실린 〈마을의 대장간〉 가사는 다음과 같이 바뀌었다.

1. 잠시도 쉴 새 없이 망치질 하는 소리/ 날아 흩어지는 불꽃, 펄펄 끓는 물의 거품/ 풀무의 바람은 쉬지를 않네/ 일에 힘쓰는 마을의 대장간

2. 주인은 이름 높은 고집쟁이/ 일찍 일어나고 일찍 자 병을 알지 못하네/ 쇠보다 강하다고 자랑하는 팔뚝으로/ 두들겨 만드는 칼에 정성을 쏟네

어디가 바뀌었는지 그 차이를 살펴보자. 우선 4절까지 있던 가사가 2절로 줄어들었다. 그러나 중요한 것은 그것만이 아니다. 낫과 가래, 호미, 손도끼 등 농업용 도구밖에 만들지 않던 대장간이 칼, 즉 무기를 두드리는 대장간으로 바뀐 것이다. 이는 국민학교로 바뀐 시기에는 아시아·태평양전쟁에 돌입하여 전쟁을 위한 사상동원을 꾀한 데 따른 것이다.

전후 들어 1947년에 이 문부성 창가 〈마을의 대장간〉은 또 한번 가사가 바뀌었다.

1. 잠시도 쉴 새 없이 망치질 하는 소리/ 날아 흩어지는 불꽃, 펄펄 끓는 물의 거품/ 풀무의 바람은 쉬지를 않네/ 일에 힘쓰는 마을의 대장간

2. 주인은 훌륭한 일하는 사람/ 일찍 일어나고 일찍 자며 병을 모르네/ 쇠보다 강하다고 자랑하는 팔뚝으로/ 두들겨 만드는 가래와 괭이에 정성을 쏟네

이 시기에 국민학교라는 명칭은 소학교로 되돌아갔지만 가사는 2개

절의 그대로였다. 그러나 가사 내용은 또 바뀌어 '칼'이라는 말은 삭제되었다.

이러한 과정에서 저작권을 인정하지 않았으며, 더구나 국가의 사정으로 만든 교과서는 결국 국가의 사정에 맞춰 바뀌었음을 알 수 있다.

참고문헌

야마즈미 마사미山住正己, 〈음악〉, 《복각 국정교과서(국민학교기) 해설》(호루푸출판, 1983년)

11. 놀이의 역사

놀이를 만드는 아동들_ 근대에 들어서서 아이들이 맞이한 커다란 변화는 학교에 가는 것이 당연하게 되었다는 사실일 것이다. 모든 아동이 취학을 하게 된 것은 메이지 말기일지도 모르지만, 어쨌든 학교를 빼고는 아동의 일상생활을 생각할 수 없게 되었다.

놀이를 만드는 아이들

그렇지만 아이들은 자기 나름의 세계를 지닌 채 살아가고 있다. 그것은 놀이의 세계에서 잘 드러난다. 지난날의 아이들은 어디에 있더라도 놀이를 만들고는 했다. 옆의 그림과 같이 길가에 짐수레가 놓여 있으면, 그것은 시소로 바뀌었다. 짧은 막대기 하나에도 이러한 놀이를 생각해서 천진난만하게 놀 수가 있었다.

　그러면 메이지부터 쇼와 초기까지로 시대를 좁혀, 아이들의 세계에서 전개된 놀이의 변천상을 살펴보기로 하자.

전승된 갖가지 놀이들_ 옛날부터 아이들은 여러 가지 놀이의 세계를 즐겨왔다. 정말로 아이들은 놀이를 하기 위해서 태어나는 것 같다. 아동 유희 중에는 오랜 기간에 걸쳐 전승된 것이 많다.

　연날리기나 팽이돌리기는 정월 놀이, 대나무말竹馬, 목말肩車, 나무오르기木登リ, 굴렁쇠 굴리기輪回し 등은 남자아이들의 놀이였다. 여자아이들은 하네쓰키羽根突き,96 고무공 받기手鞠つき, 공기놀이, 실뜨기, 소꿉놀이姉さんごっこ97 등에 흥미를 가졌다. 집밖에서는 남녀를 가리지 않고 줄넘기, 사방치기石蹴リ, 술래잡기鬼ごっこ 등을 하면서 놀았다.

　또한 계절이 바뀜에 따라 자연 속에서 다양한 놀이를 즐겼다. 눈이 내리면 눈으로 산을 쌓거나, 눈싸움을 신나게 했다. 여름 폭염 아래에서는 개울에서 놀거나 해수욕을 하러 몰려갔다. 물에 들어간 아이들은 열심히 투망질을 했다.

　대체로 도구 등은 별로 없었다. 골목길 같은 곳에서 했던 사방치기 등은 돌멩이 하나로 즐길 수 있는 놀이였다. 줄넘기는 길 한가운데서도 할 수 있었다. 눈가리기かごめかごめ98는 술래잡기의 하나로, 노래를 함께 부르면서

---

96) 하고羽子(나무 열매에 새털을 끼운 제기 비슷한 것)를 탁구채 비슷한 채로 마주 서서 치는 놀이.
97) 얇은 일본종이, 옥수수 털 등으로 인형을 만들어, 예쁜 꽃무늬 종이를 감아서 옷을 입힌 인형을 가지고 노는 놀이. 빈 상자를 집으로 하거나 두꺼운 종이를 꺾어서 계단으로 삼기도 했다. 자신이 마치 언니나 어머니가 된 것처럼 혼자서 인형을 달래기도 했다.

놀았다. 쇠바퀴를 굴리는 놀이인 굴렁쇠 굴리기도 각지에서 유행했다.

시대를 반영한 놀이도 유행_ 과거부터 있었던 전통적인 놀이 외에, 시대를 반영한 놀이도 유행했다. 군대놀이나 전쟁놀이라든가, 기차놀이 등이 그것이다. '기적소리 신바시新橋를'99)이라고 노래하듯이, 철도의 개통이 곧 근대의 개막이 되었다. 얼마 후 메이지 시기도 절반을 지나자, 도회지에 전차가 달렸다. '칙칙' 하는 소리를 내면서 달렸던 전차는 기다란 새끼나 끈을 사용한 아이들의 그럴듯한 모방놀이의 대상이 되었다.

근대 일본이 처음으로 벌인 거국적인 전쟁이 청일전쟁이었다. 또한 10년 후 러일전쟁을 치렀다. 잇따른 승전 소식에 국민의 다수는 열광했다. 이런 가운데 아이들의 세계에도 전쟁이 스며들었다.

전쟁놀이

아동들은 군가를 부르고, 군인을 그리워했다. 전쟁놀이를 '기센戰100)'이라고도 했다. 군인으로 분장해서 행진하는 것을 흉내내고, 깃발을 내걸고, 대나무 등을 총으로 삼아 싸우는 놀이가 유행했다. 위의 그림은 아이들이 사당의 경내에서 두 패로 나뉘어 "일본이 이겼다, 중국이 졌다"고 기센을 즐기는 그림이다. 욱일승천기를 손에 든 일본군이 청국군을 완전히 무찔러서 '적병'

---

98) 아이들 놀이의 한 가지. 눈을 가린 채 쪼그리고 앉아 있는 술래 주위를 여러 명이 에워싸고 노래하며 돌다가, 노래가 끝나 멈춰서면 술래가 자기 등 뒤의 사람을 알아맞히게 하는 놀이. 맞히면 그가 새 술래가 된다.

99) 1899년 발표된 철도 창가의 첫 소절.

100) 실전처럼 행하는 군사연습, 모의전쟁.

을 포로로 삼았다고 한다.

이렇게 해서 아이들의 마음에는 놀이를 통해 '적군'을 멸시하는 감각이 길러지고, 다른 나라를 침략하는 것에 별다른 의문을 품지 않는 감각이 배양되었다.

마을의 행사를 지켜낸 아이들_다양한 연중행사를 치르기도 하고, 아동조나 청년조若衆組, 마을 청년회관娘宿에 모여서 독자적인 생활을 하기도 한 청소년들이 각지에 있었다. 나이 어린 아이들은 자기들만의 집단을 만들었다. 아동 동아리나 아동조였다. 7살이 지나면 들어가서 14, 15살에 나왔다. 집단에는 일정한 관례가 있었으며, 나이 많은 아동이 리더가 되어서 집단을 이끌었다.

폭죽놀이,**101** 두더지잡기, 눈집만들기カマクラ 등 전통적인 의식이나 행사에는 아동조가 중심이 되어서 계승한 것이 많았다. 그러나 이것도 학교교육이 널리 퍼지면서 점차 사라졌다.

소정월(1월 15일)에 신슈信州 마쓰모토松本 지방에서 널리 치러진 행사로 산쿠로三九郎가 있다. 모아놓은 가도마쓰門松**102**나 시메나와注連繩**103** 등으로 대大산쿠로와 소小산쿠로를 만들어서 불을 질렀다. 모두 아동조가 담당했다. 각지의 폭죽놀이나 사기초左議長**104** 등과 같은 불놀이火祭였다.

---

101) 정월 보름날, 정초에 쓴 물건을 태우는 행사. 가도마쓰, 금줄, 신춘휘호 등을 한데 모아 태우는데, 그 불에 구운 떡을 먹으면 1년 내내 병에 걸리지 않고 건강하다고 한다.
102) 새해에 문 앞에 장식으로 세우는 소나무. 때로는 매화나무나 대나무를 곁들이며 금줄을 걸친다.
103) 부정을 막기 위해 친 새끼줄.
104) 정월 보름에, 푸른 대나무 다발을 묶어 세우고 거기에 부채, 단자쿠短冊(글씨를 쓰거나 어떤 표시로 매다는 폭이 좁은 종이), 천황의 문서 등을 매달아서 태우던 궁중의 액막이 의식.

새쫓기도 소정월의 행사로, 아이들이 밭이나 논에 나가서 새를 쫓는 노래를 부르며 다녔다. 농사에 해를 주는 새를 쫓아버리는 주술 행사였다.

음력 10월 10일 밤, 신슈나 조슈上州에서는 '도칸야十日夜'라는 행사가 있었다. 밭의 신이 산으로 돌아간다는 것으로, 떡을 준비해서 축원을 드렸다. 아이들은 와라뎃포藁鐵砲105로 땅바닥을 두드렸다. 농작물에 해를 주는 두더지를 없애는 주술이었다고 한다.

'눈집만들기'도 아이들이 주축이 된 소정월의 행사였다. '가마쿠라'라고 부르는 눈을 파서 만든 굴 안에 제단을 만들고 물의 신에게 제사를 지냈다. 돗자리나 모포를 깔고 화로를 가져와서 떡을 굽고, 감주를 데웠다. 아키타현 요코테橫手 지역 등에서 성행했다.

환등이나 영화에 넋을 잃은 아이들_ 지금이야 텔레비전 전성시대이지만, 메이지 후기에는 환등기가 등장해서 아이들에게 큰 인기를 끌었다. 그때까지만 해도 그림자놀이影繪106나 회전등回り燈籠, 꼭두각시覗きからくり 외에는 알지 못했다. 아동들은 흰 천(스크린) 위에 차례로 커다란 상이 비치는 화려한 색의 화면에 매료되었다.

환등용 작품도 많이 만들어져 각지에서 '환등회' 영업이 행해졌으며, 학교교육에서도 활발히 활용되었다. 이러한 성황 속에서 이윽고 활동사진이 퍼져나갔다. 메이지 20년대에서 30년대에 걸쳐 각지에서 환등회가 열리면서 환등 붐이 일어났다. 아동지인 《쇼넨세카이少年世界》(하쿠분칸博文館)에서는 독자를 대상으로 소녀세계 환등대를 편성해 각지에서 영업을 했다.

---

105) 짚을 감아 만든 방망이 같은 것.
106) 벽이나 장지 등에 손 등 여러 가지 물체를 비추어 보이는 놀이.

물론 잡지에도 이러한 것이 보도되었다. 또한 청일전쟁과 러일전쟁도 환등에 등장해서 전승戰勝 붐을 불러일으키는 데 한몫을 했다. 전쟁터 같은 것을 크게 보여주는 파노라마가 인기를 끌어서, 각지에서 빠지지 않고 상영되는 구경거리가 되었다.

진전되는 서양풍 생활양식_ 1차 대전이 끝날 무렵부터 도회지의 아동생활이 서양풍으로 바뀌는 조짐이 나타나기 시작했다. 그때까지 양복 착용은 일부 남성에 한정되었지만, 아동들 중에는 기모노보다 활동하기 편한 양복을 입는 경우가 나타났다. 세 끼 식사는 별다른 변화가 없었지만, 오후 간식으로 서양과자가 등장했다. 캐러멜, 드롭스, 비스킷 등이었다.

그리고 한편으로는 석유램프를 몰아내고 전등이 보급되었다. 아이들은 남폿불에서 해방되어 밝은 등불 아래에서 독서를 즐기게 되었다. 또한 도시에서는 공원이나 어린이 놀이터가 조성되고, 아동조와는 별도로 근대적인 소년단도 생겨나게 되었다.

풍요로워진 아동들의 놀이_ 다이쇼기에 들어서 아이들의 놀이는 한 단계 더 풍요로워졌다. 학교에서 체조교육의 보급 등으로 아이들 사이에서는 스포츠의 성격을 띤 놀이가 확대되었다. 이미 야구가 전해져 있었는데, 아이들은 고무공을 사용하는 야구놀이로 개량해서 길이나 공터에서 열심히 즐겼다. 캐치볼이나 피구(데드볼)에도 열중했다.

자연 속에서 곤충이나 물고기 잡이에 열중하는 것은 이전 시대와 변함이 없었지만, 야외 놀이에 모자를 쓰는 아이가 나타나게 되었다.

새로운 놀이가 늘어났다고는 해도, 고무공놀이手鞠, 공기お手玉, 실뜨기綾取

り), 소꿉놀이飯事, 각종 귀신놀이, 팽이치기獨樂回し 등 예전부터 전승된 놀이도 아이들은 즐겼다.

스포츠 성격의 놀이도 등장_ 학교 체조교육의 보급으로 아동들은 스포츠 성격의 놀이를 하게 되었다.

아래 사진은 1922년(다이쇼 11)경의 것이다. 밤송이 머리에 가쓰리かす り무늬[107]의 기모노를 입고, 조리草履[108]나 게타를 신는 남학생 스타일은 메이지 무렵과 달라지지 않았다. "위치로, 요이, 땅" 하는 달리기경주는 올림픽의 영향이었을까? 육상경기가 아동들 놀이의 세계에 등장하기 시작했다.

"위치로!"

일본에 야구가 들어온 것은 1873년(메이지 6)으로 꽤 오래전이었지만, 놀이로 확대된 것은 다이쇼기에 들어서부터였다. 아직 자동차가 별로 많이 다니지 않는 큰길 등에서도 야구놀이를 했다. 연식정구 공을 사용하기도 하고, 2루나 3루를 생략하기도 했다.

피구도 손쉽게 즐겼다. '도지볼'이라고도 했는데, 배구공이나 큰 고무공 등을 사용해서 즐겼다. 학교에서 대항시합을 하는 것은 말할 것도 없고,

---

107) 물감이 살짝 스친 것 같은 부분을 규칙적으로 배치한 무늬.
108) 짚·풀·죽순껍질 등으로 엮어 게타와 같은 끈을 단 신발. 일본식 짚신.

공터나 도로 위에서 두 패로 나뉘어 열심히 했다.

눈싸움雪合戰도 게임화했다. 홍·백 두 패로 나뉘어 눈덩이를 던져서 상대방의 기를 쓰러뜨렸다. 독일에 유학하고 돌아온 학생들이 나가노현의 스와諏訪 지역에 스케이트를 전했다. 대부분의 아이들이 일본옷 차림으로 스케이트를 탔다. 나중에는 게타 스케이트가 출현해서 아이들이 '얼음지치기'를 신나게 즐겼다.

'수뢰함장水雷艦長 놀이'[109]라는 것도 유행하기 시작했다. 전쟁놀이의 변형이기는 했지만, 그룹을 나누어 경기를 벌이는 놀이였다. 그러나 용구 등은 하나도 없었다. 공 등을 사거나 빌릴 수 없는 아이들이 즐기기 좋은 놀이였다.

새로운 동화잡지의 탄생_ 이 시기에 도시나 농촌 아이들 사이에서는 《니혼쇼넨日本少年》, 《쇼넨세카이》, 《쇼조노토모少女の友》, 《쇼조세카이少女世界》, 《단카이譚海》 등 다수의 통속적인 아동잡지가 읽혔다. 그러나 이런 현상을 심히 우려하며 아동문학의 혁신을 꾀하려는 움직임이 나타났다.

스즈키 미에키치鈴木三重吉는 동화잡지 《빨간 새》를 간행했다. 미에키치는 사랑하는 딸에게 읽히고 싶다는 생각에서 《빨간 새》의 간행에 들어갔다. '세속적이고 천박한 아동 읽을거리'를 배제하고 싶다고 미에키치는 생각했다. 표지는 시미즈 요시오淸水良雄가 디자인했다.

이로부터 〈거미줄〉, 〈한 송이의 포도〉 같은 아동문학의 명작이 다수 탄

---

109) 구축전함驅逐戰艦 놀이 또는 구축수뢰驅逐水雷 놀이라고도 한다. 군함의 종류에 따른 특성을 이용한 놀이이다. 두 편으로 나뉘어 각 편마다 전함 1명, 구축함과 수뢰함 각각 약간 명으로 구성한다. 전함은 적의 구축함을, 구축함은 적의 수뢰함을, 수뢰함은 적의 전함을 격침시킬 수 있다. 놀이도구가 없어서 모자로 역할을 구분했다.

생했다. 이윽고 오가와 미메이小川未明[110]의 《긴노후네金の船》[111]나 지바 쇼조千葉省三를 낳은 《동화》 등의 동화잡지가 뒤를 이었다. 《긴노후네》는 나중에 잡지 이름을 《긴노호시金の星》로 바꾸었는데, 시마자키 도손島崎藤村·아리시마 이쿠마有島生馬의 감수로 저명한 문학가들이 집필해서 동요, 동화의 발전에 공헌했다.

창가에서 동요로 한편, 이제까지 아이들이 부르던 아동용 노래わらべ唄는 배제되고 학교에서 배우는 소학 창가가 유일한 아동가곡이 되었다. 그중에는 〈모모타로〉, 〈우라시마 타로浦島太郞〉,[112] 〈설날お正月〉 등 지금도 불리는 노래가 적지 않다.

그러나 이러한 소학 창가를 비판하면서 기타하라 하쿠슈北原白秋[113] 등이 새로운 동요의 창작을 시도했다. 사이조 야소西條八十, 노구치 우조野口雨情, 미키 로후三木露風 등이 작사하고, 야마다 고사쿠山田耕筰, 나카야마 신페이中山晋平, 히로타 류따로弘田龍太郞 등이 작곡한 아동가곡의 명작이 차례로 발표되

---

110) 오가와 미메이(1882~1961). 일본의 아동문학가. '일본의 안데르센', '일본 아동문학의 아버지'라고 불리는 소설가이자 아동문학 작가로 1,000편이 넘는 동화와 600편에 가까운 소설을 썼다. 그를 기려 1992년에 우수 동화를 대상으로 하는 '오가와 미메이 문학상'이 제정되었다.

111) 다이쇼 시대의 아동문예지. 방정환이 번역한 동화집 《사랑의 선물》의 세 번째 작품인 〈왕자와 제비〉, 여섯 번째 작품인 〈어린 음악가〉는 여기에 실린 작품이다. 방정환은 스토리뿐 아니라 삽화도 그대로 모사했다.

112) 일본 각지에 전해지는 용궁 신화이자 일본의 동화. 어느 맑은 날, 우라시마 타로라는 이름의 젊은 어부가 낚시를 하던 중 작은 거북이 한 마리가 아이들에게 괴롭힘을 당하고 있는 걸 목격한다. 타로는 거북이를 구해 주고 바다로 돌아가게 했다. 나음날, 거나단 서북이가 나타나서 타로가 구해준 거북이는 용왕의 딸이며, 용왕이 그에게 감사하고 싶어 한다고 말한다. 타로는 용궁성에 가서 용왕과 공주를 만난다. 타로는 그곳에서 그녀와 함께 며칠간 머물렀다. 타로는 다시 자신의 마을로 돌아가고 싶었고, 그녀에게 떠나게 해달라고 말했다. 공주는 어떤 일이 있어도 절대 열어보지 말라며 이상한 상자 하나를 주어 떠나보낸다. 그러나 바깥은 이미 300년이 지난 후였고, 그의 집과 이미니는 모두 사라지고 있었다. 슬픔에 빠진 타로는 별 생각 없이 공주가 준 상자를 열어보았다. 그 안에서 하얀 구름이 나오더니 타로를 늙게 만들었다.

113) 기타하라 하쿠슈(1885~1942). 시인이자 수필가. 본명은 류키치隆吉. 탐미주의 문학운동에 앞장섰으며, 오사카 마이니치 신문의 의뢰로 조선 8경을 취재하기 위해 1935년 경주, 경성, 평양, 부여 등을 방문하기도 했다.

었다. 〈탱자꽃からたちの花〉, 〈카나리야〉, 〈7살 꼬마七つの子〉, 〈고추잠자리赤とんぼ〉 등의 동요가 나와 아동들의 마음은 풍요롭게 부풀어 올랐다.

탐독했던 다쓰카와 문고_《잇큐선사一休禪師》[114]를 비롯해서 《미토 고몬水戸黄門》,[115] 《오쿠보 히코자에몬大久保彦左衛門》,[116] 《아라키 마타에몬荒木又右衛門》,[117] 《미야모토 무사시宮本武藏》[118] 같은 책이 '다쓰카와 문고호川文庫'라는 이름으로 잇달아 출판되어 아동들의 인기를 끌었다. 주인공은 대부분 봉건시대의 무장이었는데, 이런 수진본袖珍本 이야기책을 많은 아이들이 탐독했다. 정·촌의 막과자 가게나 아라모노야荒物屋[119] 등에서도 팔았는데, 정가는 25전이라고 붙어 있었지만 10전에 파는 가게도 있었다. 다 읽고 난 책은 3전씩 쳐서 되팔거나 신간과 교환했다. 적은 용돈으로도 책을 손에 넣을 수 있었다.

다쓰카와 문고의 제1권은 《잇큐선사》로, 1911년(메이지 44)에 오사카의 다쓰카와분메이도호川文明堂에서 간행했다. 정확하게는 '다쓰카와'였지만, 일반에는 '다치카와'로 널리 알려졌다.

1924년(다이쇼 13)에 이르기까지 약 200편 가까운 시리즈를 간행했다. 40번째 책으로 나온 《사루토비 사스케猿飛佐助》[120]는 대단한 붐을 일으켰다.

---

114) 14세기 일본의 대표적 선승.
115) 에도시대 전기 미토번水戸藩의 제2대 번주인 도쿠가와 미쓰쿠니德川光圀. 유학儒學을 장려했으며, 《대일본사》의 편찬에 착수했다. 도쿠가와 가문이지만 존황정신을 고취하여 미토학水戸學의 원류를 이루었다.
116) 도쿠가와 이에야스에게 출사한 무장으로, 에도시대 막부 초기의 하시모토旗本였던 오쿠보 다다오大久保忠雄.
117) 에도시대 초기의 검객.
118) 에도시대 무사이면서 화가. 무사다운 패기가 있고 예리한 기백을 간직한 약필에 의한 수묵화, 특히 새 그림을 잘 그렸다.
119) 수세미, 소쿠리, 비 등과 같이 주로 부엌에서 쓰는 세간을 파는 가게.

'사루토비 사스케 놀이'라는 것까지 등장했으며, 평판이 좋은 작품들은 영화로 만들어지기도 했다.

인기를 끌었던 활동사진_ 다이쇼기에 들어서면 영화가 사람들 사이에서 커다란 인기를 모았다. 당시 영화는 무성영화였다. 악사가 연주하는 음악에 맞춰 변사가 멋들어지게 이야기를 엮어 나갔으므로, '활동사진', 줄여서 '활동'이라고 불렀다. 닛카쓰日活나 쇼치쿠松竹 등의 영화사가 생겨나고, 검극劍劇(찬바라)을 비롯해 희극, 비극의 스토리를 가진 영화가 만들어졌다. 대도시의 번화가에는 상설 활동사진관이 생겨서, 활동은 대중오락의 왕자가 되었다. 도회지 아이들 중에는 활동에 정신을 빼앗기는 경우도 있어서, '눈동자의 맛짱目玉の松ちゃん'이라고 불린 오노우에 마쓰노스케尾上松之助가 분장한 '사루토비 사스케'나 '기리가쿠레 사이조霧隱才藏'121에게 박수갈채를 보냈다.

이미 메이지 후반에는 오사카, 도쿄, 요코하마 등에서 일반인을 대상으로 상영되었지만, 다이쇼 초기에는 지방 도시에도 영화관이 건립되기 시작했다.

쇼와기에 들어서는 아동을 겨냥한 영화도 본격적으로 제작되었다. 〈길가의 돌路傍の石〉122은 문부성 지원으로 만들어졌는데, 나고吾子123 역을 맡은

---

120) 다쓰카와 문고의 소설에 등장하는 가공의 닌자.

121) 기리가쿠레 사이조는 실제로 사나다 유키무라眞田幸村 휘하에서 활동한 닌자로, 본명은 시리가쿠레 도구에 몬霧隱鹿右衛門이다. 그러나 그에 대해서 알려진 구체적 행적은 사루토비 사스케와 마찬가지로 다쓰가와 문고에서 재창작된 내용이다.

122) 야마모토 유조山本有三의 대표적 소설로 1937년《아사히신문》에 연재되었으며, 1938년《주부의 벗主婦の友》에 신편이 연재되었다. 공부를 잘하고 배포도 있었지만 가난한 집안 사정으로 소학교 졸업 후 소작인 생

가타야마 아키히코片山明彦의 데뷔작이었다.

가정을 단란하게 만든 라디오_ 아이들이 라디오를 듣게 된 것은 1925년부터였다. 처음에는 광석 수신기로, 리시버를 귀에 꽂고 듣는 불편한 것이었지만, 얼마 후에는 모두가 들을 수 있도록 확성기를 부착한 것이 보급되었다. 자연히 수신계약자가 크게 증가해서, 1931년에는 100만 명을 넘어섰다. 야구방송, 스모방송, 라디오체조 등도 시작되어, 라디오는 가정을 단란하게 만드는 데 큰 역할을 했다. 아이들은 아동 대상 프로그램을 마음속으로 기다리게 되었다.

초기의 라디오에는 잘 들을 수 있는 음을 찾아서 듣는 '탐색식' 광석수신기가 사용되었다. 나팔관 라디오는 가격이 높았지만, 여러 사람이 들을 수 있어서 가정을 화목하게 하는 데 기여했다.

폭발적인 인기를 끈 만화 미디어_ 아동문화의 세계에 전례가 없는 영상문화의 이야기 만화物語漫畵와 그림연극紙芝居124이 등장했다. 전자는 다가와 스이호田河水泡의《노라쿠로》125와 시마다 게이조島田啓三의《단키치의 모험冒險團吉》이 등장해서 아동들에게 폭발적인 인기를 불러일으켰다. 이는 또 저렴한 통속만화본의 대량 간행으로 이어졌다.

활을 하는 소년의 이야기이다. 전전과 전후 4차례 영화로 만들어졌는데, 1938년의 첫 번째 영화는 문부성 추천영화 1호였다. 그러나 인간에 대한 차별을 비판하고 인간의 존엄성과 가능성, 개성을 존중하는 내용을 담고 있어서, 전시 국민정신 자세를 우려한 내무성의 압력을 받았다. 이 때문에 야마모토 유조는 1940년 6월 미완성인 채로 연재를 중단하고 붓을 꺾었다.

123) 일본 농촌사회의 동족집단에서 오야親를 지주로 하는 소작인.
124) 이야기의 각 장면을 그려 넣은 여러 장의 두꺼운 종이를 한 장씩 설명하면서 구경시켰다.
125) 검은색의 들개가 군대에 가서 하사伍長가 되어 활약하는 만화. '노라쿠로'는 검은색의 들개를 줄인 말이다. 2차 대전 전까지 아동들에게 가장 인기가 있던 만화였다.

한편, 그림연극은 일찍이 있었던 종이인형 연극에서 힌트를 얻어 도쿄의 시타마치下町에서 생겨났다. 실직한 청년들이 고안했다고 하는데, 마침내 정의의 우리편 '황금박쥐'의 등장으로 거리의 그림연극은 아이들의 인기를 독차지했다. 황금 해골에 붉은 망토 모습으로 나타나서, 최후에는 악독한 사람을 단숨에 물리치는 강한 주인공이 아이들을 사로잡았다.

　아동 대상 이야기만화의 창시자는 미야오 시게오宮尾しげを라고 일컬어진다. 그러나 현존하는 만화 중에서 그림 부분에 말풍선(후키다시ふき出し)126)을 넣은 것은 오다 쇼세이織田小星(오다 노부쓰네織田信恒)가 글을 쓰고 가바시마 가쓰이치樺島勝一(東風人)가 그림을 그린 《쇼짱의 모험正チャンの冒險》127)부터였다. 이는 《아사히 그래프》 창간호부터 연재되어 쇼짱 모자를 유행시켰다. 이 연재물은 나중에 단행본으로도 간행되었다. 1932년에 간행된 다가와 스이호의 《노라쿠로 상등병》은 폭발적인 인기를 얻어서, 이후 《노라쿠로 탐험대》까지 전10권이 출간되었다. 고단샤講談社의 《쇼넨쿠라부少年俱樂部》에 연재된 〈노라쿠로〉는 1931년 1월호부터 10년 10개월간 134회나 계속되었다. 말풍선을 사용해 그림으로 이야기를 진행시키는 만화미디어를 확산시켰다.

발행을 고대했던 《쇼넨쿠라부》_ 1914년(다이쇼 3)에 창간된 《쇼넨쿠라부》는 쇼와기에 들어 부수가 비약적으로 늘어났다. 요시카와 에이지吉川英治의 《신슈텐마쿄新州天馬俠》128) 등 장편시대소설을 연재하기 시작하고 신진 대중

---

126) 화자의 입에서 뿜어져 나오는 것처럼 대사를 써넣은 테두리.
127) 주인공인 소년 쇼짱과 단짝인 리스가 여행을 하면서 겪는 갖가지 모험을 그린 4컷 만화. 서구식 감각, 익살스런 그림과 이야기로 당시 큰 호평을 받았다.

문학가들의 작품을 차례로 실었는데, 이런 작품들이 아동의 인기를 모았던 것이다. 많은 아동이 야마나카 미네타로山中峯太郎의 《적진 횡단 300리》나 사토 고로쿠佐藤紅綠의 《아아, 옥배에 꽃을 받아ああ玉杯に花うけて》, 에도가와 란포江戸川亂步129의 《괴인 20면상》 등의 작품을 탐독했다. 《쇼넨쿠라부》는 과거의 다쓰카와 문고를 훨씬 능가하는 독자를 가지게 되었다.

또한 매호 신선한 재미를 더한 부록이 붙었다. 이것이 또한 독자의 즐거움이 되어, 발매일을 기다렸다.

집단놀이에서 전자미디어로_ 마침내 아동을 둘러싼 사회상황은 크게 달라졌다. 어느 집이건 텔레비전이 있고, 대부분의 아이들은 텔레비전과 더불어 자라났다. 그래서 라디오 카세트, 게임기, 휴대용전화, 퍼스컴, 인터넷이라는 각종 전자미디어가 아이들을 여러 겹으로 에워싸고 있다.

이미 뒷골목이나 공터에서 무리 지어 노는 아이들의 함성을 들을 수 없게 된 지 오래다. 아이들의 다수가 집에 틀어박혀 텔레비전 게임이나 만화책으로 시간을 보낸다. 어쨌든 아이들의 놀이세계는 크게 변했다. 그러한 놀이의 변천을 뒤돌아보면서 그것을 어떻게 해석할 것인지는 커다란 과제이다.

---

128) 1925년 5월부터 1928년 12월까지 《쇼넨쿠라부》에 연재된 소년장편소설. 센고쿠시대 다이묘大名였던 다케다 가쓰요리武田勝賴의 유복자인 소년 이나마루伊那丸가 7명의 충의사忠義士들과 함께 다케다 가문을 재건하기 위해 교토를 출발해서 적과 사투를 벌이는 이야기를 담고 있다.

129) 에도가와 란포(1894~1965). 본명은 히라이 다로平井太郎. 미국의 단편작가 에드가 앨런 포의 이름에서 필명을 땄다. 일본 추리소설의 아버지로 불리는, 일본을 대표하는 탐정소설가.

· 제2장 ·
부部 활동으로 조사한다

1. 학동소개

지하 군사시설 조사의 연장에서 출발_ 나메가와고등학교滑川高等學校 향토부는 내가 고문이 되기 전부터 학교가 자리 잡고 있는 사이타마현 히키比企 지역에 집중된 지하 군사시설의 실태를 해명하는 데 몰두했다. 2차 대전 말기에 만들어진 이 시설에 대한 조사는 8년에 걸쳐 이루어졌으며, 약 15개소에 달하는 지하 군사시설의 개요가 거의 파악되었다. 그래서 조선인노동자의 실태 등 여전히 불분명한 점이 남아 있기는 하지만, 부 활동을 하는 학생들에게 1년 단위로 어느 정도 성과를 실감하도록 하고 싶다는 생각에서 새로운 테마를 찾게 되었다.

항공기 생산 공장이나 군 사령부를 적기의 폭격으로부터 지키기 위한 지하 군사시설은 말하자면 건물소개建物疏開이다. 그렇다면 인원소개를 조사해보자는 데까지는 곧 합의되었다. 그러나 한마디로 인원소개라고 하더라도 그 영역은 너무 넓어서 조사 방법도 발견하기가 힘들었다. 이 때문에 인원소개 중에서도 가장 다루기 쉬울 것으로 생각된 학동집단소개에 초점을 맞추기로 했다. 1988년 당시 소개를 받아들이는 측에서 소개를 다룬 조사연구는 거의 없었지만, 《사이타마현 교육사》제5권(1972년)의 〈집단소개의 수용〉일람一覧이 하나의 실마리가 되었다. 히키 지역 주변으로 왔던 도쿄도 주오구中央區는 나의 출신지이기도 하고 보내는 측과 받아들이는 측 양편의 역할을 했기 때문에 조사 의욕을 높일 수 있었다.

학생이어서 거둘 수 있었던 현지조사의 성과_ 집단소개 조사는 고등학생의 부활동으로는 최적의 테마였다. 히키 지역이 받아들인 대상은 주오구中央區(당시 니혼바시구日本橋區)의 4개교였으며, 각 학교 모두 복수의 숙사宿舍(당시에는 '가쿠료學寮'라고 불렀다)에 나누어 소개했다는 것을 《사이타마현 교육사》에서 추측할 수 있었기 때문에, 9명의 부원을 4개 반으로 나눈 다음 한 학교씩 맡게 하여 자신이 맡은 가쿠료를 모두 현지조사하게 했다. 사이타마현은 다른 현에 비해서 사원寺院 가쿠료의 비율이 특히 높았고, 히키 지역에서도 16개 가쿠료 중 사원이 12개였으며 나머지는 료칸旅館이었다.

4개의 료칸 중에서 3개는 이미 흔적도 없었지만 사원의 경우는 거주자가 없는 것도 모두 현존하고 있어서 조사활동을 하는 데는 다행이었다. 더욱이 사원의 경우 오래전부터 전해지는 것을 대부분 보존하고 있는 예가 많아서, 집단소개에 관한 귀중한 자료도 상당수 남아 있었다.

히키 지역은 사이타마현의 중앙부가 아니어서 아직도 교통수단이 매우 빈약하다. 학생들은 거의 자전거에 의지해서 조사를 계속했다. 여름방학 후반의 무더위 속에 땀을 흘리면서 찾아오는 고등학생들을 사원 관계자는 물론 그 지역 사람들 모두 호의적으로 환영해주었으며 조사에 협력을 아끼지 않았다. "주지 스님이 빌려주었습니다"라고 말하면서 소개아동이 사원에 남겨 두었다는 그림과 글씨 작품을 그대로 자전거 바구니에 싣고 왔을 때에는 내가 서둘러 사원으로 답례하러 갔다. 조사를 마치고 학교로 돌아온 학생의 뒤를 쫓은 듯이 학교에 전화를 걸어, 사원의 수입지출부에 소개교로부터 받은 집세에 관한 기록이 남아 있다고 알려준 경우도 있었다. 학생들에게는 사전에 질문사항 몇 가지를 유형화해서 제시하게 했다. 그 가운데 당시 건물의 배치가 언급되어 있는 경우, 전문가가 작성한 것으로 생각되는 건물 및 부지 겨냥도를 가져다준 관계자도 여러 명 있었다. 내가 동행했을 때는 학생들이 대부분 소극적이고 말이 없었다. 학생들만 내보낸 경우, 처음에는 불안했지만 단독으로 움직이게 하면 참으로 생기발랄하게 임기응변으로 행동한다는 것을, 그들의 성과를 확인하는 과정에서 인정하지 않을 수 없었다.

그 후 오늘에 이르기까지 나는 개인적으로 사이타마현 전역으로 범위를 넓혀서 소개에 대한 조사를 계속하고 있는데, 히키 지역 4개교 16개 가쿠료의 십수 배에 달하는 조사 대상에서 얻은 자료로는 극히 미미하다. 고등학생이 자기 고장의 역사를 발굴하려고 분주하게 노력을 하고 있다는 것을 느꼈을 때, 사람들은 진심을 가지고 협력한다는 것을 실감했다.

학생들이 시사해준 중요한 사항_ 소개교 자체의 기록에서도 누락된 재소개 후의 숙사를 학생들이 현지조사를 여러 번 하는 가운데 발견한 경우도 있었다. 지하 군사시설 조사 이후, 사전에 연락을 취하고 찾아간 집에서 듣는 것 외에도 부근의 옛집이나 지나가는 노인에게 말을 걸어 뜻밖의 성과를 거둘 수도 있다는 것을 학생들은 체득했다. 인적이 없는 절을 앞에 두고 곤란해하던 끝에 근처의 집으로 뛰어 들어가 그 사원에 관련된 정보를 얻었을 뿐만 아니라, 이름이 올라 있지 않은 절에도 소개아동이 재소개되었다는 사실을 듣고 득의만면해서 돌아온 학생들의 웃음 띤 얼굴은 지금도 잊을 수 없다. 최근 한층 풍부해진 소개 연구 가운데 재소개 문제는 하나의 중요한 테마가 되고 있다. 집단소개라는 것이 자료가 부족하고 '예외'가 많아서 조사연구가 곤란하다고 하지만, 재소개에 대해서는 히키 지역의 예에서도 알 수 있듯이 더욱 불분명한 부분이 많다. 공적인 자료에 대해서는 처음부터 의문을 품어야 하고, 소개교 자체의 자료와 기록마저도 전면적으로 신뢰해서는 안 된다는 것을 나는 학생들에게 가르쳤다.

또한 학생들의 소박한 의문에 따라 주목하게 된, 소개 정책의 본질에 관련된 중요한 문제점도 있었다.

지난해까지 지하 군사시설을 조사하면서 데리고 다녔던 3학년 학생이 '지하 공장 근처에 일부러 소개를 하다니, 위험하다고 생각하지 않았던 것일까?'라는 느낌을 말하는 것을 듣고, 나는 공장소개가 학동소개보다 나중이었다는 사실을 알려주고 학생의 오해를 풀려고 했다. 그러나 그 후, 1944년 7월에 도쿄도구부東京都區部, 오사카시 등 13개 특정 대도시가 소개 실시 지역으로 선정된 이유를 검토하는 가운데 지하 공장과 집단소개의 긴밀한 관계가 드러나, 학생의 느낌은 바로 정부의 소개 정책에 대한 자세를 지적하는 것이었음을 알게 되었다.

소개 정책의 본질_ 소개 정책에 관한 일련의 각의 결정을 거슬러 올라가면, 1943년 9월 21일의 〈현정세하의 국정운영 요강〉에 이르게 된다. 이 요강은 아직 '소개'라는 말을 사용하고 있지는 않지만, 군수 생산 특히 항공기 생산의 '비약적 확충을 도모'하기 위해 제도帝都 및 중요도시에서 불필요하거나 급한 용도가 아닌 건물을 '정리하고', 이와 관련된 '인원의 지방분산'을 제창하고 있다. 그로부터 1개월 후인 10월 15일에 위의 각의 결정을 받아들이는 형태로 〈제도帝都 및 중요도시의 공장·가옥 등의 소개 및 인원의 지방 전출에 관한 건〉이 발표되어 '공장·가옥 등의 소개 및 인원의 지방 전출은 당분간 게이힌京浜, 한신阪神, 나고야名古屋 및 기타큐슈北九州 지역에 속하는 중요도시'에서 실시하기로 결정했다. 또한 12월 21일 발표된 〈도시 소개 실시 요강〉에서 "소개 구역은 게이힌, 한신, 나고야 및 기타큐슈에 속하는 다음의 중요도시로 한다"고 해서 12개 도시의 이름을 밝히고 있다. 이 12개 도시에 요코스카시橫須賀市를 더하면, 7개월 후에 학동집단소개를 지시받은 13개 도시와 일치한다. 따라서 학동소개도 공장·가옥이나 그 밖의 인원소개와 같이 항공기 생산시설을 중심으로 하는 군수 산업을 지키기 위한 도시방공상의 필요로 실시되었다고 할 수 있다.

그러나 전시戰時에 불필요하거나 급한 용도가 아닌 기업뿐 아니라 군수 공장도 얼마 지나지 않아 지방으로 소개하기 시작했다. 이러한 정세 속에서 다수의 관련 기업으로 이루어진 항공기 산업은 생산력의 저하를 우려하여 도시에 남겨 두었다. 그렇지만 1944년 11월에 도쿄가 B29의 첫 공습을 받은 이후 공습이 급속도로 심해지자, 정부는 기존의 방침을 180도 전환했다. 그리고 다음해인 1945년 2월 23일에는 〈공장 긴급 소개 요강〉을 결정해서 항공기 산업을 비롯한 중요 군수공장의 지방 분산을 명령했다. 요강에는 "특히 긴급한 시설은 엄선해서 지하로 옮길 것"이라고 명기하고 있으며, 3월에는 항공본부 등에서 〈항공기 공업 은닉 및 지하공장의 신속

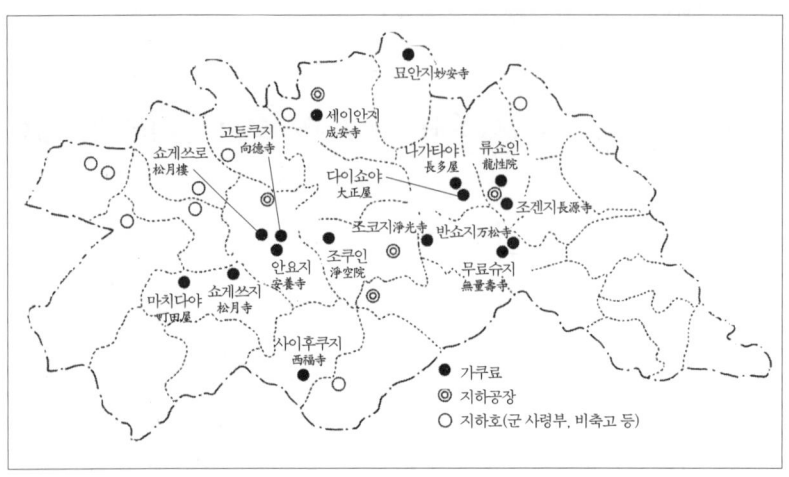

히키 지역의 집단소개 가쿠료와 지하 군사시설
(당시의 경계)

한 건설 요강〉도 나왔다.

히키 지역의 지하 군사시설이 건설되기 시작한 것은 바로 이때였다. 그리고 5개 남짓 되는 지하공장 중 실로 4개가 비행기 부품 생산 공장이었다. 위의 지도에서 명확히 알 수 있듯이, 지하 군사시설 중에는 집단소개 아동의 생활권과 대단히 가까운 것도 있다. 도시의 항공기 산업을 지키기 위해 지방에서의 자유롭지 못한 소개생활을 강요당한 아이들의 눈앞으로 항공기 공장이 뒤따라온 것이다. 이는 소개 정책이 아이들의 생명을 지키기 위한 것이 아니었음을 여실히 말해주고 있다. 그리고 1945년의 신학기 시작을 전후하여 가쿠료의 통폐합이나 방공상의 이유로 재소개가 활발히 시행되었는데도, 히키 지역을 비롯한 사이타마현 전역에서 항공기 산업의 소개에 따른 위험의 증대를 이유로 한 재소개 움직임은 전혀 볼 수 없었다.

받아들이는 쪽에서의 소개 연구가 갖는 의의 고등학생의 조사활동을 그 고장 사람들이 매우 따뜻하게 도와주었다는 것은 이미 언급했지만, 소개를 받아들인 측의 체험자와 학교 관계자의 협력도 매우 컸다. 도내^{都內}를 비롯해서 먼 곳에 사는 소개 체험자의 소식을 파악하는 일도 별로 힘들지 않았다. 몇 군데 사원에는 아직도 소개 관계자가 방문하기 때문에 연락처를 쉽게 알 수 있었던 것이다. 더구나 그러한 사람들의 대다수가 소개지를 '제2의 고향'이라고 말할 정도로 소개 체험을 차분히 가다듬으면서 우리들의 조사에도 흔쾌히 응해주었다.

패전 후 도쿄도의 구별 귀향률(1945년 10월 10일 현재, 단위: 명, %)

소개구	소개를 받아들인 현	귀향 수	잔류 수	귀향률
고지마치麴町	야마나시	1,268	50	96.2
간다神田	사이타마	687	1,000	40.7
니혼바시日本橋	사이타마	0	1,300	0
교바시京橋	사이타마	2,400	500	82.8
시바芝	도치기 · 야마나시	3,600	1,000	78.3
아자부麻布	도치기	1,208	100	92.4
아카사카赤坂	도쿄(산타마三多摩)	230	100	69.7
요쓰야四谷	야마나시	672	50	93.1
우시고메牛込	도치기 · 후쿠시마	1,639	900	64.6
고이시카와小石川	미야기	2,404	300	88.9
혼고本鄕	도치기	982	1,000	49.5
시타야下谷	후쿠시마	1,521	200	88.4
아사쿠사淺草	미야기	1,356	300	81.9
혼조本所	이와테	50	1,200	4.0
후카가와深川	니이가타	389	2,527	13.3
시나가와品川	도쿄(산타마)	2,930	1,000	74.6
메구로目黑	후쿠시마 · 야마나시	3,438	200	94.5
에바라荏原	아오모리 · 도야마	2,767	1,000	73.5
오모리大森	이와테 · 도야마	4,701	30	99.4

가마타蒲田	아키타 · 도야마	2,247	1,466	60.5
세타가야世田谷	아키타 · 니이가타 · 나가노	5,702	0	100.0
다마가와玉川	(불명)	1,765	0	100.0
시부야澁谷	아오모리 · 도야마	3,580	97	97.4
요도바시淀橋	군마	1,742	870	66.7
나카노中野	후쿠시마 · 나가노 · 야마나시	4,710	0	100.0
스기나미杉並	미야기 · 나가노	8,500	0	100.0
도요시마豊島	후쿠시마 · 야마가타 · 나가노	5,000	300	94.3
다키노가와瀧野川	군마	1,500	606	71.2
아라카와荒川	후쿠시마	3,951	500	88.8
오지王子	군마	4,175	50	98.8
이타바시板橋	군마	2,792	18	99.4
네리마練馬	(불명)	1,704	0	100.0
아다치足立	나가노	4,289	200	95.5
무코지마向島	아키타	2,118	37	98.3
조토城東	야마가타	700	150	82.4
가쓰시카葛飾	니이가타	3,336	0	100.0
에도가와江戶川	야마가타	4,349	0	100.0
합계		94,402	17,051	84.7

특정 현의 귀향률: 사이타마 52.4%, 군마 86.9%, 도쿄 74.2%
(《도쿄대공습 전재지戰災誌》 제5권에서 작성. 잔류 수 가운데 연고 소개아동은 포함되지 않음)

히키 지역뿐 아니라, 사이타마현에 소개되었던 아동 중에는 지금도 받아들인 쪽의 사람들과 교류를 계속하고 있는 예가 많다. 위의 표를 보면, 사이타마현에서는 전후 얼마 지나지 않은 시점에는 소개 아동의 귀향률이 현저히 낮았음을 알 수 있다. 도쿄도는 처음에는 1946년 3월까지 소개 생활을 이어가도록 할 의향이었으나, 부모나 아이들의 요청에 떠밀려 연내 귀향을 결정했다. 그러나 극단적으로 이재율이 높은 지역 등은 돌아가려고 해도 돌아갈 수 없어서 소개지역에 남을 수밖에 없었다. 그러나 이것은 달리 보면 패전 후에 더욱 악화된 식량사정 속에서도 여전히 받아들인 소개아동을 그대로 두고 있는 지방도 있었던 셈이다. 사이타마현의 경우, 당초의 예정대로 다음해 3월까지 소개아동을 그대로 계속해서 두고 있는 곳이 매우 많았다(교바시구의 귀향률이 비교적 높은 것은 받아들인 지역의 대부분이 한랭지인 지치부군秩父郡이었기 때문이라고 생각된다). 이는 니혼바시구를 필두로 하여 소개구의 공습피해가 막대했음을 말해주며, 또한 현내 정·촌町村 단위로 받아들이는 체제가 도움이 되었음을 충분히 짐작할 수 있게 한다. 그리고 이것이 오늘에 이르기까지 지속되는 교류로 이어지고 있다고 생각된다.

그렇다고 사이타마현에 소개되었던 사람들이 모두 당시를 그리워하고 있다는 것은 결코 아니다. 오히려 소개 체험이 괴로워서 머리에 떠올리고 싶지 않다고 말을 얼버무리는 사람 쪽이 더 많은 것 같다. 생각해보면, 우리들의 조사에 협력해준 체험자의 대다수가 당시 6학년생이어서 소개생활의 어려움이 더 커졌던 패전 해에는 졸업을 했으며, 5학년생 이하인 경우에는 다른 가쿠료에서 부러워할 만한 대우를 받은 예가 많았던 것 같다.

그러나 소개생활을 그리워하는 사람도 후회하는 사람도, 소개를 받아들인 사람이나 지역, 또는 가쿠료의 교사에 대해서는 고마움과 불만이라는 양면의 추억을 가지고 있다는 것에 적지 않게 놀라게 된다. 앞에서 언급했듯이, 행정의 목적은 군수산업을 지키는 것일 뿐, 아이들의 생명은 부차적인 것이었다. 소개에 관한 시책의 대부분이 임기응변이었을 뿐만 아니라 받아들이는 쪽에 철저하게 주지시키려는 노력마저 소홀히 한 것이 바로 소개생활이 좋은 지역과 좋지 않은 지역의 차이를 키운 하나의 원인이었을 것이다. 그러나 그 격차의 대부분을 그 지방 사람들의 책임으로 돌렸다고 볼 수 있다.

앞에서 언급한 것처럼, 받아들이는 쪽에서 소개를 연구하는 예는 극히 적은 반면에, 도쿄도를 비롯하여 소개한 측에서의 조사, 연구는 무척 활발하다. 그러나 예를 들어 히키 지역의 지하 공장 근처의 료칸 및 가쿠료에서는 가까운 사원으로 분산 재소개시켜서, 아이들 가운데 소개생활 전반에 걸쳐 어두운 인상을 갖고 있는 예가 있었다. 그들은 지하시설의 군인들 때문에 료칸에서 쫓겨나게 된 사실을 알고 있었을까? 이런 점에 볼 때, 소개 연구를 심화시키기 위해서는 받아들이는 쪽의 소개 수용을 포함한 후방의 역할 전반을 파악하지 않고서는 체험자의 주관만이 개입되기 쉬우며, 무엇보다도 소개 정책의 본질을 놓칠 우려가 있다.

더구나 1945년 6월 이후 미군의 공습 목표가 지방 도시로 옮겨간 탓에 이제까지 받아들이는 쪽의 입장에서만 파악되었던 지방 자신이 소개해야 하는 입장이 되는 경우도 있었다. 받아들이는 쪽, 소개해야 하는 쪽이라고 단순히 둘로 나눌 수 없는 상황에 입각한 종합적인 소개 연구가 요망된다.

교사에게 소개 연구가 갖는 의의_ 종래에는 소개 체험자 자신이 소개 연구를 추진해온 면이 있었지만, 최근에는 대학 관계자를 비롯한 이른바 전문 연구자에 의한 연구도 시작되고 있다. 그런 가운데 학교 현장에서 매일 학생들을 지도하는 교사들의 연구 활동은 그 자체로 무언가 의미가 있다고 생각된다. 나 자신은 이에 관해 다음과 같이 생각한다.

첫째는 지금까지 서술한 대로 학생의 학습 활동에 커다란 도움이 된다는 점이다. 학생 자신이 조사활동을 하든, 조사의 성과를 교재로 활용하든 간에, 학생에게 주는 영향이 크다.

둘째는 교사의 전쟁 책임을 단적으로 물을 수 있는 테마이며, 현재 교직에 종사하고 있기 때문에 남의 일로 지나칠 수 없는 문제를 다수 포함하고 있는 점을 들 수 있다. 이런 문제의식을 심화시키기 위해서는 다음과 같은 접근방법을 생각할 수 있을 것이다.

우선, 교육사상과 운동의 관점에서 접근하는 것을 생각할 수 있다. 다이쇼기부터 쇼와 10년대 초반에 걸쳐 생활작문 교육의 흐름은 철저히 아동 본위였다. 그러나 생활에 뿌리를 둔 교육을 목표로 하는 사조는 파시즘의 광풍 속에서 편협한 애국심을 기르는 향토교육으로 변질되었다. 집단소개가 결정되었을 때, 전통색이 짙게 남은 지방에서 이상적인 '전인교육'을 펼칠 수 있다고 기뻐한 인솔 교사도 적지 않았다. 소개 교육의 이념에 관해서는 작문교육에서 이어지는 연속성을 지적할 수 있지 않을까 생각한다.

이와 관련해서 교사가 각각의 소개지에서 전개한 교육활동의 측면에서 접근하는 것도 가능하다. 소개지에서 아동들을 비인도적으로 대한 경우는 할 말이 없다고 해도, 모든 아이들을 위한다고 믿고 했던 '연성교육鍊成教育'이 사실은 아이들에게 한없는 고통을 준 것에 대한 역사의 심판은 아직 이루어지지 않았다. "그 시대에는 어쩔 수 없었다"는 목소리가 압도적으로 많지만, 한편에서는 소개 교육의 책임을 느끼고 교직을 떠난 교사도 소수나마 있었다.

그러나 모든 책임을 교사가 져야 하는 것이 아님은 말할 필요도 없다. 엉성한 소개 정책이나 잘못된 교육행정을 추궁해야 한다는 것도 당연한 말이다. 그리고 이런 관점에서의 접근이야말로 가장 우선시할 필요가 있다고 생각한다. 행정에 충실한 교사가 아이들을 불행하게 만들었다고 사회의 비판을 뒤집어쓰는 상황은 현재 한층 심해지고 있다고 생각하기 때문이다.

2. 히로시마의 교가

'고귀한 주군의 성스러움'이란?_ 교토의 소학교에서는 "옛날의 스자쿠오지朱雀大路는 이제 우리가 노는 번화한 광장으로"라고 노래했다. 다카라즈카寶塚의 중학교에서는 "무코야마武庫山에 오르니 바람이 불어 옛날을 지금으로 사카세가와逆瀬川"라고 노래하고, 니시노미야西宮의 고등학교에서는 "무코六甲의 산맥 활짝 개고, 녹색 짙은 가부토야마甲山"라고 노래했다. 이런 교가를 흥얼거리면, 금세 그리운 친구나 선생님의 얼굴이 떠오르고, 학교와 지역에 뿌리내린 추억들이 가슴에 스친다. 그런 내가 히로시마의 고등학교 교사가 된 지 4반세기, 지금은 이런 교가를 듣고 있다.

1. 리조鯉城의 옷자락 하쿠시마白島에/ 맺은 인연 그리워할 우리의 만남/ 영원히 찬란한 다홍빛의/ 고귀한 주군의 성스러움이야말로/ 보고 본받아야 할 주군으로 우러러 보고/ 우리들은 그러한 모범이 되리
2. 녹색 빛 짙은 후타바야마雙葉山/ 상록의 절개 가슴에 품고/ 솔직한 마음은/ 힘든 일 즐거운 일 많은 세상에/ 모험을 기다리는 정숙한/ 검은머리 긴 우리들이 되리

‘리조’는 히로시마성, ‘하쿠시마’는 학교가 위치한 지역의 이름이다. 여자고등학생의 맑은 목소리에 잘 어울리는 곡이다. 간소하고 아름다운 노래라고 생각한다. 그러나 "고귀한 주군의 성스러움"이라는 것은 무엇인가? 나의 학교에서는 교가 연습을 해도 가사의 의미를 가르치지는 않으므로, 학생들은 당연히 ‘성스러움’의 의미도 모른다. 과연 이대로 좋은 것일까?

무릇 교가라는 것은 "학교에서 교풍을 드러내기 위해 특별히 제정한 노래"이다. 교가에는 교육목표나 교육방침, 교훈이나 건학정신이 나타나 있어서, 입학식이나 졸업식 등의 학교행사 때 불린다. 그 밖에도 학교생활의 여러 장면에서 교가를 부르고, 그런 기회를 통해 아동이나 학생들(때로는 교직원이나 졸업생도 포함해서)은 학교에 대한 소속감이나 일체감을 높이는 것이다.

히로시마의 교가는 ‘평화’를 노래한다_ 내가 근무하는 야스다여자고등학교^{安田女} 子高等學校 사회과학연구부가 1980년과 1985년에 히로시마 시내 중심부(중·남·동·서구)의 소·중·고·대학교의 교가 전체를 조사한 바에 따르면, 히로시마 시내 중심부의 126개 학교 중 같은 교가를 가진 사립 중·고·대학교의 중복을 제외한 112개교 중 61개교, 그러니까 약 절반의 학교 교가에 ‘평화’라는 말이 들어가 있는 것으로 밝혀졌다.

구체적으로는 공립 소학교 57개교 중 33개교(58%), 사립 소학교 3개교 중 2개교(67%), 공립 중학교 21개교 중 16개교(76%)로, 소학교보다도 중학교의 비율이 높았다. 사립 중학교의 교가는 모두 고등학교와 같기 때문에 세지 않았다. 공립 고등학교는 12개교 중 7개교(58%), 사립 고등학교는 16개교 중 2개교(13%)로, 사립 고등학교보다도 공립 고등학교의 비율이 높았다. 대학은 국·공·사립 7개교 중에서 중·고등학교와 같은 교가를 쓰거나 교가를 제정하지 않은 경우가 4개교였으므로, 이를 뺀 3개교 중 1개교(33%)의 교가에 '평화'라는 말이 들어가 있었다.

더구나 '평화'라는 말이 단독으로 쓰이는 경우는 적고, 다른 단어와 결합해서 다음과 같은 어구로 되어 있는 것이 많았다(괄호 안은 학교 수이다). 평화의 종(10), 평화의 염원(7), 영원한 평화, 평화의 기원(각 6), 평화의 수도(3), 평화의 꽃, 평화의 토대, 평화 일본, 평화의 노래(각 2), 평화의 마음, 평화의 탑, 평화의 색, 평화의 빛, 평화로운 시대, 평화의 샘, 평화의 무지개, 평화로운 길, 평화의 희망, 평화의 언덕, 평화 히로시마, 평화의 사랑, 평화의 나라, 평화의 맹세(각 1).

히로시마의 교가는 '세계 평화'를 노래한다_ 또 한가지 주목할 점은 '평화'가 '세계'라는 말과 결합해서 사용되는 예가 많다는 사실이다.

소학교의 경우

"평화의 종을 울리면서 세계의 아이들과 모두 사이좋게 손을 잡고"(다케야소학교竹屋小學校), "세계의 친구와 이 손을 놓지 말고 흔들리지 않는 평화의 토대를 세우자"(아키소학교安藝小學校), "세계의 평화를 빌면서 이상을 구름과 이야기한다"(와세다소학교早稻田小學校), "넓은 세계에 기쁨과 평화의 노래를 다 함께"(우시타소학교牛田小學校), "녹색 창연한 배움의 교정에서 우리들이 품어 기른 평화의 마음, 손을 잡은 세계의 친구와"(아오사키소학교靑崎小學校), "푸르른 교정에서 활기차게 뛰노는 우리들의 힘으로 평화를 쌓는다, 세계의 사람과 손을 잡으며 걷는다"(미도리마치소학교綠町小學校), "푸르렀던 고향의 꽃피는 봄여름에, 평화의 샘을 떠서 세계에 붓는 우리들은"(고이소학교己斐小學校).

중학교의 경우

"약속한 영원한 평화. 자, 친구와 사이좋게 힘써 만들어갈 젊은 평화를"(노보리초중학교幟町中學校), "젊고 진실한 가슴으로 넘쳐 끝없이 비는 세계의 평화"(요시지마중학교吉島中學校), "손을 잡은 세계의 벗과 우리 힘을 합쳐서 쌓은 영원한 평화"(후타바중학교二葉中學校), "세계의 벗과 손을 잡고 평화의 바람을 이루자. 나아가는 우리 니호중학교"(니호중학교仁保中學校), "드넓은 세계를 꿈꾸며 평화의 염원 가슴에 간직하고 함께 갈고 닦은 깊은 지혜"(구스나중학교楠那中學校), "평화 히로시마, 세계의 사람과 맺은 진실의 자애"(간논중학교觀音中學校), "세계를 잇는 히로시마의 평화의 희망, 영원히 배우는 친구와 맹세해"(이구치중학교井口中學校).

고등학교의 경우

"우리들 자, 손을 잡고 한마음으로 세계의 벗들과, 그 평화 영원히 약속하자"(시립상업고등학교), "델타 히로시마 밝아오는 하늘에 평화의 종을 울린다. 맹세도 생생한 세계의 벗과 이렇게 손잡은 젊은 우리"(세토우치고등학교瀬戸內高等學校).

다시 말해서 소학교 7개교, 중학교 7개교, 고등학교 2개교, 합계 16개교의 교가에서 '국제 평화 문화도시' 히로시마에 어울리게 히로시마의 체험을 세계 평화로 이어가려는 지향성이 나타난다. 16개교는 조사대상 학교 전체 112개교 중 14%이며, '평화'라는 말이 들어간 교가를 가지고 있는 61개교 중 26%로 꽤 높은 비율이다.

전후 30년간 '평화'를 지향_ 또한 '평화'를 가사로 가진 교가와 교가의 제정 연도를 관련지어서 보면, 전전·전중에 만든 교가에는 '평화'라는 말이 들어간 경우가 적고, 전후의 교가에는 '평화'라는 말이 많다. 그러나 전후의 경우에도 최근 교가에는 '평화'가 적다. 교가의 제정 연도를 파악할 수 있었던 것은 조사대상 학교의 약 절반(49개교)밖에 안 되지만, 일정한 경향은 볼 수 있는 숫자이다. 그에 따르면, 전전·전중에 교가를 지은 9개교 중 2개교(22%), 전후인 1945년부터 1975년 사이에 교가를 지은 29개교 중 21개교(72%), 그리고 최근(1976년부터 1985년까지)에 교가를 지은 11개교 중 5개교(46%)의 교가에 '평화'가 들어가 있다.

그리고 전전·전중에 '평화'를 지향하는 교가를 지은 것으로 헤아려진 2개교 중 스즈가미네여자고등학교鈴峯女子高等學校의 교가는 1941년(쇼와 16)에 제정되었지만, 처음부터 가사에 '평화'라는 말이 있었던 게 아니라 전후의 개정에 의해 '평화'로 고쳐진 것이었다. 또한 전후에 교가를 지은 학교 중 '평화'라는 말이 들어가지 않은 학교로 분류된 단바라중학교段原中學校, 우시타신마치소학교牛田新町小學校 교가의 가사에는 '평화'라는 말이 명시되어 있지는 않지만, 각각 "히로시마의 사명을 이루자는 소리 높은 종의 울림"(단바라중학교, 1951년 제정), "세계의 꿈과 인류의 미래를 잇는 희망 하나"(우시타신마치소학교, 1970년 제정)라고 해서 '평화'를 명확히 지향하고 있다. 이 2개교를 더하면, 29개교 중 23개교(79%)가 되어, 전후戰後 30년간에 해당하는 이 시기에 얼마나 강하게 '평화'를 지향하고 있었는지를 알 수 있다.

그렇지만 최근에 지은 교가에서는 사정이 달라진다. 소학교 7개교 중 4개교 교가에 '평화'라는 말이 없다. 중학교는 2개교 중 2개교 모두 '평화'가 있지만, 고등학교는 2개교 중 2개교에 모두 '평화'가 없다. 참고로, 이들 학교 교가의 가사 중에 교육목표가 될 법한 명사나 형용사를 찾아보면, '희망'이나 '진리', '이상' 등의 단어가 눈에 띈다.

전전에서 전후로 ― 교가의 변화_ 1902년(메이지 35)에 고등사범학교가 설립된 이래, 서일본에서 학교교육의 중심 역할을 담당했던 히로시마에서는 대학, 고등학교, 전문학교, 중등학교, 소학교 등의 각종 교육기관이 차례차례 세워져 충실하게 운영되었다. 그러나 한편으로 일본형 파시즘의 확대는 각 학교의 교육방침에 군국주의의 그림자를 강하게 드리웠다. 그리고 1945년(쇼와 20) 8월 6일, 미국의 원폭 투하로 '군사도시 히로시마'는 파멸에 이르고, 소개되지 않은 국민학교 저학년 아동과 시내에 근로 동원을 나가 있던 학생들의 다수가 귀중한 생명을 빼앗기고 희생되었다. 인류 역사상 미증유의 그런 참혹한 체험을 딛고, 전후의 학교교육은 군국주의의 교육에서 평화주의의 교육으로 전환하게 되었다. 그 결과 각 학교의 교육목표나 교육방침을 보여주는 몇몇 교가 중에 전전과는 다른 교가가 등장했다. 전전과 전후 사이에서 변화가 확인된 교가의 예를 몇 가지 소개해 보자.

교가 전체가 바뀐 것

① 히로세소학교廣瀬小學校의 경우. 전전의 교가는 가사 2절에 "신의 숲은

녹색을 잃지 않네/ 저녁 조용한 오마모리^{御守}130)의 종/ 부지런하여 멈추는 일 없는 우리 조난^{町人}이/ 지성의 뜻을 교훈으로 삼아/ 배우는 우리들의 히로세교"라고 노래했지만, 전후 1951년에 제정된 교가의 가사는 다음과 같이 되어 있다. 3절 "세토^{瀨戶} 우라호^{浦浦}의 맑은 파도에/ 끝없이 비네 우리들이 평화를/ 젊은이의 진실은 마을에 넘치고/ 손을 잡고 서로서로 다정히 격려하네/ 아, 즐거운 즐거운 우리 배움터".

② 구사쓰소학교^{草津小學校}의 경우. 1873년 문을 연 구사쓰소학교의 전전^{戰前} 교가는 "주군의 은혜에 즐거워하며/ 이 학교에 모인 아이"라는 말로 시작해서 "야마토고코로^{大和心}의 벚꽃/ 향기 나는 사람이 될 것이로다"라는 가사로 끝을 맺고 있지만, 전후의 교가는 다음과 같다. 교가 3절은 "평화 빛나는 천지에/ 새벽녘에 열린 신문화/ 끝까지 탐구하는 1천의/ 어린 대나무 흔들려 바람 향기/ 일곱 개천의 물도 맑아"이다. 옛 교가의 '주군의 은혜로'는 새 교가에서는 '평화 빛나는 천지에'라고 결정적으로 바뀌었다.

③ 세토우치고등학교^{瀨戶內高等學校}의 전신은 마쓰모토상업고등학교^{松本商業高等學校}로, 1927년 이래 "푸른 물결 흐르는 후타바야마^{二葉山}/ 소나무의 시원한 바람소리"라는 교가로 불렸지만, 1954년에 제정된 교가는 "밝아오는 하늘에 울려 퍼진다/ 평화의 종은 무엇을 깨우치나/ 향긋하고 맑은 문화의 꽃을/ 두루 피우는 젊은 우리들/ 세토우치 학원 사명은 무겁네"라는 가사로 바뀌어 전후의 평화주의를 반영하고 있다.

④ 후나이리고등학교^{舟入高等學校}의 전신인 히로시마시고등여학교^{廣島市高等女學校}의 교가는 "글 숲을 파헤쳐 들어가는/ 우리들 배움터의 소녀들은/ 아침

---

130) 나쁜 운을 물리치고 좋은 운을 가져다준다는 부적과 같은 것.

저녁으로 부모를/ 몹시도 그리워하며 공부에 힘쓴다"라고 되어 있었지만, 1958년에 제정된 현재의 교가는 1절에서 "아카시아에 빛나는 세기의 빛/ 젊은 시절 맑게 눈썹을 치켜 올리고/ 게으름 피우지 않는 우리들은/ 진리에 살아가는 긍지가 있네/ 영기가 있네/ 뚝 솟은 우리의 교사校舎/ 자줏빛 깃발/ 우리들의 깃발"로 시작해서, 2절에서는 "오직 우리들은/ 이상에 살려는/ 환희가 있네/ 평화가 있네/ 우뚝 솟은 우리의 교사/ 자줏빛 깃발/ 우리들의 깃발"이라고 끝맺는다. 상징색인 '자줏빛 깃발'로 후나이리고등학교를 상징하고, 진리와 이상으로 살아가며, 자랑과 영기, 환희와 평화를 추구하는 교풍을 노래한 것이다.

교가의 일부가 바뀐 것

① 스즈가미네학원鈴峯學園의 경우, 1941년에 만들어진 교가는 1절에서 "아침 해 비친 스즈가미네/ 영원히 기상 높고 우뚝 솟아라/ 천황이 다스리는 일본의 소녀 우리/ 마음의 거울을 닦는 것은/ 모든 나라에 온 천지에/ 소망과 기쁨 가득 차고"라고 되어 있었지만, 전후에는 가사 중에서 '천황이 다스리는 일본의 소녀 우리'가 '평화 일본의 소녀 우리'로 바뀌었다.

② 히로시마현립 히로시마상업고등학교의 교가는 1914년에 제정되었는데, 전후에는 네 군데에 걸쳐 바뀌었다. 먼저 1절의 "아아, 산뜻하고 아름다운 이쓰쿠시마厳島/ 조류에 우뚝 서 있는 오도리이大鳥居/ 모도艨艟 떼지어 있는 구레呉 바다/ 배가 모이는 우지나宇品의 나루/ 예나 지금이나 의기양양 오르내리는/ 아아 히로시마상고의 내 친구라네" 중에서 "모도 떼지어 있는 구레 바다"는 "조석으로 향긋한 물결 이는 바다"로 바뀌었다. '모도'는 군함, 즉 거대한 전투용 선박으로, 전후의 일본에는 부적합한 가사였

기 때문이다. 2절의 "상서로운 구름 높은 어편전御便殿/ 상서로운 연기 짙은 위인의 비碑"는 "하얀 구름 높은 와호臥虎의 산, 향기도 기품 있는 위인의 비"라고 바뀌었다. 메이지 천황의 청일전쟁과 관련이 있는 '어편전'이라는 말이 적합하지 않았기 때문이다. 4절의 '인의의 길에 힘쓴 5년'과 '남자의 본령을 세상에 떨친다'는 히로시마상고가 남녀공학의 신제 고등학교로 개편되었기 때문에, 각각 '인의의 길에 힘쓴 3년'과 '우리의 본령을 세상에 떨친다'로 바뀌었다.

③ 덴마소학교天満小學校에서는 1939년 이전에는 "역대 천황의 빛을 받아/ 배움터에서 가르침을 받는 백성들"이라는 교가가 불렸지만, 이후에는 "덴마天満의 맑은 냇물에 매화 향기 풍기고/ 충과 효의 길에 세워진/ 우리들의 숭고한 배움터를/ 받들자, 받들자, 자! 받들자"라는 가사로 바뀌었다. 그러나 전후에는 '충과 효의 길에 세워진'은 '성실과 사랑의 길에 세워진'으로 바뀌었다. 《덴마소학교 창립 백주년 기념지》는 이 점에 근거해서 "우리들이 지금 부르고 있는 것과는 조금 다르다. 비교해보자. 그 시대에는 나라의 힘을 강하게 하는 데 진력했으므로, 충(천황을 위해 목숨을 내놓고 행동하는 것)과 효(부모를 소중히 받들고 명을 따르는 것)가 교육의 중심이었던 것이다"라고 쓰고 있다. 전전에서 전후로의 교육의 전환이 덴마소학교 교가가 바뀐 이유였다.

교가의 일부가 생략된 것

① 히로시마여학원廣島女學院의 현재 교가는 2절로, 그 내용은 "신의 은혜로 꽃을 피우고/ 색깔도 기품 있는 붓꽃/ 물의 도시에 자라나서/ 역사는 영원히 계속되리, 아! 영광스런 여학원", "아침저녁으로 몸을 단련하고/ 신

과 함께 공부해서/ 빛나는 앞길을 꿈꾸며/맡은 일 힘쓰고 사랑하는 행동/ 아아! 영광스런 여학원"라고 되어 있는데, 원래는 3절이었다. 교가의 제 정에 대해서 지금의 여학원 학생들이 학교에서 들은 설명은 다음과 같다. "1940년 학원의 교가를 제정하기 위해 학생들을 대상으로 가사를 현상 모 집했다. 응모해서 당선된 가토 후미코加藤史子 씨의 가사를 가지고 쓰가와 게이이치津川초ㅡ 씨에게 작곡을 의뢰해서 교가가 탄생했다. 교가는 3절까 지 있었으나, 제2절은 전후 민주주의의 정신에 맞지 않아서 생략되고 1절 과 3절만 부르게 되어 오늘에 이르렀다. 불리지 않는 제2절의 가사는 다 음과 같은 것이었다. "천황의 가르침 경외로워/강하면서 품위 있는 일본 여성의 품성을 갈고 닦아/보답할 날 기다리네, 아! 영화로운 여학원".

② 야스다학원安田學園의 교가는 1915년에 제정되었는데, 《야스다학원 50 년사》에는 "가사는 현재 2절이지만 원래는 3절로 쇼와 20년까지는 불렸 다"고 되어 있다. 그 가사는 "아아 곱고 단란한 성스러운 칙어 경외로워/ 원생이 꽃피운 향기/ 안으로 맑은 소리에 명석해지네/ 숭고한 사명을 이 뤄야 하네/ 사이도 깊은 이 단란함"이라고 되어 있다. 패전과 함께 교육칙 어는 효력을 상실했으므로, '성스러운 칙어'라는 말이 들어간 교가 3절이 불리지 않게 된 것은 당연하다. 1절의 가사 중에 있는 '고귀한 주군의 성 스러움이야말로'는 절대주의 천황제 시대의 흔적이 남은 것으로, 천황을 의미한다.

학교에 어울리는 교가_ 일반적으로, 전전부터 있었던 사학의 경우는 '건학의 정신'을 중시한 나머지 보수적인 경향이 강하다. '고귀한 주군의 성스러 움'(야스다), '성스러운 미아토 성스럽게 서 있다', '야마토 소녀의 길과 노

력'(히지야마比治山), '우리들도 맑은 마음으로 여성의 덕을 쌓아간다'(신토쿠淸
德), '우리 여성들도 나라를 위해 서로 사이좋게 지내는 데 힘써'(여자상업학
교) 등과 같이 되어 있는 데서 보듯이, 전전부터 이어져 내려온 여학교에
서는 이런 경향이 더욱 강하다.

교가는 교풍을 사상적이면서 예술적으로 표현한 것이지만, 학교가 공
교육의 터전인 이상 교풍도 역시 주권재민·인권존중·평화주의의 헌법
원칙이나 교육기본법의 원칙에 근거해야만 할 것이다. 기미가요君が代를
둘러싼 논의는 그대로 교가를 둘러싼 논의이기도 하다. 그러나 이에 대한
대처는 아직 미약하다. 일본정부도 비준한 '아동권리조약'은 아동이 모든
종류의 정보를 구할 자유, 자신과 관련된 모든 문제에 의견을 표명할 수
있는 권리를 보장하고 있다. 아동이 교가에 대한 설명을 요구하고 그들의
의견을 표명하기 시작한 것은 그리 오래되지 않았다. 그렇기 때문에 한마
디 하고 싶다. 학교의 '인폼드 컨센트informed consent'131는 이제 상식이다. 교
가는 가슴을 펴고 설명할 수 있는 것이면 좋겠다. 학교는 인간적 이상을
높이 내걸면 좋겠다. 학교에는 헌법과 교육기본법의 원칙을 토대로, 인간
의 존엄과 이상을 높이라고 노래하는 교가가 어울린다.

(*이 글은 《역사지리교육》 56호(1997년 9월호)에 게재한 〈고귀한 주군의 성스러움:
교가의 연구〉에 일부 내용을 가감한 것으로, 최소한의 수정에 그쳤다. "학교교육은 전
전과 전후에 어떻게 변화했을까? 전후 민주주의 교육의 목표는 무엇이었을까? 이를
교가의 분석을 통해 생각해보려 한다"는 문제의식은 '헌법·교육기본법 50년'이라는

---

131) 의사가 치료방법을 환자에게 설명하고 동의를 얻는 일. 여기에서는 학교가 교가에 나타나 있는 교육의 취지
를 학생들에게 설명해야 한다는 의미로 쓰고 있다.

시대상황과 밀접한 관련이 있어서, 이것을 떠나 원고를 다시 쓴다는 것이 도무지 불가능했기 때문이다. 글 첫머리에 있는 "고등학교 교사가 된 지 4반세기"라는 말은 1997년 당시에 그렇다는 것이다. 또한 말미에서 언급한 교육기본법은 개정된 교육기본법이 아니라 1997년 당시의 교육기본법임을 밝혀둔다.)

음악실 피아노에 숨겨진 점령시대사

'일본의 상하이'

사이타마현 도부토조센東武東上線 아사카역朝霞驛 남쪽 출구에서 10분쯤 걸으면 옛 가와고에가도川越街道의 난에이도리南榮通り가 보인다. 미군 점령기(1945~1952년)에 동서로 약 1킬로미터 되는 이 길을 중심으로 한 환락가는 '일본의 상하이'라고 불렸다. '일본의 상하이'라는 것은 '마도魔都'라고 불렸던 전전의 조계지 상하이와 분위기가 비슷하다고 해서 당시 매스컴이 붙인 말이었다.

미 제8군 제1기병사단이 진주했던 1945년(쇼와 20) 9월만 해도 아사카의 '밤의 여자'는 겨우 10명이었으나, 그 후 급증해서 절정을 이룬 한국전쟁 시기에는 약 50배인 500명으로 늘어났다.

〈별은 흐르는데〉

1935년 아오모리현에서 태어난 시인이자 극작가인 데라야마 슈지寺山修司 (1983년 사망)는 〈창부에 관한 암흑화보〉(《환상도서관》, 가와데문고河出文庫)에서 진주군 베이스캠프 근처의 술집에서 일하던 자신의 어머니를 말하고 있다. 데라야마 슈지의 어머니는 〈별은 흐르는데星の流れに〉(기쿠치 아키코菊池章子 노래, 시미즈 미노루清水みのる 작사, 도네 이치로利根一郎 작곡, 오쿠보 도쿠지로大久保德二郎 편곡, 1947년)를 노래하면 반드시 눈물을 흘렸다고 한다. "이 여자에게 누가

했는가?"로 끝나는 이 노래에는 생활을 위해 몸을 팔았던 '밤의 여자'들의 슬픔과 한과 분노가 서려 있다. 전쟁이 끝나고 얼마 지나지 않은 혼란기에 히트했던 이 노래는 당시 여성들이 처해 있던 상황과 형편을 잘 반영하고 있다.

'밤의 여자'가 갑자기 나타난 것은 아니다. 그것은 일본의 공창제도와 깊은 관련이 있다. 즉, 전시 중에 일본군 '위안부'가 패전 직후에 점령군 '위안부'로 바뀌고, 그 연장선상에 '밤의 여자'가 등장하게 되었던 것이다.

1945년 8월 16일, 스즈키 간타로鈴木貫太郞 내각이 총사퇴하고, 다음날인 8월 17일에 히가시쿠니노미야 나루히코東久邇宮稔彦 내각이 들어섰다. 패전 사흘 후인 8월 18일에는 점령군이 나서지 않았는데도 점령군을 위한 섹스 대책인 일본국 공인 매매춘 시설이 제안되었다. 말하자면 국가 매춘 조직의 설립이었다. 8월 26일에 RAA^{Recreation and Amusement Association}, 즉 '특수위안시설 협회'가 만들어졌다. 당시 치안대책을 주로 담당했던 내무성 경보국장의 이름으로 전국의 경찰서장들에게 내린 비밀 통달인 '외국군 주둔지에서의 위안시설에 관한 내무성 경보국 국장 통달'이 무전으로 보내져, 경시청은 전대미문의 '매춘 권장'을 하게 되었다. 이로써 점령군의 성 처리 대책으로 '특별 여자종업원'인 국가 공인 매춘부가 등장했던 것이다. 1946년 3월 10일, 미국 본토에서 항의가 들어와 시설은 폐쇄되었지만, 매춘부는 아무런 보장도 없이 사회에 내팽개쳐져 어느 사이에 '팡팡^{パンパン}'이라고 불리게 되었다.

이 '팡팡'을 테마로 〈별은 흐르는데〉를 노래한 기쿠치 아키코가 애용했던 피아노가 아사카시朝霞市의 공립 중학교에 놓이게 되었다. 생각지도 않은 역사의 우연한 만남이었다.

기증된 피아노

기쿠치 아키코의 피아노가 사이타마현 아사카시의 중학교에 기증된 것은 1983년 6월의 일이었다. 마침 그 무렵은 전국적으로 교내폭력이 난무했던 시대여서, 학교 내 기물 파손이 적지 않았다. 당시 그 학교에는 음악실이 두 군데였는데, 음악실의 피아노도 심하게 파손되어 있었다. 당연히 학교 비품인 피아노를 새로 구입해야 했지만, 학교예산에도 제한이 있어서 한 번에 2대를 구입할 수가 없었다. 그러한 시기에 당시 학교장과 사친회 회장이 여러 차례 이야기를 나누던 중에 음악실의 피아노가 화제에 올랐다.

다음은 당시 사친회 회장이 들려준 이야기이다.

"기쿠치 아키코 씨는 이미 일선의 현역가수에서 은퇴하여 신주쿠^{新宿} 구청 인근에 '클럽 기쿠치'라는 가게를 운영하고 있었어요. 몇 번인가 거기로 술을 마시러 간 적이 있었습니다. 클럽의 마담이었던 기쿠치 씨 자신이 곧잘 피아노를 치면서 노래를 불렀습니다. 여느 때와 마찬가지로 그날도 술을 마시러 갔는데, 가게의 피아노가 오래되어서 새 피아노로 바꾼다는 게 아닙니까. 엉겁결에 '그럼 그 피아노는 어떻게 할 거냐'고 물었지요. 처분한다고 하기에 학교에 기증하면 안 되겠느냐고 요청을 했더니, 쾌히 승낙을 했습니다. 운반비 등 어려운 문제가 있었지만, 교장선생님과도 상의하여 사친회 회장으로서 책임을 지고 기쿠치 아키코 씨의 피아노를 기증받게 되었습니다."

이렇게 해서 기쿠치 아키코의 피아노 소리가 음악실에 울려 퍼지게 되었다.

후일담

기쿠치 아키코가 즐겨 부른 〈별은 흐르는데〉는 '꽝꽝'의 애창가가 되었다. '일본의 상하이'라고 불렸던 지난날의 아사카에도 기쿠치 아키코의 그 노래를 흥얼거리거나 또는 그 가사와 같은 생활을 한 사람들도 있었을 것이다.

기쿠치 아키코의 피아노는 1996년(헤이세이 8) 6월에 손상이 심해져 폐기되고 말았다. 지금 생각하면, 피아노를 기증받은 당시의 교사가 다른 학교로 전근을 간 것이 '폐기'의 주된 원인이었을 것이다. 피아노의 유래가 전해지지 않았던 것이다.

이렇게 해서 기쿠치 아키코의 피아노는 13년간 공립 중학교의 현장에서 노래연습 등에 활용된 후 조용히 그 소임을 끝마쳤다.

그러나 이 사실을 기쿠치 아키코는 알고 있을까? 1999년 7월 9일, 한 텔레비전 프로그램에 출연한 기쿠치 아키코의 〈별은 흐르는데〉를 들으면서 다시 생각이 났다. 즉시 방송사에 전화를 걸어 기쿠치 아키코의 연락처를 알아두었다. 그러나 기쿠치 아키코의 매니저와 연락을 취한 것은 그로부터 약 1년 후인 2000년 8월이었다. '연락을 해도 일개 교사에게 쉽게 응할까' 해서 한동안 전화 걸기를 주저했던 것이다. 그러나 결심을 하고 전화를 했더니 매니저인 O씨가 친절하게 응해주었다. 매니저는 그 피아노 이야기를 곧바로 기쿠치 아키코에게 전했다. 몸이 좋지 않아서 입원하고 있던 기쿠치 아키코는 눈물을 흘리면서 감격했다고 한다. 그렇게 해서 다음과 같은 코멘트까지 들을 수 있었다. "내가 언제나 애용했던 그랜드 피아노가 인연이 닿아서 아사가제2중학교에서 13년간에 걸쳐 사랑을 받은 것은 (…) 정말로 기쁜 일입니다. 사람도 나이를 먹는 것과 마찬가지로 피아노도 나이를 먹네요. 나도 올해로 가수생활 65년을 맞이했습니다. 지금도 〈별은 흐르는데〉를 꼭 부릅니다. 나의 보물이니까요. (…) 피아노 이야기를 들으니 옛날의 아름다운 기억들이 주마등처럼 뇌리를 스쳐 지나갑니다. 피아노를 소중하게 사용해주신 여러 선생님, 학생들에게 진심으로 감사드립니다. 정말로 고맙습니다."

2002년 4월 8일, 여러 신문 조간에 '기쿠치 아키코 씨 사망'이라는 기사가 실렸다. "〈별은 흐르는데〉, 〈안벽의 어머니岸壁の母〉로 알려진 가수 기쿠치 아키코 씨가 7일 심부전증으로 도쿄도의 한 병원에서 사망했다. 78세였다."(《마이니치신문》)

기쿠치 아키코는 죽었지만 노래는 남아 있다. 기쿠치 아키코가 22살이던 때 〈별은 흐르는데〉를 녹음했다. 그 자신이 블루스로 노래하고 싶다고 해서 편곡을 마친 것이 〈이 여자에게 누가〉, 즉 나중의 〈별은 흐르는데〉였다. 처음에는 '이 여자에게 누가'라는 것이 곡명이었던 것이다. 그렇지만 GHQ의 검열에서 곡명을 바꾸도록 한 탓에 '별은 흐르는데'가 된 경위는 잘 알려져 있지 않다.

학교교육의 현장에서 사회과 교사로 현대사, 특히 전후사戰後史를 가르칠 기회는 다행스럽게도 아직 있다. 기쿠치 아키코의 〈별은 흐르는데〉를 아이들과 함께 들으면서, 전쟁으로 인한 죄악과 패전 직후의 혼란기를 살았던 여성들의 애환에 대해서 역시 아이들과 함께 생각해보고 싶다.

제3부

학교의 역사를 공부한다

· 제1장 ·
수업에서 공부한다

1. '학교'의 교재화

'학교'를 교재로 한 역사수업 만들기에 즈음해서는 무엇보다도 아이들의 눈높이에서 학교의 역사를 채택하여, 가능한 한 구체적으로 어떠한 교육이 행해지고 있고 아이들은 어떻게 받아들였는지를 교재 중심으로 생각해보고자 한다. 우선 근대사의 시기구분에서, 다음 다섯 시기에 초점을 맞추어보면 어떨까?

학교의 시작 시기(개화계몽기)_ 1872년(메이지 5)의 학제 반포로 일본의 소학교 교육이 시작되었다. 정부는 재정난 때문에 소학교의 설립 및 유지를 각 지역에 맡기는 것을 정책의 기조로 삼았다. 이 때문에 지역의 유력한 자산가나 지주가 학교 설립에 큰 역할을 했다. 또 그때까지의 데라코야 교육과는 달리, 신분이나 가문에 관계없이 일정한 연령의 아동이 한 학급에서 같은 것을 배우게 되었다. 이를 위해 공통의 교과서나 괘도 등을 만들었다. 그래서 이 무렵에 설립된 지역의 소학교를 교재로 삼았으면 한다.

1980년대의 수업실천이기는 하지만, 야마모토 노리토山本典人 씨는《소학교의 역사교실》이라는 책에서 1시간 수업으로 학교를 다루었다. 당시 교과서로 사용된 후쿠자와 유키치의《학문을 권함》이나《세계국진世界國盡》을 사용해 아이들과 함께 수업 재현에 몰두했다. 당시 아동이 학교에서 배우는 지식의 신선함을 느낄 수 있게 하고 싶다는 목표 때문이었다.

다이쇼 신교육의 시기_ 1918년(다이쇼 7)부터 간행된 동화잡지《빨간 새》는 당시 일류의 집필진을 갖추었을 뿐 아니라 아동의 글짓기운동 등에도 힘을 불어넣었다. 학교현장에서는 그 새로운 교육사상에 영향을 받으면서, 아이들에게 사물을 있는 그대로 대하고 관찰해서 표현하는 힘을 길러주는 실천이 전개되었다.

내가 사는 나라奈良에서는 1932년(쇼와 7)에 교육잡지《배움의 학원》이 창간되었다. 현내의 각지에서 생활하는 아동들의 글을 모아 싣고 있어서, 아이들 한 사람 한 사람의 사물을 보는 법이나 사고방식, 느끼는 방식을 기르는 교육실천이 확대되고 있음을 엿볼 수 있다. 이것들을 교재로 활용할 수 있다.

군국주의 교육 시대_ 전쟁이 시작되자 남자아이들 사이에서는 전쟁놀이, 여자아이들 사이에서는 간호사놀이가 유행했다. 학교교육에도 군국주의의 색채가 짙어졌다.

심상소학교는 1941년에 국민학교로 이름이 바뀌었다. 이 무렵에 이르면 출정병사의 전송에 그치지 않고, 만몽개척 청소년의용군에 고등과 학생들을 내보냈다. 전사자의 장례식이 있으면 참례했으며, 운동장은 밭으로 변해서 수업은 풀베기 봉사나 식량증산을 위한 근로봉사 시간이 되었다. 도시에서는 학동소개가 실시되었다.

내가 소학교 교사로서 근무하기 시작한 1982년에는 전쟁을 체험한 교사가 어느 학교든 아직 남아 있을 때였다. 당시 강한 인상을 받았던 이야기가 지금도 생각난다. 한 사람은 하마다 히로미浜田博生 씨(당시 이치부소학교壹分小學校 교감)로 1931년생인데, 자신의 소학교 추억을 수업에서 말했다. 4학년이었을 때, 미국과의 전쟁이 시작되던 날 학급일지에 "오늘부터 일본은 미·영과 전쟁을 시작했습니다. 이기면 좋겠습니다"라고 썼다. 하마다 히로미는 교무실에 불려가 교장과 담임에게 호된 꾸중을 들었다. "이기면 좋겠습니다"가 아니라 "일본은 승리합니다"라고 써야 한다는 것이었다. 또 5학년 국사 시간에 진무천황을 학습하는데, "어디서 날아왔나 금색의 솔개/ 천황이 갖고 계신 활 앞에 앉아/ 그 빛을 강렬하게 비추어/ 악한 자들의 눈이 멀어 싸울 수 없게 하고……"라고 교과서에 나와 있었다. "진무천황은 눈이 부시지 않으셨습니까?"라고 질문을 했다가, 몹시 혼났다. "진무폐하께서 눈이 부실 리가 없다. 신이시기 때문이다"라는 것이었다. 소년이 가질 수 있는 의문 자체가 허락되지 않았던 것이다.

어쨌든 전후 시기까지 자신의 전쟁 체험을 말하는 교사나 학부모가 있어서, 전쟁 체험을 중심으로 하는 교재화가 활발히 이루어지고 있다.

전후의 민주화, 교육개혁의 시기 패전 후, 학교교육은 군국주의적·국가주의적 교육을 부정하는 데서 출발했다. 문부성은 총검도 및 사격 용구의 철거, 국어와 산수교과서 중 군국주의적 내용의 삭제, 그리고 '먹칠하기'를 지시했다. 모든 학교에서 '어진영'을 떼어내고 '봉안전'을 철거했다. 1947년 3월에 교육기본법이 만들어졌다.

나는 근무하던 학교인 이코마미나미소학교生駒南小學校 교가(1953년 제정)의 가사("자유의 나라에서 자라나…… 평화를 찾아 바른 길로 나아가는 우리들의 힘")에서 당시 시대의 숨결이 전해지는 것을 느끼며, 전전의 교가와 비교하는 것을 교재로 삼았다(〈졸업을 앞두고 교가의 역사를 배운다〉,《어떤 아이도 성장한다》 2000년 10월호).

고도 경제성장의 시기_ 그 후 나는 이코마미나미소학교의 역사를 몇 년에 걸쳐 발굴하여 〈미나미소학교의 역사〉로 정리했다(《미나미의 아이》 제18호, 2004년). 그 과정에서 내가 생각했던 것은, 학교를 교재로 삼아 전후 지역사회의 발전을 가르칠 수는 없을까 하는 것이었다.

예를 들면 1961년 9월 16일 제2무로토 태풍第二室戸台風이 몰아쳤을 때는 창유리가 깨져 복도나 교실에 흩어지고, 학교건물은 큰 피해를 입었다. 그래서 "빗물이 점점 더 들어오고, 바닥에 동전을 떨어뜨리면 갈라진 틈으로 굴러 떨어지고, 복도를 약간만 뛰어다녀도 다른 학급은 수업도 하기 힘들어……"라고 말하는 아이들의 목소리를 받아들여, 보호자와 교직원이 교사신축 운동을 전개하기에 이르렀다(같은 시기에 아동의 체력향상을 목표로 한 급식 우유 개선운동을 보호자가 제기했다. 당시의 우유는 탈지분유를 녹인 상태 그대로였는데, 6년 후에야 겨우 전유全乳가 되었다).

그 후 학교 주변에서 택지개발이 진행되면서 학생 수가 급증했다. 창립

100주년인 1974년의 경우 19개 학급에 624명이었지만, 1981년에는 34개 학급에 1,295명으로 증가했다. 그리고 곧이어 1982년에 이치부정壹分町을 학군으로 하는 이치부소학교가 개교해 미나미소학교는 29개 학급에 1,102명으로 증가 추세가 멈추게 되었다. 다음해인 1983년에는 고비라오정小平尾町, 오토다정乙田町(지금의 하기노다이정萩の台町) 등을 학군으로 하는 이코마미나미제2소학교가 개교해 미나미소학교는 19개 학급, 688명의 중간 규모로 안정을 되찾았다.

소학교의 역사를 읽으면 일본 사회의 큰 변화를 느낄 수 있다. 전쟁이 끝난 직후의 학교만 보아도 교육칙어와 어진영의 반환, 새로운 교가의 제정은 일본 사회의 민주화 정책과 일체를 이루고 있다. 탈지분유를 녹인 우유에서 전유로 바뀐 것이나 학교급식의 실시는 교육기본법에 정해진 교육의 기회균등을 보장하기 위한 시책이었다. 교사校舍 신축은 마침 고도 경제성장기 중에(학교 신설은 택지개발과 궤를 같이하며) 실현되었다.

이런 움직임과 지역사회의 관련성도 중요하다. 기마타 기요히로木全清博 씨도 말했던 것처럼 "소학교는 단순히 문자나 수를 가르치고 아이들에게 지식을 심어주는 교육의 터전일 뿐만 아니라 지역주민에게는 없어서는 안 될 커뮤니케이션 센터이며, 또한 지역에서 자라는 아이들에게 모아지는 뜨거운 기대나 바람을 실현하는 장으로 여겨져 왔던"(《시가滋賀의 학교사》, 분리카쿠文理閣, 2004년) 것이다. 경제성장이 진행되던 중에 이코마미나미소학교의 교사신축 운동을 벌인 지역사회의 움직임을 그냥 지나쳐서는 안 될 것이다.

2. 탁본 만들기로 배우는 학교사료와 지역

"메이지 시대에 만들어진 것은 다가소학교^{多賀小學校}의 문뿐입니다. 다가소학교의 문은 뒤쪽에 글자가 새겨져 있고, 돌로 만들어져 있습니다. 정말로 오래된 문이라는 것을 알 수 있습니다." 이는 학교 조사에 나섰던 소학교 4학년생 오바^{大庭} 양의 감상이다. 이 아동은 왜 문의 '뒤'에 주목했을까? 그것은 거기에 새겨진 글자에 마른 갱지를 대고 크레용으로 쓱쓱 문질러 베꼈기 때문이다.

나에게는 그것도 학교사료의 활용이다. 이에 질세라, 아이들은 교사^{校舍}와 체육관 머릿돌에 새겨진 글자를 온 힘을 다해서 모사했다. 이 '크레용 탁본'을 학급의 벽에 게시하자, 다가소학교 건립의 역사가 드러났다.

그러나 나무로 지은 북쪽 교사와 중정에 있는 '표주박 연못'에는 머릿돌이 없어서 준공 연도를 알 수 없다. 어떻게 하면 알 수 있을까? 아이들은 빠진 부분을 찾아나서는 마니아의 심경이 된다. 그때 《창립기념지》를 주자, 아이들은 책에 실려 있는 연표 부분에서 그것들이 들어선 연대를 곧바로 찾아냈다.

처음부터 주었다면, 아이들은 그것을 수동적으로 베꼈을 것이다. 그러나 모르는 것을 찾고 있을 때 주면, 확 달려들어서 주체적으로 조사한다. 학교사료는 그처럼 건네는 타이밍으로 살아날 수도 있고 죽을 수도 있다. '빠진 부분'을 알았을 때, 아이들 사이에서는 탄성이 터져 나왔다.

아이들이 조사한 것은 최종적으로 다음과 같이 정리되어 벽연표로 게시되었다.

- 교문(메이지 31년), 북쪽 교사(다이쇼 9년 7월)
- 그 증축 부분(쇼와 27년), 정면 교사(쇼와 40년)
- 표주박 연못(쇼와 43년), 신축 교사(쇼와 45년 3월)
- 체육관(쇼와 49년 5월), 남쪽 교사(쇼와 53년 3월)

평면적으로 들어서 있던 교사校舍는 이렇게 그들 안에서 역사적 과정을 자리매김했다. 아동 수의 추이를 이와 연관지어 생각해보면 학교의 발전상이 더욱 명료해진다. 그러자 왜 다가소학교의 아동 수가 그렇게 늘어갔을까 하는 의문이 솟았다. "알았다! 틀림없이 그것은 '다가'라는 지역의 개발이 진행되었기 때문일 것이다. 좋다, 사실인지 아닌지 조사해보자." 그래서 아이들은 이번에는 지역의 다리나 공공건물, 공원 등이 들어선 연대를 차례차례 크레용 탁본으로 떠갔다. 이를 늘어놓자, 다가라는 지역사회가 어떻게 만들어졌는지가 4학년 학생의 눈에도 명확해졌다. 그 계기는 뭐라 해도 교사校舍를 크레용으로 탁본한 활동이었다. 이런 식으로 하면, 대부분의 학교에서도 실천이 가능할 것이다.

말하자면 좁은 시야를 넓혀서, 학교 전체가 사료라는 입장에 서는 것이다. 그리고 거기에 적절한 방법으로 활동한다면, 이 '학교사료'가 지역 전체를 사료로 삼도록 이끄는 역할도 하게 될 것이다.

이 크레용 탁본은 소학교 6학년생인 하야타ハ┬田 양이 중정에 있는 긴지로상金次郎像을 조사할 때도 도움이 되었다. 받침돌에 새겨진 글자는 한자와 가타카나가 섞여 있어서, 쪼그린 채로 짧은 시간에 틀리지 않고 베껴 쓰기가 어렵다. 그러나 이 크레용 탁본으로 재빨리 떠서 교실에서 해독하면 되는 것이다.

다가중학교 교문 옆의 요사노 아키코 노래비
(다가중학교 3학년 선택과목 사회 수업 학생이 작성)

"성전聖戰 4년, 장차 신동아 건설의 도상…… 이 시기에 학군 학교 일동은 심히 아동교육에…… 쇼와 15년 7월 7일 지나사변 기념일에 이를 세움. 아타미시熱海市 다가심상 고등소학교."

이것을 해독하면서, 그 아동은 긴지로라는 사람에 대해 조사하고, 그의 석총石塚이 왜 당시 다가소학교에 세워졌는지를 세 사람의 교사에게 인터뷰를 하면서 고찰했다.

중학생이라면 크레용이 아닌 정식 습탁본을 뜨는 방법을 가르칠 수 있다. 다가중학교에서 선택과목으로 역사를 배운 학생들은 정문 옆에 있는 요사노 아키코與謝野晶子132의 노래비를 멋진 탁본으로 떠서, 그녀의 사적이나 그녀가 다가에 왔던 이유 등을 조사해서 학습을 발전시켜 나갔다.

이렇게 탁본이라는 '방법'에서 알 수 있는 것은 학교에 있는 여러 가지 것들이 사료가 되고, 효과적인 교재가 된다는 것이다. 우리들이 이런 관점에서 활동한다면, 활용 가능한 학교사료의 범위는 더욱 넓어질 것이다.

---

132) 요사노 아키코(1878~1942). 근대 일본의 문학가, 여성운동가. 서구적 관념에 일본의 전통 감각을 가미한 시, 소설, 수필 등을 발표했으며, 여성문제와 시사문제 등에서도 적극적으로 발언했다. 1904년, 동생이 러일전쟁에 참전하자, 〈너, 죽지 말아라〉라는 시를 발표하여 사회적으로 큰 파문을 일으켰다. 이런 시는 당시 사회에서는 비애국적이라는 지탄을 받았다.

3. 소학교는 어디에 세워졌을까?

교사 평면도에서 생각한다_ 학교사료를 어떻게 발굴해서 어떻게 활용하면 학생들과 함께 공부하는 근현대사 학습이 가능할까? 아타미시립 아지로중학교網代中學校에서 이루어진 '학제' 수업에서는 먼저 지역에 세워진 최초의 소학교를 소개하는 것으로 시작했다. 어느 시·정·촌이든 향토사 책은 있고, 어느 소·중학교든 창립기념지는 있다. 이런 때는 우선 그것을 조사한다. 《아지로소학교 100년사》를 읽으면 "데라코야가 있던 에이코쿠지榮國寺(다이쇼 2년에 폐사)를 빌려서 메이지 6년 10월 19일에 개교했다"고 되어 있다. 그 후 새로 메이지 8년에 건설된 학교건물의 평면도가 실려 있다.

처음에 이 평면도를 제시하며 "현재의 건물과 어떻게 다를까?"라고 발문하면, 자신들의 모교라는 것만으로도 학생들은 흥미를 가지게 된다.

수업에서는 읽고 이해한 것을 학생이 발표하고, 교사는 그것을 보충한다. 그것은 다음의 다섯 가지로 집약되었다.

① 교실이 1학년생부터 4학년생까지밖에 없다. 왜냐하면 의무교육이 4학년까지였기 때문이다.

② 다른 학년에 비해 1학년생의 숫자가 가장 많은 것은 매년 취학률이 높아지고 있기 때문이다. 그 때문에 1, 2학년 학생은 벽으로 나뉘지 않은 교실에서 콩나물처럼 빽빽이 들어찬 채 공부를 했다. 《아타미시사熱海市史》에 따르면 메이지 12년에는 이 4개의 교실에서 총 166명이 배웠다. 그러다가 메이지 37년에는 1.4배인 232명으로 늘어났다. 취학률의 향상이 거

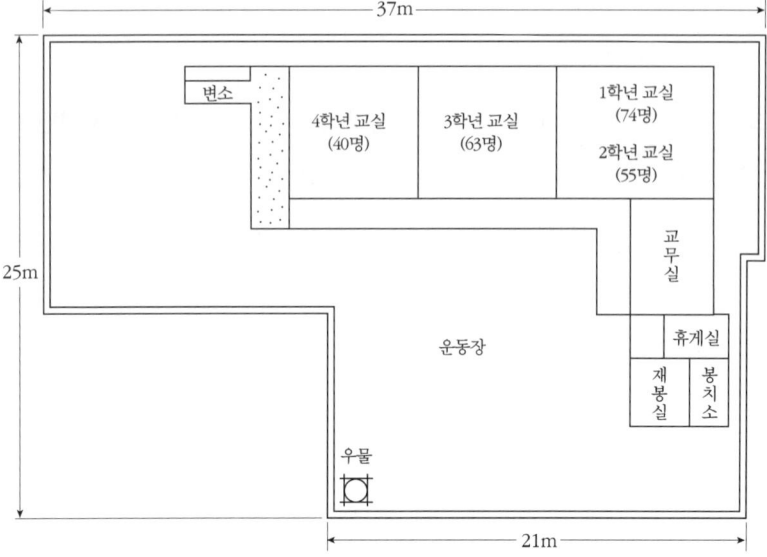

1875년(메이지 8)에 건립된 아지로소학교의 평면도(아타미시 교육위원회, 《아타미》)

꾸로 교육조건의 악화를 가져왔다.

③ 교내에는 수도가 한 군데도 없어서, 아직 우물물을 먹고 있다. 166명에게 우물 하나로 충분했을까?

④ 운동장도 사람 수에 비해 좁고, 음악실 등의 특별실도 보이지 않는다. 그러나 어진영(천황의 사진)을 두는 봉치소만은 있다.

⑤ 아타미학교가 발코니가 붙어 있는 서양식 건물인 것에 비하면 정말로 소박하지만, 그것은 문자 그대로 아지로촌민의 손으로 만든 학교건물이었다.

이 부분에서 지난날 이 교사에서 배웠던 미야모토 와카宮本わか 씨(메이지 18년생)의 추억을 《창립기념지》에서 인용했다.

"아타미학교의 고용인(소사)이 오르간을 들쳐메고 시모타가^{下多賀}의 학교로 왔다는 말을 듣고 우리들은 선생님을 모시고 보러 갔습니다. 그때 처음으로 오르간이라는 것을 직접 보고 소리를 들었던 것을 기억하고 있습니다."(《아지로소학교 80년의 발자취》)

마지막으로 아이들의 수가 거의 같았던 아타미촌^{熱海村}과 아지로촌^{網代村}의 메이지 12년 취학자 수를 그래프로 비교해보았다. 그랬더니 남자는 모두 151명이지만, 취학률은 아타미가 43%인 데 비해서 아지로는 그 1.4배인 60%였다.

여자는 더 극단적이어서 아타미 14%, 아지로 52%로 3.5배라는 큰 차이가 있었다. 아지로는 어촌으로 예전부터 상업이 흥했기 때문인지, 아타미 이상으로 여자교육의 필요성을 인식하고 있었다는 것을 잘 알 수 있다.

이렇게 하나의 학교사료를 깊이 파헤쳐서 다른 사료와 비교하면 그 시대의 모습이 생생하게 되살아난다.

학교가 시작된 에이코쿠지는 어디에 있었을까?_ 이렇게 해서 메이지 8년의 소학교에 대해서는 알 수가 있었다. 그러나 학교가 처음 세워진 에이코쿠지는 다이쇼 2년에 폐사된 탓에, 어디에 있었는지를 알 수가 없다. 그래서 나는 그 조사를 학생들에게 해보게 했다. 그러자 T군과 M군이 집에서 이야기를 듣고 왔다. 미리 수업시간에 관심을 높여두면, 이렇게 앞장서는 학생이 나타난다. 나는 그 내용을 다음과 같이 학급소식에 실어서 모든 학생들에게 제공했다.

• 소학교 설립을 위해 에이코쿠지는 이전하고 지금의 젠수인^{善修院}에 합

병된 것 같다. 핫토리의원服部醫院 자리에 예전에는 도칸土管이 있었고, 그것이 아사히자카朝日坂까지 통하고 있어서, 이를 경계로 에이코쿠지가 있었던 것 같다. (T군의 설)

• 지금의 스미다角田 페인트가게와 오타카건설大高建設 인근에 있었던 같다. 그래서 예전부터 이 일대를 데라마치寺町라고 부른다. (M군의 설)

학교사 조사의 재미를 전하다_ 이제까지 말한 사실을 알게 되었다면, 그 다음은 교사가 나서야 할 차례이다. 이러한 정보를 단서로 삼아 어떻게 학교사의 수수께끼를 풀어 나갈까? 나는 사친회 홍보지에 〈아지로, 학교의 시작〉이라는 글을 하나 썼는데, 내용은 아래와 같다.

"예전에 이곳은 마을에서 떨어진 한적한 곳이었습니다. 그래서 많은 절이 세워져 '데라마치'라고 불렸습니다. 여우가 등을 든 채 '학교 아이들은 없나?' 하면서 돌아다닌다는 괴담을 듣고 글로 옮긴 학생도 있습니다. 왜 학교는 이런 한적한 장소에 있던 에이코쿠지에 세워진 것일까요?

나는 우선 '에이코쿠지는 에도시대에 데라코야가 있었던 곳이기 때문이 아닐까?'라고 짐작해보았습니다. 《아타미시사》를 조사해보니 '아지로 촌에는 에이코쿠지(폐사), 곤쇼인嚴昌院 등에서······ 데라코야 교육'이라고 쓰여 있었습니다.

무심코 웃음이 나왔지만, 이번에는 다른 의문이 들었습니다.

그렇다면 왜 곤쇼인에 학교를 열지 않았던 것일까요? 두 절은 모두 데라마치寺町에 있고, 역시 두 곳 모두 데라코야를 열고 있었습니다. 특별히 에이코쿠지를 선택한 것이 이해되지 않았습니다. '에이코쿠지=데라코야라는 익숙한 사실에만 눈을 돌리지 말고 '곤쇼인=데라코야'라는 또 하나의 가능성에도 주목해야 더욱 심층적인 조사가 될 수 있습니다.

그래서 모두에게 예상을 해보게 했습니다. 이제 다함께 역사의 수수께 끼를 즐겨봅시다.

'학교는 왜 곤쇼인이 아니고 에이코쿠지에서 열렸을까요?'

내가 생각한 두 가지 가설은,

A. 곤쇼인보다 에이코쿠지 쪽이 설비가 잘 갖춰져 있었다.

B. 곤쇼인보다 에이코쿠지 쪽이 교사 승려가 많았다."

사친회 홍보지가 나오자 나는 회의 때 읽게 해서 학생들에게도 A일까 B 일까 예상을 해보게 했다. 그러고는 사친회 홍보지의 이어지는 내용을 읽 게 했다. 그 내용은 다음과 같다.

"그런데 메이지 5년 아지로촌민 명부를 조사해보면, '곤쇼인에 혼다 아 미本多有海라는 남자 1명', '에이코쿠지에 아라미 라이도荒見來道라는 남자 1 명'으로, 양쪽 모두 승려 1명밖에 살지 않았습니다. '에이코쿠지에는 많 은 승려가 있었다'는 B의 생각은 무너져버렸습니다. 그렇다고 A의 '에이 코쿠지 쪽이 설비가 잘 갖춰져 있었다'는 가설에 대해서는 자료가 없고 확실한 것도 아닙니다. 막다른 곳에 다다른 것입니다. 여러분이라면 이 런 때 어떻게 하겠습니까? 이런 경우에는 오직 당시의 각종 자료를 충분 히 읽어야 합니다. 그렇게 하면 거기에서 반드시 무언가 실마리가 보이 게 됩니다. 그것은 자료를 읽은 우리들의 눈이 목적의식을 가진 '탐색의 눈'이라고 말할 수 있기 때문입니다. 나는 다음과 같은 서술에 눈길을 빼앗겼습니다.

'메이지 원년 10월 14일 밤, 군함 쇼카쿠翔鶴호가 아지로만에서 불탔다. 불길은 서풍을 타고 민가로 번져서 275가구가 소실되었으며, 멀리 있던 곤쇼인 · 안요지安養寺 · 고주지鄕中寺까지도 소실되었다.'

'메이지 2년 10월 17일 오전 1시경 가타마치片町에서 불이 나 185가구를 태우고, 기노미야신사木宮神社, 조코인常光院 · 젠슈인善修院 · 조엔지長延寺까지 소실되었다.'

이 무렵 아지로촌의 호구 수는 403호였는데, 많은 절을 포함하여 그 대부분이 불타버렸습니다. 이처럼 불에 탄 절들에서는 뒷정리를 하는 데 정신이 없어서 학교를 열 정도의 여유가 없었던 것입니다. 그럼 왜 다른 절이 아닌 에이코쿠지에서 학교가 열렸을까요? 그것은 이전부터 데라코야가 있던 절 중에서 에이코쿠지만이 운좋게 화재를 피할 수 있었기 때문입니다.

이렇게 해서 두 번째 수수께끼도 해결되었습니다. 그러나 두 번째 수수께끼의 해결은 다시 세 번째의 수수께끼를 낳았습니다. 데라마치에서도 많은 절이 불에 탔는데, 왜 에이코쿠지만이 불에 타지 않고 남았을까요?"

여기에서 다시금 예상을 해보게 했다. 자신의 모교라서 학생들은 진지하게 생각했다. 사친회 홍보지에는 다시 이렇게 이어서 썼다.

"그것은 에이코쿠지 인근에는 불에 타거나 번질 것이 없었기 때문이라고 나는 생각했습니다. 그러나 마을에서 가장 멀리 떨어진 조엔지長延寺는 불에 타버렸습니다. 왜 이처럼 불길이 건너뛰어서 번졌을까요?

당시의 아지로 일대 지도가 어딘가에 있지 않을까요? 다시 《향토사》로 돌아와서 찾아보니, 아무래도 이상한 일이었습니다. 역시 지도는 있었습니다. 그런데 들여다보면 보이지 않다가도, 어떤 관점을 세워서 찾으면 보이는 것이 있습니다. 그것이 '조사한다'는 것입니다. 《향토사》사진 페이지의 메이지 9년 지조개정 측량 지도 중 데라마치 부근을 확대해서 도면에 투사한 지도(지도는 생략)에서 왜 에이코쿠지가 소실되지 않았는지를 생각해봅시다.

지도에는 에이코쿠지로 이어지는 길을 두고 산 쪽에는 한 채의 인가도 없이 밭이 펼쳐져 있을 뿐입니다. 또 에이코쿠지와 조엔지 사이는 전체가 묘지입니다. 메이지 원년의 화재 때는 불길이 해안에서 불어오는 서풍을 타고 시가지의 인가에서 고주지 · 곤쇼인으로 번졌습니다. 그러나 그 불은 남측의 아라미야荒見山에 가로막혀서 그 기슭에 있던 에이코쿠지에는 미치지 않고, 도로를 끼고 해안을 따라 고주지에서 곤쇼인으로 서풍을 타고 번져 나간 것입니다. 메이지 2년의 화재 때는 서쪽으로 더 멀리 있던 조엔지까지 불이 번졌을 것입니다.

주로 지붕을 볏짚으로 이었던 당시의 집은 불에 약해서 불똥이 튀면 잠시도 버티지 못했습니다. 데라코야가 있던 절 중에서 겨우 에이코쿠지만이 서풍과 불똥의 영향을 받지 않아서 화마를 면할 수 있었습니다. 절터가 150평, 단가檀家133 수가 11집밖에 되지 않는 작은 절이었으나, 그곳에서 학교를 열 수밖에 없었던 것입니다."

---

133) 절에 시주를 하여 재정을 돕는 집이나 그 신도. 단나檀那, 단월檀越이라고도 하는데, 산스크리트 'dāna'에서 온 말이다.

학생들은 '그래, 그래' 하는 얼굴로 읽어 나갔다. 나는 그 후, 당시 아동의 생활, 학교의 세 차례 이전, 그것을 매일매일 모은 저금으로 뒷받침했던 촌민의 노고를 언급하면서 다음과 같이 글을 마무리했다.

"아동도 1명당 하루에 1리厘 5모毛의 돈을 냈습니다. 그러면, 그것으로도 부족한 비용은 마을사람들로부터 더 모았다고 합니다. 쌀 한 되가 3전錢이던 시대였습니다. 무리라는 것을 알면서도 추진했던 학교 건립이었습니다.

참고로,《아지로 향토사》를 조사하면 1860년부터 1878까지 18년 동안에 모두 여섯 차례의 큰불이 아지로를 덮쳤습니다. 이것은 평균 3년에 한 번꼴이었습니다.

아지로 사람들이 얼마나 힘든 상황에서 학교를 세우는 데 열성을 쏟았는지 알 수 있습니다. 아지로에 관해서 말하자면, 학교는 학제의 포고로 간단히 생겨난 것도 아니고, 위에서 밀어 부쳐서 세워진 것도 아니며, 문자 그대로 지역에 뿌리를 두고 만들어졌던 것입니다."

이렇게 하나씩 의문을 풀어가는 식으로 글을 써 나가자, 학교사를 조사하는 즐거움이 학생들과 보호자에게 전달되었다. 그것은 교사도 역시 학교와 지역에서 나름의 역사를 발굴한다는 것을 의미한다.

4. 당시 교사의 단카로 아는 문명개화

앞에서 소개한 〈아지로, 학교의 시작〉이라는 글을 사친회 홍보지에 게재한 다음해의 일이다. 신제 중학교 2학년생인 호시노星野 군이 자신의 고조할아버지 호시노 한에몬星野半衛門 씨가 지은 책자를 학습용으로 가지고 왔다. '잡서雜書'라는 이름이 붙은 그 책자는 1884년(메이지 17)에 엮은 것이었다. 페이지를 더듬어가자 〈도요토미 히데요시론〉, 〈오다 노부나가론〉이 눈에 띈다. 낮은 신분에서 출세해서 어지러운 나라를 평정했던 인물, 힘든 상황에서도 자신의 신념을 굽히지 않았던 인물에게서 그는 인간의 무한한 가능성을 보는 것 같았다.

또한 호시노 씨는 역시 새로운 메이지 사람답게 문명의 진보나 인권에 민감했다. 그래서 학문이야말로 인간을 인간답게 하는 입신의 바탕이 된다면서 그 중요성을 설명하고 있다.

"인명은 무엇보다도 중요하다. 그래서 그 생명을 무참히 빼앗는 전염병을 예방하기 위해 위생회를 만들자."

"지식은 실패로부터 배운다. 프랭클린의 전기 실험이 그 좋은 예이다."

"개미의 강한 인내심을 보라. 게으른 사람으로 벌레에 뒤지는 것은 한심하다."

그래서 메이지 18년 9월, 호시노 씨는 마침내 스스로 아지로소학교 교단에 서서 그 새로운 사상을 아이들에게 말로 전했다.

"책을 읽히고 붓 잡기를 가르친 아이들도 문명개화의 꽃봉오리가 되겠지."

이 단카短歌134에는 교사로서의 호시노 씨의 생각이 담겨 있다. 아이들은 지금이야 배우는 입장이지만 얼마 지나지 않아 성장하게 되면 자신과 마찬가지로 문명개화의 역할을 담당하게 된다고 호시노 씨는 말하고 있다. 이 단카를 '문명개화' 수업에서 학생들에게 소개하면 좋겠다고 생각했다.

이전 수업에서 생활이나 교통 등을 예로 들어 도시의 문명개화를 다루면서, "새로운 문명이 들어와서 일본의 문화는 어떻게 되었을까?", "농촌에는 새로운 문명이 확산되지 않았을까?"라는 의문을 제시했다. 그리고 "정말로 어떻게 되었을까? 호시노 군의 선조이자 아지로소학교의 교사였던 호시노 한에몬 선생님께 여쭤보자"고 말을 던지고, 그 단카를 다뤘던 것이다. 응답을 통해 단카의 의미를 확인한 후에 나는 "문명개화의 꽃봉오리라는 것은 무엇이라고 생각하는가?"라고 발문했다.

"꽃봉오리＝아이들이라고 생각해요. 꽃봉오리는 '물'을 주어서 키웁니다. 그 '물'이라는 것이 학문입니다."

"호시노 한에몬 선생님은 아직은 전통문화의 기반 위에서 문명개화를 배웠습니다. 단카도 그 하나였습니다. 그래서 아이들에게는 자기 자신을 넘어서 성장했으면 좋겠다고 바라고 있는 건 아닐까요? 아이들은 그러한 가능성을 지니고 있으니까요. '꽃봉오리'이니까요."

깊이 읽고 이해한 것이다. 한 세기 이상 전에 모교의 교사였던 분의 메시지는 확실히 오늘날의 학생에게 전해졌다. 그래서 《아지로소학교 88년의 발자취》(쇼와 33년)를 보면 무척 흥미로운 기술이 눈에 띈다.

하나이 구마키치花井熊吉(메이지 16년생), 미야모토 와카(메이지 16년생), 모

---

134) 일본 정형시의 한 형식. 조카長歌도 있지만, 와카和歌라고 하면 보통 단카를 가리킨다. 5구 31음절로 되어 있다. 각 구는 5·7·5·7·7음으로 구성되는데, 5·7·5를 가미노쿠上句, 7·7을 시모노쿠下句라고 한다.

로비시 아키라諸羨哲(메이지 20년생), 기쿠마 이치로菊間一郎(메이지 24년생) 씨는 각자 "당시 아지로에 사숙私塾과 같은 것이 있었습니까?"라는 질문을 받고 다음과 같이 말하고 있다.

모로비시: 요엔마루與円丸의 은거지에 있던 전 경시청 순사 출신 이시카미 쓰나요시石上綱吉 씨의 사숙에는 꽤 여러 사람이 있었다는군요.

미야모토: 저희들은 젠슈인善修院으로 야학을 하러 갔습니다.

하나이: 미나미초의 고슈야甲州屋에 데라코야가 있어서 저는 글자를 잘 배웠습니다.

기쿠마: 가타마치의 호시노星野에 학자인 호시노 한에몬星野半衛門이라는 사람이 있어서 그곳에서 공부한 사람도 있었습니다.

어쨌든 아지로는 러일전쟁 이전부터 지금까지 사숙이 성행해서 많은 사람이 공부를 했다. 호시노 한에몬 씨는 그때의 교사 중 한 사람으로, 일찍이 '문명개화의 꽃'이었던 노인들에게 확실히 기억되고 있었던 것이다.

나는 다시 "가장 귀한 것은 사람이며, 사람에게 가장 귀한 것은 생명이다"라는 호시노 한에몬 씨의 가르침을 소개하면서, "이러한 생각은 누구의 사상을 받아들인 것일까? 교과서에서 탐구해보도록 하자"고 지시했다. 이로써 학생들은 후쿠자와 유키치福澤諭吉나 나카에 조민中江兆民에 도달했다. 마지막으로 응답을 통해서 확인한 것은 "새로운 문명과 더불어 녹아서 뒤섞인 일본의 문화도 있었다"(호시노 씨의 단카에서 알 수 있다), "이 지역에도 새로운 사상이 들어왔다"(호시노 씨의 사상과 가르침에서 알 수 있다)는 것이었다.

아지로소학교의 교사였으며 같은 반 급우의 선조인 호시노 한에몬 씨는 우리의 수업에서 이상과 같이 활용되었다. 인물을 학교사료로 활용할 때의 포인트는 발문과 지시를 통해서 우선 그 인물을 학생의 수준으로 끌어내려야 한다는 것이다. 또 여기에서 시작하여 그 이상의 문제에 접근하도록 해야 한다. 중앙의 움직임과 연계하여 그의 작품이나 사상을 파악하게 하는 것이다. 이때 학교의 기념지 등을 활용해야 하는 것은 말할 필요도 없다.

5. 학교 연혁지로 아는 간토대진재

"다이쇼 12년 9월 1일 오전 11시 58분에 강력한 지진이 일어났다. 2, 3분 후 높이 1장 5척 정도의 해일이 들이닥쳤다. 다음날이 2학기 시업식이어서 그날 아동들은 귀가하고 학교에 없었다.……"

붉은 선이 그어진 종이에 지금도 선명한 먹 자국, 다가소학교多賀小學校에 남아 있는 학교 연혁지는 간토대지진의 모습을 이렇게 쓰고 있다. 나는 그 원문 머리말을 복사해서 다가중학교 학생들에게 제시하며 더듬거리더라도 독해를 하도록 했다.

실물의 학교사료와 직접 맞닥뜨리게 해서 '현장감'을 맛보게 하려는 것이 그 의도였다. 전전부터 이어지는 역사를 지닌 학교에 부임하면, 나는 반드시 그 연혁지에서 활용할 만한 것을 복사해둔다. 나중에 다가중학교로 옮겼을 때는 다가소학교에서 모아둔 사료가 그렇게 해서 도움이 되었다.

그런데 1장 5척이라면 4.7미터쯤 되는 엄청난 쓰나미이다. 연혁지에 따르면, 당시 교장은 맨 먼저 천황의 어진영을 꺼내서 뒤편 높은 지대에 있던 양계장으로 피난시켰다. 그랬다가 학교의 봉치소奉置所로 되돌려보낸 것은 여진도 잠잠해진 오후 4시가 지난 시점이었다.

남측 교사는 반쯤 파괴되었고, 2층 건물인 북측 교사는 조금 기울어진 채 기와가 떨어져 나가고 벽에 붙은 널판이 다수 손상되었으며, 벽도 대부분 무너졌다. 교정은 여기저기 균열이 생겼다. 3학년생인 니시지마 시즈에西島靜枝는 가정에서 압사했고, 5학년생인 나고야 시게하루名古屋重治는 행방불명되었으며, 6학년생인 시노 도시椎野とし는 중상을 입었다고 연혁지에 기록되어 있다. 아동들 중에서도 희생자가 나왔던 것이다.

앞의 원문 읽기를 마친 후 이런 설명을 하면 모두 진지하게 귀담아 들었다. 앞에서는 머리말을 읽게 했는데, 나머지 원문 전체를 읽게 하면 학생들도 싫증을 내고 시간도 걸린다. 그래서 이 부분은 교사가 설명한다. 그럼 그 다음에는 무엇을 목표로 학생들에게 무엇을 생각하게 할 것인가? 진재震災 당시 사회상황에 대해서도 관심을 잃지 않도록 주지시키면서 나는 다음과 같이 수업을 진행했다.

다가소학교 연혁지에는 간토대지진 때의 사회상황에 대해서도 다음과 같이 기록되어 있다. 나는 날짜 부분을 괄호로 비워둔 채 판서를 하고, 괄호 안에 해당 날짜를 채우도록 했다.

① 9월 (　)일 조선인이 습격한다는 소문이 돌아 사람들은 겁에 질렸다.
② 9월 (　)일경부터 게이힌京浜의 확실한 정보를 전해줄 기선이 입항했다.

읽기→ 듣기를 한 다음에는 이와 같이 '예상을 맞히는' 활동을 한다. 많은 학생들은 ②의 '기선 입항' 쪽을 먼저 있었던 일이라고 생각했다. "기선이 들어와서 비로소 정보를 전했다"는 것이 그 의견이었다. 교사는 그 의견에 고개를 끄덕이며 "물론 그 무렵에 다가多賀는 전차도 다니지 않았고 도로도 무너졌으며 자동차도 다닐 수 없는 상황이었다. 즉, 도보 외에는 바깥 세계와의 소통이 완전히 막혀 있었다"고 보충했다.

그리고 분필로 괄호 안에 날짜를 써 넣었더니 학생들이 웅성거렸다. 그도 그럴 것이 정답은 ①이 '3'이고 ②는 '7'이다. 결국 '조선인 습격' 소문은 게이힌의 확실한 정보를 전할 기선이 입항한 시점보다 나흘이나 앞서서 이상하리만큼 빠르게 히가시이즈東伊豆에 전달되었던 것이다. 걸어서 산을 넘어온 사람에게서 흘러든 말이라고도 생각되지만, 그렇다고 하더라도 빠르다.

나는 여기서 우사미촌宇佐美村(지금의 이토시伊東市)에서는 이미 9월 2일 아침에 "도쿄 쪽에서는 조선인들이 마구 날뛰고 있다", "오늘 아침 다가까지 올 수 있으므로 주의하라"고 해서 큰 혼란이 일었다는 것, 아지로촌(지금의 아타미시)에서는 조선인의 습격에 대비해서 죽창훈련을 했다는 것, 후토富戸(지금의 이토시伊東市)에서는 지역의 젊은이들이 칼과 죽창을 들고 경계를 섰다는 것, 9월 13일에는 아타미시 경찰이 43명의 조선인을 보호했다는 것 등을 보충 설명했다.

다시 자료집에서 '간토대진재와 조선인'에 관한 기사를 찾게 하자, 학생들은 곧 〈조선인 학살과 자경단〉이라는 기사를 찾아냈다. 그리고 그 자경단이 이토에서도 만들어졌다는 것을 알고는 놀랐다.

그러면 왜 아무런 근거도 없는 헛소문이 짧은 시간에 히가시이즈 사람들을 사로잡았던 것일까? 그 배경으로는 당시 조선인들이 저임금의 '외국인 노동자'로서 현내에 급증하면서 일본인과 여러 가지로 마찰을 빚고 있었다는 것을 당시 신문기사를 토대로 설명했다.

이렇게 괄호에 숫자를 채워넣는 식으로 자료를 가공하면, 연혁지를 당시의 사회 상황을 생각해보게 하는 교재로 활용할 수도 있다. 처음에는 원문의 머리말을 독해하고, 다음으로 교사의 상세한 설명에 귀를 기울이며, 마지막에는 자기 스스로 괄호를 메우는 문제를 풀게 한다. 이 세 가지 점에서 연혁지 즉 학교사료를 활용하는 것이 나의 '간토대진재' 수업이었다.

이 수업이 끝나자, K군이 머뭇거리면서, 그러나 똑바로 나를 응시하면서 말했다. 사교성이 부족하고 내성적이지만, 유일하게 "사회과 수업에서만 생기가 돈다"고 담임 선생에게 평가를 받는 학생이었다. "간토대지진에 대해서는 흥미를 가지고 있는데, 두 노인에게서 이야기를 듣기도 했습니다"라고 그 학생은 말했다.

곧 정리해서 가져오라고 하자, 며칠 후 리포트를 제출했다. 단 두 장에다 내용도 엉성한 면이 있었지만, 다음과 같이 중요한 포인트를 찾아내서 쓰고 있다.

"소학교 정문 앞에 있는 후지산 모양의 계단에서 바다를 보고 있는데, 바닷물이 밀려와서 오야마小山의 마루야마丸山 앞바다, 유노네湯の根까지 밀려왔고 (…) 그 후 바다가 부풀어 올라서 산처럼 되고, 조용히 점점 더 커지면서 다가왔다. 파도는 해안 가까이에 있던 집을 삼켜버리고 우리가 있는 계단의 4, 5단까지 올라왔다. 물이 빠질 때는 집과 마구간이 둥둥 떠서 앞바다로 휩쓸려갔다."(야마모토 기요시山本淸, 87살)

"지금의 야기상점八木商店 뒤인 주차장이 당시에는 밭이었는데, 쓰나미는 거기까지 올라왔다. 쓰나미가 빠져나간 뒤에는 많은 물고기들이 팔딱팔

딱 뛰어올랐다. (…) 지금의 아오키 빵집 옆의 고마쓰^{小松} 가에서는 다다미 방용 장롱이 둥둥 떠다녔다(마루 위로 120cm 정도까지 물이 들어왔다)."(예전에 조부가 증조부에게서 들은 이야기)

이제까지 듣지 못했던 소중한 이야기이다. 특히 주목해야 할 것은 쓰나미가 어느 지점까지 들어왔는지 기술되어 있는 점이다. 다이쇼 시대의 지역지도(1)와 현재의 지역지도(2)에 쓰나미가 도달한 지점을 표시하게 했다.

그렇게 해서 제출한 지도를 보니까, (1)에서는 쓰나미가 들어온 라인이 푸른 색으로 그어져 있고, 마루가 침수된 7채는 녹색, 휩쓸려간 집 18채는 핑크색으로 칠해져 있어 알아보기 쉬웠다.

(2)에서는 쓰나미가 들어온 범위가 한 면 가득 푸른색으로 칠해져 있었다. 세어보니 칠을 한 범위 안에 현재 기준으로 100채 이상의 집이 들어 있어서 놀랐다.

그 학생은 다음과 같이 쓰고 있다. "이상의 사실에서 쓰나미가 얼마나 무서운 것인지를 알았다.…… 만약 앞으로 올지도 모를 지진이 이와 같거나 이보다 훨씬 큰 규모라면, 이보다 더한 피해가 생길 것이다.…… 이런 기억을 이제부터라도 되살려야 한다고 생각한다."

역사에서 배워서, 그 교훈을 미래에 되살린다. 이것이야말로 역사학습의 목적 중 하나일 것이다. 학교사료 즉 연혁지로 진행한 수업이 한 학생을 수업 자체에서 한 단계 더 도약시켜, 특색 있는 자기학습을 만들어냈던 것이다. 그 성과를 서로 배움으로써 다른 학생들도 성장한다. 하나의 연구가 성공적으로 이루어져, 그 학생은 무난히 '5점'이라는 평점을 얻어 자신감을 갖게 되었다.

6. 졸업생 이시바시 단잔의 중학시절

야마나시현 다이이치중학교第一中學校(지금의 고후다이이치고등학교甲府第一高等學校)
출신의 언론인이자 정치가로 제55대 총리를 지낸 이시바시 단잔石橋湛山
(1884~1973)에 대한 평가가 높아지고 있다.

예를 들면 2001년 간행된 《이시바시 단잔 일기》(이시바시 단이치石橋湛一 · 이
토 다카시伊藤隆 엮음, 미스즈서방みすず書房)에 대한 서평에서 정치학자인 기타오
카 신이치北岡伸一는 다음과 같이 말하고 있다. "일본 최고의 언론인이 누구
냐고 묻는다면, 이시바시 단잔이 우선 그 유력한 후보일 것이다. (…) 시류
에 영합하지 않고 압력에 꺾이지 않은 채, 굳건히 자유주의로 일관했던
인물로 이시바시보다 위에 설 인물은 없을 것이다."(《아사히신문》 2001년 5
월 20일)

혼미한 시기로 희망을 찾기 어렵다는 21세기 초의 오늘날, '일본 최고의
언론인'이라고 일컬어지며 올해(2004년)로 탄생 120년이 된 이시바시 단
잔에게서 우리들은 배울 것이 무척 많지 않을까?

아래에서는 나와 이시바시를 연관지으면서, 《교우회잡지》에서 본 중학
교 시절의 단잔을 소개한 다음, 이를 어떻게 교재화할지 생각해보고자 한
다.

1984년 와세다대학에서_ 1984년 11월, 지치부 사건秩父事件[135] 100주년을 기념

---

[135] 1884년 10월 말부터 11월 초에 걸쳐 사이타마, 군마, 나가노현에서 농민들이 자유민권운동의 영향을 받아
부채 감면을 주장하면서 일으킨 무장봉기 사건.

해서 제2회 자유민권 100년 전국집회가 전국적으로 2,500명이 참가한 가운데 도쿄의 와세다대학에서 열렸다. 집회에 참가했던 나는 잠시 짬을 내어 대학 구내를 걷고 있었는데, '탄신 100주년 기념 강연회, 이시바시 단잔을 말한다/ 교토대학 교수 마쓰오 다카요시松尾尊兌 선생'이라는 제목의 안내판을 보게 되었다. 이는 우연한 일이었지만, 그 이면에는 필연성이 개재되어 있었다고 나중에 생각했다. 이렇게 말하는 까닭은 단잔이 태어난 1884년이 치치부 사건이 일어난 해로, 그 100년 후에 관련 전국집회가 오쿠마 시게노부大隈重信와 연고가 있는 와세다대학에서 열렸고, 때마침 관련 강연회가 단잔의 모교인 와세다대학에서 함께 열렸기 때문이다.

그때 나는 문득 단잔이 와세다대학 출신이지만, 야마나시현 다이이치 중학교(현재의 고후다이이치고등학교, 당시 나의 근무처) 출신이기도 하다는 사실을 떠올렸다. 이것이 계기가 되어 마쓰오 씨가 엮은 《이시바시 단잔 평론집》(이와나미문고) 등을 읽고 언론인으로서의 단잔의 위대함을 통감했다. 그래서 마쓰오 선생을 내가 재직 중이던 고등학교로 초청해서 강연을 들었으면 하는 생각을 갖게 되었다. 2년 후인 1986년 10월 24일, 고후다이이치고등학교에서 마쓰오 선생 초청 강연회가 실현되어 1,200명이 넘는 학생과 교직원에게 감명을 주었다.

마쓰오 선생의 방문에 앞서 나는 단잔의 중학시절 기록이 없을까 하는 생각에, 비록 재직 중이면서도 그때까지 한 번도 들어가지 않았던 100주년기념관의 자료실에 들어가보았다. 그래서 자료실에 보관되어 있던 《교우회잡지》 중에서 단잔이 쓴 글을 발견하게 되었던 것이다.

《교우회잡지》에 나타난 젊은 날의 이시바시 단잔_ 고후다이이치고등학교 100주년기념관의 자료실에는 1897년 10월에 발행된 제1호부터 1937년 7월에 발행된 제77호까지의 《교우회잡지》가 보관되어 있다. 단잔이 야마나시현 다이이치중학교에 재학했던 것은 1895년 4월부터 1902년 3월까지 7년간 이므로, 《교우회잡지》로 말하면 1897년 10월에 발행된 제1호에서 1901년 12월에 발행된 제14호까지의 시기였다. 1900년 6월에 발행된 《교우회잡지》 제8호에 4학년생 이시바시 자보나石橋坐忘名가 쓴 〈이시다 미쓰나리론石田三成論〉이라는 소논문이 실려 있는 것을 비롯해서 이시바시 쇼조石橋省三, 이시바시 쇼조石橋省進 또는 이시바시 단잔이라는 이름으로 《교우회잡지》에 단잔이 종종 등장한다.

《교우회잡지》에 나타난 단잔에 관한 기술과 단잔이 쓴 글을 연대순으로 열거하면 다음과 같다.

① 1900년 6월에 발행된 제8호의 논설에 4학년생 이사바시 자보나의 〈이시다 미쓰나리론〉이 있다.

② 1900년 9월에 발행된 제9호의 잡보에, 6월 24일에 열린 학술부 총회의 보고로 "영문 낭독, 4학년 이시바시 쇼조石橋省三 군, (…) 연설, 4학년 이시바시 쇼조 군, 고금 망국을 사례로 들어서 대의에 따르지 않으면 안된다고 논하다"라고 되어 있다.

③ 1900년 12월에 발행된 만록漫録에 '쌍학일화雙鶴逸話'라는 제목의 이시바시 단잔, 미야가와 시모쓰키宮川霜月 두 사람에 의한 기행문이 있다.

④ 1901년 7월에 발행된 제12호의 잡보에 교우회 각부 임원으로 "학술부 이사, 이시바시 쇼조"가 있다. 또 6월 15일에 열린 춘계학술부 총회 보고에 "연설, 이시바시 군"이 있다.

⑤ 1901년 10월에 발행된 제13호에는 5학년 이시바시 쇼조의 이름으

로 문원文苑에 〈무덕장려회武德獎勵會에 참가해서〉, 만록에 이시바시 쇼조의 이름으로 〈소하수필消夏隨筆〉의 두 글이 있다.

⑥ 1901년 12월에 발행된 제14호에는 5학년 이시바시 쇼조의 이름으로 만록에 〈단잔수필〉과 〈학술부 총회 장보狀報〉의 두 글이 있다.

⑦ 1902년 7월 발행된 제15호에는 졸업생 이시바시 쇼조의 이름으로 만록에 〈다섯 수의 비가에 대해서〉라는 글이 있다.

이상에서 열거한 바와 같이 단잔이 《교우회잡지》에 쓴 글은 7편에 달한다. 그중에서 제10호의 〈쌍학일화〉, 제13호의 〈무덕장려회에 참가해서〉, 제14호의 〈학술부 총회 장보〉 3편은 말하자면 기행문이나 보고 기록이라 할 수 있으며, 〈다섯 수의 비가에 대해서〉는 다섯 수의 비가가 니치렌日蓮이 쓴 것이 아니라는 점을 지적한 것이다. 이상 4편은 그의 솔직하고 유머러스한 성품을 보여주는 것으로서 색다르고 재미있지만, 그의 사상이 그다지 잘 드러나지는 않는다. 나머지 3편에 그의 사상이 강하게 배어 있다고 생각되므로, 아래에서 나의 개인적 견해를 섞어 간단하게 그 내용을 소개하기로 하자.

먼저 제8호에 실린 〈이시다 미쓰나리론〉은 이시다 미쓰나리에 관해서 논한 3쪽 정도의 역사론, 인물론이다. 여기에서 단잔은 이시다 미쓰나리를 구체적인 사례를 들면서 "세상 사람들이 상상하는 바와 같이 경박한 일개 소인이 아니다", "이에야스의 간교한 술책을 간파해서 도요토미 씨를 위하여 이에야스와 중원에서 자웅을 겨룬 담대함과 식견을 갖춘 경골한硬骨漢136이며 한 사람의 호장부好丈夫이다"라고 높이 평가하고 있다. 그래

| 136) 의지가 강해서 남에게 굽히지 않는 사람.

서 이제까지 미쓰나리가 낮게 평가된 것은 종래의 역사책이 "좋아하거나 싫어하는 바에 따라 사실을 왜곡하고, 성공을 올바른 것으로, 실패를 그릇된 것으로 여기는 좁은 생각에서 나온 경우가 많았다"는 것을 들어 성패와 시비를 명확히 구별해야 하며 "시비는 후세 사람의 공설公説로 정해진다"고 지적하고 있다. 이시다 미쓰나리에 대한 역사적 평가는 제쳐두고라도 역사상의 인물을 평가하는 관점으로서는 경청할 만하다고 할 수 있다.

제13호에 있는 〈소하수필〉은 4쪽이 채 되지 않는, 수필이라기보다는 소론이라고 할 수 있는 것으로, 당시 불교계를 비판하고 니치렌을 지지하는 것이었다. 거기에서 그는 "묘와 장례 외에는 실력을 잃어버린 불교", "오늘날의 불교 승려는 도리어 불교계를 해치는 악마" 등의 말로 당시의 불교계를 통렬하게 비판하고, "그 광대무변한 자비의 광명이 이 혼란스런 세계를 비추는 진정한 불교"라고 해서 불교계가 견지해야 할 본연의 모습을 언급하고 있다. 그래서 "불가에도 옛날에는 매우 위대한 인물이 많았다"고 하면서 니치렌을 들고, 니치렌이 지은 《가이모쿠쇼開目抄》를 인용하면서, 니치렌을 칭송하며 "우리들은 이 모습에서 피와 눈물로 나라를 위해 온 힘을 다하는 인물을, 과거나 현재를 막론하고 일본사회가 필요로 하는 인물을 본다. 종교계건 정치계건 간에"라고 끝맺고 있다. 니치렌슈日蓮宗의 종문宗門에서 태어나 자란 단잔다운 이상과 정열이 넘치는 문장이다.

제14호에 실려 있는 〈단잔수필〉은 4쪽 정도의 분량으로, "가을밤 긴 잠을 깨우는 일책으로서 펜이 가는 대로 쓴" 것이다. 당시 세상을 논하는 대목에서 정치나 사회에 대한 그의 생각을 엿볼 수 있어서 흥미롭다. 이 글을 쓴 1901년의 주요 정치적 사건이었던 정치가 호시 도오루星亨137의 암살

(6월 21일, 도쿄시 청사에서)을 언급하면서, "나는 호시가 살해당했다는 소식을 듣고는 놀라지 않고 당연하다고 생각했다. 또한 죽었다고 하더라도 사람들이 서둘러 호시를 칭찬하는 것은 좋지 않다. (…) 호시가 죽은 것은 세상을 위해서 실로 좋은 교훈이었다"고 잘라말하고 있다.

또한 같은 〈단잔수필〉에서 단잔은 자유민권사상가 나카에 조민中江兆民에 대해서 "그의 유저인 《이치넨유한一年有半》이라는 것을 읽어보았는데, 기골이 있고 흥미로운, 당대에는 나오기 힘든 인물"이라고 높이 평가하고 있다. 《이치넨유한》은 그해 4월에 여행지인 오사카에서 후두암 진단으로 여생이 1년 반이라는 선고를 받은 후 병상에서 집필한 것이다. 애제자 고토쿠 슈스이幸德秋水가 서문을 붙여 간행한 것이 9월 2일로, 다음해 9월까지 23쇄를 거듭 찍어서 20여 만 부가 판매된 조민의 대표작 중 하나이다.

다음해(1912년), 나이 스물여덟의 단잔은 〈철학적 일본을 건설하자〉(《이시바시 단잔 평론집》)에서 '천학약소淺學弱小한 현대인의 마음'을 비판하고, '자신의 처지에 대한 철저한 지견智見, 즉 철학적인 일본의 건설'을 국민들에게 호소했다. 그것은 조민의 《이치넨유한》 중에 잘 알려져 있는 문장으로, "우리 일본은 예부터 오늘에 이르기까지 철학이 없어, (…) 철학이 없는 인민은 어떤 일을 하더라도 심원한 뜻을 지니지 못해서 천박함을 면할 수 없다"는 대목을 의식해서 집필한 것이라고 생각된다. 이런 의미에서, 중학시절의 단잔과 만년이 된 조민의 만남은 일본사상사에서도 주목할 만한 요소이다.

---

137) 호시 도오루(1850~1901). 근대 일본의 정치가. 적극 재정을 통한 이익 창출을 주장하여, 일본식 금권형 정당정치의 논리를 세운 인물로 평가된다. 일본 변호사 제1호로 대한제국의 법률 고문을 맡기도 했다.

단잔의 글을 교재화해서 이하는 2004년 10월, 필자가 비상근강사를 맡고 있는 야마나시현립 여자단기대학의 공통 교양과목인 '역사와 인간' 시간에 했던 '이시바시 단잔과 그의 사상' 강의(90분, 3회)의 개요이다.

①이시바시 단잔과 야마나시
자료 〈소일본주의를 주창한 이시바시 단잔〉(《인물로 읽는 근현대사》, 아오키서점青木書店)과 연표 〈이시바시 단잔의 생애〉를 토대로, 단잔의 생애와 야마나시의 관계에 대해서 강의.

②젊은 날의 이시바시 단잔
중학시절 단잔이 쓴 글 〈단잔수필〉(《교우회잡지》 제14호)의 복사본과 짧은 글인 〈철학 없는 일본을 걱정하는, 청년기 조민에게서 받은 영향〉(《야마나시니치니치신문山梨日日新聞》 2003년 4월 25일) 등을 토대로 강의.

③단잔의 사상과 현대
〈철학적 일본의 건설〉, 〈모든 것을 포기할 각오〉, 〈대일본주의의 환상〉, 〈갱생 일본의 진로〉(이상 《이시바시 단잔 평론집》, 《이시바시 단잔 전집》) 등 단잔의 주요 논문을 자료로 역사적 배경과 현대적 의의를 강조하여 강의.

처음에는 단잔에 대해 알고 있는 학생이 한 사람도 없는 상황에서 강의를 시작했는데, 중학시절 단잔의 글 등을 소재로 수업을 진행하자 학생들의 관심이 높아졌다. 아래는 강의 후 학생들이 쓴 감상문이다.

- 이시바시 단잔이 17살에 썼다는 단잔수필을 읽고는 정말로 그 나이에 쓴 것일까 하는 의문이 들 정도로 자기만의 확고한 생각을 지닌 인

물이었다는 것을 잘 알 수 있었다. 일본국헌법이 성립되기 오래전부터 일본국헌법의 기초가 될 만한 구상을 주장하고 있다는 것은 정말로 놀라운 일이다. (Y)

- 이시바시 단잔이 나카에 조민이 살았던 시대와 겹친다는 것은 놀랍다. 조민의 위대함을 글로 드러낸 것이지만, 그 글은 도저히 17살에 쓴 것으로는 보이지 않으며, 정말로 정치라는 것을 염두에 두고 있었다고 생각했다. (I)

- 이시바시 단잔이라는 존재는 이 수업에서 처음 접했다. 야마나시현에서 태어난 것은 아니지만, 야마나시현에 이런 유명한 사람이 있다는 것은 놀랍다. 17살에 나카에 조민을 높이 평가해서 대단한 인물이라고 생각한 것이나, 그의 소일본주의 · 평화주의가 전후 제정된 일본국헌법의 기본이 되었다는 것도 놀랍다. (A)

7. 전쟁 중의 학교자료

역사를 싫어하는 학생들이 적지 않다. 역사를 무미건조한, '암기하는 것'으로밖에 여기지 않는 학생들에게, 역사를 배우는 것의 의미나 즐거움을 어떻게 전달할까? 어떻게 하면 역사 수업을 학생들이 친근한 것으로 느끼게 할 수 있을까?

어려운 문제이지만 나는 그런 방법 중의 하나는 교과서에 실린 역사와 학생들과 관련이 깊은 지역의 역사를 연결시켜주는 것이 아닐까 생각한다. 자신도 알고 있는 지명이나 성씨가 등장하는 이야기가 일본이나 세계의 큰 역사로 이어진다는 사실을 알았을 때, 학생들의 반응은 달라진다. 이런 교재를 어떻게 풍부하게 준비할 수 있을까, 이것이 수업의 성패를 결정짓는다.

학교자료와 수업의 전개 일본사 수업에서는 근현대사학습에 어느 정도나 많은 시간을 확보할 수 있을지를 놓고 고심하게 된다. 예전에는 전근대사를 뒤로 돌리고 근현대사부터 수업을 한 해도 있었다. 그러나 학생들에게서 입시 공부나 모의고사에 대비하기 어렵다는 불만이 나와서 최근에는 전근대사부터 시작하는 형태로 돌아갔지만, 그 경우에는 1학기 중에 최소한 에도시대 중기까지 끝내는 것을 과제로 삼고 있다.

어쨌든 근현대사학습에서 학생들 주변의 가장 가까운 지역교재로서 후쿠치야마고등학교福知山高等學校에 남아 있는 구제 중학교 시대의 기록이나 자료를 이용하는 수업을 시도해보았다. 그때 활용한 주요 자료는 다음과 같다.

- 《후쿠치야마고교 70주년지》(70주년은 1970년이지만 발간은 1973년)에 수록된 기록.
- 〈출정병사 환송일지〉(중일전쟁기의 입영, 출정, 전사·전상자 환송·환영에 관한 학교일지, 그림).
- 〈지나사변, 대동아전쟁 전몰자 일람〉(졸업생 전몰자 167명의 이름, 졸업년도, 계급, 전사 월일과 장소, 전사 내역, 출신 학구 등의 기록).
- 1940년 5월 창립기념일에 있었던 우가키 가즈시게宇垣一成 대장의 강연

기록(교우회지), 동 대장의 휘호 '슈분렌부修文練式',138 〈만몽연구실 설치 취의서〉 및 전시물 일부(유물에는 고구려 호태왕 비문의 탁본과 산해관 문루의 편액 '천하제일관'의 탁본 등 '대륙 발전의 뜻을 기르는' 데 도움이 될 문화재 포함), 1944년 여름부터 패전까지 효고현 아이오이시相生市 조선소의 근로동원을 묘사한 그림 등.

그러면 이것들을 어떻게 교재화할 수 있을까? 한 예로 중일전쟁 수업(2시간)을 들어보자. 통상의 수업 사항에 더해, 위의 자료에서 다음과 같은 사실을 뽑아내 프린트 자료를 작성했다.

루거우차오盧溝橋사건 다음날인 1937년 7월 8일 아침, 모든 교직원과 학생들은 강당에 모여 '국위선양, 황군무운 장구皇軍武運長久' 기원제를 지냈다. 그리고 7월 30일, 여름방학을 맞이해서 교장은 학생과 직원들에게 통지를 보냈다. 그것은 일반적인 정신무장을 위한 훈시뿐만 아니라, 학생들에게는 출정자를 전송하거나 출정자의 빈 집을 지키는 일을 도와주는 체제, 직원들에게는 숙직 중 부府의 공보公報, 긴급 우편물과 전화 등의 주의, 기밀 처리 등 휴가 중 업무에 대한 구체적인 지시를 포함한 것이었다.

또 그날부터 응소자가 출발하는 후쿠치야마역으로 환송을 나가는 일이 시작되었다. 학교에는 이미 1933년에 국방사상 보급을 목적으로 하는 '가쿠난岳南국방연구회'(가쿠난은 후쿠치야마시 북쪽에 높이 솟은 가라스가다케烏ヶ岳), 1935년에 단체훈련과 사회봉사를 목적으로 하는 '후쿠치야마 중학 학우단'이 조직되어, 교내 군국체제軍國體制가 정비되어갔다. 출정자의 환송과

---

138) 학업을 닦고 무도를 익혀서 몸과 마음을 두루 강하게 한다는 의미로, 문무를 겸비한다는 것과 같은 뜻이다.

출정으로 빈 집을 지키는 일을 돕는 것 등은 이 학우단의 학구 지부를 단위로 동원되었다. 또 위문헌금이나 '후쿠치야마중학교 보국 저금'도 실행되었다.

9월 5일, 마침내 후쿠치야마의 보병 20연대도 출정했다. 〈출정병사 환송일지〉에는 다음과 같이 기록되어 있다.

"오후 7시부터 다음날인 6일에 걸쳐 다섯 차례 오노大野 부대[139]가 출정한다. 전교 학생과 직원들은 길가에 늘어서서 낮에는 작은 깃발, 밤에는 붉은 등을 들고 밤을 세워 환송했다."

이날, 20연대 병사 아즈마 시로東史郎도 군중의 환송을 받으며 막사에서 후쿠치야마역까지 행진했다. 그는 당시의 일기를 토대로 《우리의 난징 소대わが南京プラトーン》[140]에서 다음과 같이 기록하고 있다.

"9월 5일 오후 7시, 마침내 나는 몹시도 무거운 배낭을 메고 이를 악물며 행진했다. 대열은 애국의 열성으로 끓어오른 민중에 호응하기 위해 일부러 멀리 돌아서 후쿠치야마역으로 향했다. 이미 우리들의 각오는 확실했다. 그래서 군중도 환호도, 끓어오르는 정열도 냉정하게 맞이하며, 미소를 머금을 정도로 침착하게 바라볼 수 있었다."

일본군은 난징을 목표로 공격했지만, 그 난징을 눈앞에 두고 오노 노부아키 20연대장은 병으로 호송되어 히로시마의 육군병원에 입원했다. 12월 4일, 마쓰다松田 교장은 "하루라도 빨리 완쾌되시기 바람"이라는 내용의

---

139) 당시 제20연대상이 오노 노부아키大野宣顯 대좌였다.
140) 중일전쟁에 참전했던 아즈마 시로가 자신이 쓴 일기를 토대로 일본군이 저지른 난징대학살을 폭로한 책. '한 소집병이 체험한 난징대학살'이라는 부제가 붙어 있다. 난징대학살에 가담한 당사자가 처음으로 사실을 밝혔다는 점에서 그 의미가 크다. 1987년 아오키서점에서 간행되어 큰 반향을 불러일으켰다.

문안 전보를 보냈으며, 오노 연대장에게서 회답으로 "정말 감사드립니다. 경과가 좋습니다. 안심하십시오"라는 전보를 받았다.

그리고 12월 13일에 난징이 함락되어, 20연대는 '선두 입성'이라는 명예를 얻었다. 그 후, 다른 부대가 다음 전장으로 이동하는 가운데, 20연대를 포함한 제16사단은 다음해 1월 하순까지 난징 수비대가 되어, 점령 후 몇 주일 사이에 일어난 이른바 난징학살에 깊이 관여하게 되었다. 난징이 함락된 다음날인 14일, 〈출정병사 환송일지〉에는 다음과 같은 기술이 있다.

"오노 부대 장병에게 다음과 같은 축전을 보냈다.

'난징 입성을 축하드립니다. 무운이 더 오래 계속되기를 기원합니다. 후쿠치야마중학교 직원·학생'."

이 학교의 자료는 아니지만, 이 시기에 같은 단바丹波의 가메오카시龜岡市 오이심상소학교大井尋常小學校에 뿌려졌던 다음과 같은 반전삐라도 소개한다. 그것은 전 소학교 교사였던 히토미 도오루人見亨라는 사람이 뿌린 것이라고 짐작된다(유족은 부정하고 있지만). 그는 특고特高141에 검거되었다. 어쨌든 이 전쟁에 목숨을 걸고 반대한 사람이 있었다는 것을 보여주는 한 예이다. 히토미는 교토에서 신흥교육운동에 참여해, 교육노동자조합을 조직했다가 교직에서 추방된 사람이다.

"여러분, 우리들은 중국을 침탈해서는 안 됩니다. 전쟁을 하는 것은 누구를 위해서일까요? 그것은 지주와 자산가, 관료를 위한 것입니다. 그들은 중국에서 사업을 하여 돈을 벌고 싶어서 '성전聖戰'이라는 터무니없는 명목까지 걸고 우리들을 전장으로 내몰고 있습니다. (…) 선생이 말하는

---

141) 사상 사건을 담당한 경찰. 주로 사회주의자들을 감시, 체포, 조사했다.

것이나 신문에 나와 있는 것만 믿지 말고 스스로 잘 생각해보십시오."

학생들의 반응과 정리 이렇게 해서 극히 일부만 소개했지만, 여러 학생들의 흥미를 끈 자료는 적지 않다. 특히 1937년 9월 22일부터 시작되는 졸업생의 '전몰자 일람'은 학생들에게 깊은 인상을 남긴 것 같다. 학생들이 수업 후 작성한 감상문에는 다음과 같은 내용이 다수를 점했다.

"지금 이렇게 할아버지가 살았던 격동의 시대를 학습하니까, 할아버지의 노고가 얼마나 어마어마한 것이었는지 엿볼 수 있었다. 수업에서 본 전사자 명부 중에도, 어쩌면 할아버지의 친구나 친족이 있을지도 모른다. 그런 생각을 하면 가슴이 아프다. (…)"

"학교라는 조직이 전쟁에 대처해가는 방식이 참으로 무섭다고 생각했다. 후쿠치야마중학교 출신의 죽은 병사들 중에 내가 살고 있는 지역민도 있었다. 전쟁은 나와는 별로 관계없다고 생각했는데, 갑자기 내 주변의 일이라고 느끼게 되었다. 이런 비극이 두 번 다시 일어나서는 안 되고, 또 과거의 잘못을 청산하지 않으면 안 된다고 생각했다."

"전쟁이라고 해도, 후쿠치야마는 히로시마나 나가사키와도 멀리 떨어져 있고, 시골이기 때문에 별로 관계가 없다고 생각했습니다. 그러나 우리들과 같거나 또는 우리보다 나이가 어린 사람들까지 전쟁에 나가게 되었다는 것을 알고 매우 놀랐습니다. (…) 내가 할 수 있는 일은 전쟁에 대해서 더 잘 알고, 더 공부하는 것이라고 생각했습니다."

전쟁이나 군국주의라는 것에 대해서 학생들은 추상적이고 일반적인 이해에 머무는 것이 아니라, 서민의 측에서 본 구체적이고 현실적인 모습을 파악했다는 것을 확인할 수 있다고 생각한다. 그러나 학생들이 쓴 글 중에는 이러한 감상도 있었다.

"일본만 나쁘다고 하는 일방적 견해는 잘못이라고 생각합니다. 난징 사건도 미국이 도쿄재판에서 원폭에 필적하는 전쟁범죄를 조작한 것이라는 의견도 있습니다. (…) 전쟁에는 전쟁 범죄가 따릅니다. 일본뿐 아니라 다른 나라도 일본과 마찬가지였다는 것을 가르쳐야 합니다. (…)"

최근의 선정적인 내셔널리즘 사관의 영향이겠지만, 이런 학생의 의견에는 어떻게 대처하면 좋을까? 이러저런 생각을 해보았지만, 결국은 구체적인 지역교재에서 갖가지 생생한 사실을 보여주고, 전쟁과 군국주의에 대해서 어떻게 파악해야 할지, 자기 자신의 평화에 대한 자세나 살아가는 방식과도 관련지어서 곰곰이 생각하게 할 수밖에 없지 않을까? 전쟁의 현실이 자신들의 조부모에게는 어떠한 모습으로 나타났는지를 자세히 파악하게 되었을 때, 학생들은 전쟁과 평화의 의미를 진지하게 생각할 수 있을 것이다. 수업은 이를 위한 소재를 제공하는 장이다.

8. 푸른 눈의 인형, 환영과 처분

시드니 루이스 귤릭_ 1927년(쇼와 2), 미국으로부터 요코하마와 고베에 푸른 눈의 인형이 잇달아 도착했다. 그리고 히나마쓰리雛祭り142의 3월 3일에 도쿄의 일본청년관에서 1만 2,739개 인형의 환영식이 행해졌다. 그런 다음

---

142) 매년 3월 3일에 열리는 일본의 전통축제. 히나닌교雛人形라는 전통 인형, 떡과 과일 등의 음식을 복숭아꽃으로 장식한 단 위에 올려놓고 딸의 건강과 행복을 기원한다.

전국(당시 식민지도 포함)의 유치원, 소학교에 보내졌다. 일본에서도 답례로 58개의 일본 인형을 미국에 보냈다. 이 교류는 '우정인형'이라고 해서 각지에서 역사의 발굴과 실천이 행해졌다.

이것을 미국에서 제창한 사람은 교사 및 목사로 일본에 20년쯤 살았던 시드니 루이스 귤릭Sidney Lewis Gulick(1860~1945)이다. 귤릭은 1923년(다이쇼 12)에 미국과 일본의 문화이해 및 교류를 목적으로 하는 세계아동친선회를 설립했다. 우정인형은 그 활동 중 하나였다.

지바현에서 행해진 인형의 환영_ 우정인형은 지바현에서는 1927년 4월 23일에 지바사범학교 강당에서 현이 주최하는 환영식을 하고, 그 후 현내 유치원과 소학교에 보냈다. 우노 가쓰코宇野勝子 씨는 이치카와시립 이치카와 소학교市川小学校(현재)의 환영 모습을 《학교가 병사兵舍로 바뀌었을 때》(아오키서점)에서 다음과 같이 소개하고 있다. "환영식은 5월 5일 단오절에 거행되었다. 아동과 수백 명의 학부형이 참가했다. 그 후 열린 전람회는 약 1,000명이 참가하여 성황리에 치러졌다."

필자도 최근 이치카와소학교를 방문하여 《100년사》에 실려 있는 환영식 사진을 보게 되었다. 야마구치현의 소학교에서는 인형 상자, 이름이 적힌 수첩, 환영의 노래, 환영식 식순 등도 있었다는 것을 교장선생에게 들었다. 각지에서 푸른 눈의 인형이 크게 환영받은 모습을 상상할 수 있다.

시부사와 에이이치와 미국 대사의 만남_ 각지에서 우정인형의 역사를 발굴하는 작업(어느 시설로 와서 그 후 어떻게 되었는가, 지역에서 보낸 답례인형은 미국의 어느 시설로 가서 그 후 어떻게 되었는가 등)이 진행되었다. 시부사와 에이이치

澁澤榮一의 출신지인 사이타마현에서는 현립 평화자료관이 애니메이션 〈푸른 눈의 인형 이야기〉를 제작하여 상영했다. 인형을 받는 일본 측 인사의 한 사람이었던 시부사와 에이이치는 답례를 겸해서 미국 대사와 회담을 하기도 했다.

《미일관계위원회 왕복서한》(2)에 의하면, 시부사와는 1927년 4월 9일에 대사관을 방문하여 인형을 관람했다. 3월 3일에 인수식을 하고 그 후 홋카이도와 조선 등을 포함한 각지의 소학교, 유치원에 보내는 취지(각지 외에 식민지 몫으로 319개, 고등사범학교 부속소학교 · 유치원에 6개, 여자학습원에 2개 배포)를 대사에게 상세히 보고했다. 그리고 타운센드 해리스Townsend Harris[143] 기념비 건에 대해서 대화를 나누었다고 기록되어 있다. 이 회담에서는 1924년 미국에서 제정된 배일이민법[144]에 따른 미국과 일본 간의 대립을 조금이나마 해소하기 위한 민간외교 장면을 엿볼 수 있다.

푸른 눈의 인형을 어떻게 대할까?_ 그러나 전쟁이 격렬해지는 가운데 국가총동원법이 제정되고(1938년), 동남아시아와 태평양으로 전쟁이 확대되자, 방송 등에서 '적성어'의 금지와 외래어의 일본어화를 추진했다. 적국에서 만든 푸른 눈의 인형도 환영하던 분위기에서 크게 바뀌어 처분해야 할 대상이 되었다. 전술했던 우노宇野 씨의 연구에 따르면, 지바현에서는 214개 중 남아 있던 것이 10개(약 4.6%)였다.

---

143) 초대 주일 미국 공사. 에도막부와 미일수호통상조약을 체결했다.
144) 일본 이민을 전면적으로 금지한 법령. 20세기 들어 하와이와 미국의 캘리포니아에서 일본 이민이 급증함에 따라, 이를 금지한 법령이다. 일본은 이 법령으로 인해 미국에 대한 일본인의 감정이 나빠지게 되었다고 주장했다. 그러나 일본을 제외한 다른 아시아 국가의 이민은 이미 그 이전에 금지되었다. 따라서 일본이 이 조치에 반발한 것은, 자국을 다른 아시아 국가와 동일하게 취급했다는 데 있었다.

아오모리현의 소학교에서는 아동에게 푸른 눈의 인형이 일본에 오게 된 경위를 설명한 다음, 어떻게 처리하면 좋을지를 놓고 의견을 들었다. 그 결과는 다음과 같았다. "파괴한다 89명, 불태워버린다 133명, 반송한다 44명, 매일 괴롭힌다 31명, 바다에 버린다 33명, 백기를 걸어서 꾸민다 5명, 스파이로 생각하고 조심한다 1명."

이런 조사 결과에 대해서 당시 문부성 국민교육국 총무과장은 "푸른 눈의 인형에 장식을 하여 꾸미는 것은 생각할 수 없다", "형편에 맞게 빨리 모아서 부수든지, 불태우든지, 바다에 던져버리는 것은 찬성한다", "인형의 처리에 대해서 아동의 의견을 구하는 것은 흥미로워 보인다"고 찬성의 뜻을 나타냈다.

푸른 눈의 인형과 교육 · 학교_ 전후 푸른 눈의 인형을 교재로 삼았던 교육실천은 대부분 '전쟁 중의 생활' 항목에서 행해졌다. 같은 인형을 전쟁 전과 전쟁 중에 어떻게 달리 취급했는지를 배울 수 있다. 또한 전쟁 중심의 정책과 생활의 규제 속에서도 인형을 지킨 사람들이 있었다는 것도 배울 수 있다. 그러나 다음과 같은 점도 고려해야 한다고 생각한다.

① 확실히 인형을 지킨 사람들은 있었지만, 교육과 학교가 그때그때 정부방침에 휘둘려서 우왕좌왕했다.

② 중학교와 고등학교에서는 우정인형이 교류된 역사적 배경(1920년대 미일관계, 일본 · 세계)을 파악할 필요가 있다고 생각한다. 환영과 처분 사이에서 역사를 풀어가는 것이다.

③ 1920년대에 모든 지역에서 푸른 눈의 인형은 환영을 받았을까? 환영하는 것을 유쾌하게 여기지 않은 사람도 있지 않았을까? 고레사와 히

푸른 눈의 인형

로아키<ruby>本澤博昭<rt></rt></ruby> 씨의 일련의 연구는 이 문제에도 관심을 갖고 추적했다. 《시부사와 연구》 6호(1993)에는 《만주일일신문》의 투고에 보이는 환영을 둘러싼 찬반 의견이 소개되어 있다(비판적인 의견도 포함해서). 또한 미국과 대등해진 점이 강조되어 인형 교류가 조선반도의 동화정책에 이용되었다는 지적이 있는 것에도 주목해야 한다고 생각한다. 그것은 푸른 눈의 인형의 '빛과 그림자'라고 볼 수 있다.

9. 기관포탄, 문집, 위문 그림엽서

학교에 박혀 있던 기관포탄의 파편_ 지금은 소중히 수납된 몇 개의 쇳조각, 그것은 아타미시립 아지로소학교의 교사<ruby>校舍<rt></rt></ruby> 개축 때 지붕 안쪽에서 발견된 기관포탄의 파편이다. 포탄이 터진 것일까, 큰 힘이 가해진 것일까, 단단한 쇠가 예리한 칼처럼 날카로운 파편이 되었다. 학생들에게 그 원인을 생각하게 한 후에 쇳조각으로 종이를 자르게 했다. 예리하게 잘리는 것을 보고, 쇳조각이 사람에게 맞았으면 어떠했을까 하는 것을 생각해보게 하려는 것이었다. 학생들은 전쟁의 공포를 실감하고 가만히 그 파편을 응시했다.

한편, 《아지로소학교 88년의 발자취》에는 기총소사 속에 "이 아이들과 함께 죽겠다"면서 아이를 안고 방공호에 뛰어든 교사의 체험담도 실려 있다. 이를 소개하면 학생들이 전쟁에 대해 가지는 이미지는 더욱 확대된다. 즉, "성질이 다른 여러 가지 것들을 섞어서 짜맞춘다"는 것으로, 사료에 새로운 생명을 불어넣는 것이다.

문집과 위문 그림엽서_ 그러면 그 학교에서는 어떤 전시교육戰時敎育이 시행되었을까? 여기에서 사용하려는 것은 다음과 같은 실물사료이다. 물론 성질이 다른 것을 짜맞추는 방법을 학생들이 체험하게 하는 것이 포인트이다.

- 쇼와 16년 수료기념 문집《우리의 모습》(아지로소학교, 쇼와 17년 사은회 프로그램)

"나는 동아를 정복한다", "땀과 기름의 근로봉사", "몸을 바쳐 나라를 위해", "필승 필승 필승" 등, 문집에는 졸업아동의 결의가 실명으로 적혀 있다. 프로그램 중에는 군국軍國 가요와 전의戰意 고양극이 눈에 띄는 내용이

부쳐지지 않은 위문 그림엽서
(옛 아타미고등여학교 학생의 작품)

었다. 오늘날과 비교하여 당시에 어떤 교육이 행해졌는지를 탐구해보도록 한다.

그런 다음 시판 중인 자료집 등을 참조하도록 하면, 학생들은 전시교육의 상황에 대해서 열심히 자료를 읽는다.

- 여학생의 전지戰地 위문 그림엽서

그러면 그런 상황에서 학생들은 어떤 생활을 했을까? 거기에서 아타미고등학교에 남아 있는 옛 아타미고등여학교 학생들의 전지 위문 그림엽서를 소개한다. 낙엽 모

으기, 어린 동생의 산발, 큐피Kewpie 인형145 놀이, 아기 돌보기 등 여학생의 일상을 그린 사랑스러운 것이 많다. 그중에서도 놀라웠던 것은 "아무리 기다려도 돌아오지 않을 사람을⋯⋯"이라고 쓰여 있는 엽서 한 장이다. 거기에는 병사의 무사귀환을 바라는 여학생의 마음이 뚜렷이 담겨 있다. 왜 이러한 엽서가 병사들에게 전달되지 않았는지 생각하게 한 다음, 《아타미고교 50년사》의 연표 등에서 전시 학교생활을 찾아보게 한다.

10. 소풍 변화의 역사

학교사료《다가소학교 연혁지》를 활용해서 실천한 '전쟁과 학교' 수업의 일부를 소개해보자. 나는 '소풍의 변화'에 주목해서 다음과 같은 '소풍 빈칸 메우기 문제'를 만들었다. 학생들은 이 문제에 대해 실로 여러 가지 생각을 말해서 교실이 활기를 띠었다.

• 비교해봅시다, 다가소학교의 수학여행과 소풍

〈다이쇼 5년(1916) 5월 5일〉

　　1 · 2학년 아지로, 3 · 4학년 아타미정, 5 · 6학년 유가와라湯河原, 고

　　등과 마나즈루眞鶴.

〈다이쇼 6년(1917) 4월 26일〉

---

145) 어깨에 작은 날개가 달려 있는 어린이 인형. '큐피'라는 이름은 로마신화에 나오는 사랑의 신 큐피트를 연상
　　시킨다고 해서 붙여졌다. 20세기 초 미국에서 처음 만들어져 세계로 확산되었다.

전교 아동 우사미고개^{宇佐美峠}에서 ( ) 찾기. 〈가〉

〈다이쇼 7년(1918) 3월 21일 수학여행〉

6학년생 · 고등과 누마즈^{沼津}1박.

〈쇼와 15년(1940) 3월 18일 수학여행〉

고등과 2학년 요코스카 · 가마쿠라 방면.

〈쇼와 15년(1940) 6월 26일~29일 수학여행〉

6학년생 ( )신궁 등 참배(기원 2600년 기념). 〈나〉

〈쇼와 16년(1941) 9월 26일 강보행군〉

1 · 2학년 아지로 관음^{觀音}, 3 · 4학년 우사미 터널, 5 · 6학년 ( )소

학교, 고등과( ) 서고등학교. 〈다〉

〈쇼와 20년(1945) 5월 4일 소풍〉

공습경보를 고려해서 올해는 이틀로 나누어 시행. 오늘은 짝수 학

년 야마부시 고개^{山伏峠}, 5일은 홀수 학년 야마부시 고개.

〈가〉 = '보물' 찾기. 뭔가 전체 아동이 꿈속에 있는 듯 이런 놀이를 했

다. 데모크라시기의 소풍은 단지 바깥으로 나가는 것만이 아니었다.

〈나〉 = '이세'. 다이쇼 시대에는 누마즈에서 1박을 했으며, 소학교 6학

년 아동이 사흘에 걸쳐 미에현까지 신궁참배를 하러 갔다. 지금의 6학년

생보다 숙박일수가 많다. 물론 아동들이 기원한 것은 병사들의 무운과 황

국의 번영이었다. 고등과가 갔던 요코스카는 잘 알려진 군항으로, 일본해

(동해) 해전에서 대승을 거둔 기념 군함 미카사^{三笠}를 견학하는 것은 정해

진 순서였다.

그런데 이듬해에는 황국민 육성을 목표로 하는 국민학교의 발족에 따

라 소풍은 강보행군強步行軍으로 바뀌었다. 〈다〉의 행선지는 우사미소학교와 이토伊東서고등학교이다. 고학년 아동들은 다가를 출발해서 멀리 떨어져 있는 아지로 고개를 넘어 왕복 30킬로미터가 넘는 길을 걸었다.

학생들에게는 "다이쇼 시대와 비교해서 소풍과 수학여행은 어떻게 변했는가?"라는 질문을 던져, 그러한 사실에 관심을 가지게 한다. 그런 다음에 "그러면 쇼와 20년에 이르면 이러한 강보행군이 다시 소풍으로 돌아간 이유는 무엇일까?"라고 묻는다. 학생들은 공습경보에 주목한다. 적기에 의한 공습 피해를 입지 않도록 분산해서 가까운 곳으로 간 것이 이때의 '소풍'이다. 산이라면 만일의 경우 몸을 숨길 장소도 있을 것이다. 상급생이 하급생과 똑같은 장소로 가는 것은 분명 피난을 할 때 유도해주는 것을 고려했기 때문일 것이다.

보조 발문을 계속하여, 연혁지의 사소한 기술을 다양한 각도에서 읽고 탐구하게 한다. 다이쇼 시대의 '보물찾기'와는 어떤 차이가 있는지도 주목하게 하면, '학교의 전쟁'이 보이게 된다. 여기에서 《다가소학교 100주년 기념지》로부터 전쟁 시기의 연표와 회상기를 뽑아내서 사용하면, 좀 더 구체적으로 전쟁의 모습을 알 수 있다. 전시체험을 한 조부모가 있다면 이야기를 듣고 적어오게 한다.

이렇게 전시하의 학교 모습을 학생과 교사가 밝혀가면, 당시의 생활과 사회를 조사하고픈 의욕이 생기게 된다. 연혁지의 '소풍'을 비교하면서 읽고 탐구하는 데서 학교사료의 또 다른 활용 가능성이 열리는 것이다.

11. 교훈의 유래

'이와시나여, 일어서서'에는 어떤 의미가?_ 시즈오카현 마쓰자키정립^{松崎町立} 이와시나소학교^{岩科小學校}에는 '이와시나여, 일어서서'라는 교훈이 있다. 지금의 학교 현관홀이나, 인접한 국가 지정 중요문화재인 이와시나학교(메이지 13년 창립)의 중정에는 교훈을 크게 쓴 표지판이 있다.

2003년도에 6학년 담임이 되었다. 순수하게 노래나 시를 암창하는 등 생기있게 소리를 내는 좋은 면도 있지만, 혼자서 속으로 이것저것 생각하는 면도 있는 아이들이었다. 그래서 이 교훈을 소재로 지역의 역사를 조사하는 학습을 하기로 했다. 지역의 많은 사람들이 잘 알고 있는 말이므로 이야기를 청취하는 조사가 어렵지 않을 것이라는 장점이 있으며, 나아가 학습을 지역에서 할 수 있다는 것을 깨달으며 자신감을 갖게 될 것이라고 기대했다. 동시에 지역으로 활기가 전해졌으면 좋겠다고 생각했다.

우선 가족이나 주변 분들에게 이야기를 들었다.

"이와시나 아동들이여, 지지 마라, 힘내라", "구사즈모^{草相撲146}의 응원에서 사용된 말이었다. 힘내라!" 등등.

흥미로운 이야기가 차례로_ 이와시나학교의 직원에게서 '이와시나여, 일어서서'의 유래를 개략적으로 들었다. 구사즈모의 동기가 되었다는 것과 힘센 리키시^{力士}의 이름 등을 알았다. 또 지역의 역사를 자세히 알고 있는 아마

---

146) 마을 등지에서 했던 초보자들의 스모.

모토山本 씨를 소개받았다.

즉시 모두 야마모토 씨를 방문했다. 다음은 그때 기록한 메모이다.

- 이와시나는 스모촌이었다.
- 힘센 리키시가 많았다.
- 각지의 신사에서 스모대회가 열렸다.
- 몇 번인가 우승해서 오제키大關가 되어, 젊은 무리의 조직 등에게서 '돈스'라는 게시요마와시化粧回し147를 증정받았다.
- 밭에 도효土俵148를 만들어서 노천스모披露相撲를 했다. 산 하나를 사고 팔 정도의 큰돈이 걸렸다.
- 쇼와 초기에 오제키였던 시게야마 겐키치茂山源吉는 190센티미터의 장신이었다.
- 신사나 공민관에 들돌力石149이 있어서 모두가 힘을 겨루었으며, 자연스럽게 몸을 단련했다.
- '이와시나여, 일어서서'를 교훈으로 정한 것은 다이쇼 시대의 에리카外岡 교장이었다.
- 각자의 '이와시나여, 일어서서'가 있어서 좋다.

매우 흥미로운 이야기가 잇달아 나왔다. 오제키인 마쓰카제松風가 증조부라는 이야기를 들은 M군은 눈이 휘둥그레졌다. K양은 리키시의 사진

---

147) 주료十兩 이상의 스모 선수가 씨름판 의식 때 두르는 앞치마 모양의 샅바. 흔히 비단으로 만들며, 금실·은실로 아름답게 수를 놓는다. 주료는 스모 상위 리그의 아랫 등급.
148) 스모 경기를 하는 원형의 장소.
149) 힘을 재기 위해 들어올리는 돌.

'이와시나여, 일어서서' 표지판(출처: 위키백과일본)

이 실려 있는 자료가 없는지 물어보는 편지를 정장町長에게 보냈다. 이시다石田 씨가 곧 정사町史 편찬실에 있던 것을 복사해서 보내주었다. 특설 스모판에서 오제키 시게야마가 가슴을 펼치고 있는 '최후의 노천스모' 사진이 실려 있었다. "구사즈모가 활발했던 이유를 알 수는 없었다. 구장區長에게 물어보면 돈스150 가 남아 있는 집도 알 수 있을 것이다. 힘내라!"라는 메시지가 첨부되어 있다.

실물 돈스와 들돌이 거기에_ 여기에서 열심히 활동한 분이 계셨다. K양의 어머니였다. 돈스를 보존하고 있는 집을 찾아서 K양과 함께 보러갔던 것이다. 들돌이 근처의 신사에 남아 있다는 것도 알게 되어 즉시 친구들과 함께 보러 갔다. 들돌에는 '60관 남짓'이라고 새겨져 있었다. "눈 하나 까딱 않고", "이렇게 무거운 돌을 들고 걸었다니 믿을 수가 없다"고 경탄하는 아이들에게 어머니는 "내가 어렸을 적만 해도 이런 공부는 없었다. 너희들은 지역애 대해 잘 알아서 좋겠다"고 이야기했다.

이 어머니가 연락을 해서 차례로 모두 시게야마 겐키치의 게시요마와 시를 구경했다. 두꺼운 옷감에 아름다운 금색 자수를 놓은 것이었다. 사진에서 본 돈스가 거의 그대로 남아 있었다. "옷장 속에 있는 것보다는 아

| 150) 수자직繻子織으로 짠 견직물. 수자직이란 날줄보다 씨줄을 많게 무늬를 넣어, 두껍고 윤이 나게 짜는 방식.

이들에게 도움이 되는 편이 좋겠다"고 소유자인 다나카田中 씨가 말했다. "할머니가 '비단을 만지고 그 손을 머리에 대면 리키시의 힘도 옮아온다'고 하셔서"라는 말을 듣고 M군의 눈이 휘둥그레졌다. 들돌이나 게시요마와시의 실물이 아이들의 탐구심에 불을 질렀다.

'이와시나여, 일어서서'라는 가사가 들어가는 이와시나중학교(통합되어서 지금은 없다)의 교가를 배운 사람은 없을까 하고 자기들이 회람판을 만들어서 정보를 모았다.

여기까지 해서 얻은 성과를 정리하여 같은 지역 내의 나카가와소학교中川小學校 6학년생과 본교 1~5학년생을 대상으로 발표했다. '교훈의 의미와 유래', '활발히 열렸던 구사즈모', '들돌 투어' 등의 주제로 퀴즈를 넣거나 버스 가이드 같은 느낌을 풍기기도 하고 가사를 넣기도 하면서 즐겁게 발표했다. 교내에서 발표했을 때는 오제키 마쓰카제의 게이요마와시를 전시할 수 있었다. 역사의 무게를 간직하고 있는 '돈스'를 많은 아동들이 열심히 들여다보았다.

노래로 정리하기ㅣ 회람판은 반향을 불러일으켜, 자세히 알고 있는 분을 소개받기도 하고, 교가를 직접 카세트에 녹음해서 보내준 분도 계셨다. 실제로 교가를 배우려고, 자세히 알고 있는 분을 교실로 초청했다. 아름답고 여유로운 '이와시나중학교 교가', 박력과 유머가 있는 '스모진쿠相撲甚句'151가 교실에 울려 퍼졌다.

아이들은 실제로 중학교 교가를 배우거나 스모진쿠를 듣기도 하는 가

ㅣ 151) 스모 경기를 하기 전에 민요풍의 노래를 부르고 춤을 추는 의식.

운데, 자기들이 스스로 '이와시나여, 일어서서'를 부르고 싶다는 꿈을 키웠다.

대략적인 가사와 곡은 내가 만들고, 아이들은 가사에 적당히 다른 단어를 집어넣기도 했다. '꿈', '소중한 교훈', '보물' 등 처음 해보는 가사 짓기에 즐거워하면서 머리를 짜냈다.

노래를 하면서 중간중간 환성이 터졌다. "발표회를 열고 싶다", "지역의 모든 분들을 초청하고 싶다. 회람판이나 노래로 신세를 졌으니까", "중요문화재 이와시나학교에서는 할 수 없구나." 아이들의 생각이 더욱 부풀어 올랐다. 학습정리와 함께 노래 발표를 할 계획을 세웠다.

학습한 것을 정리하면 분명하지 않았던 것이 분명해진다. "활발하게 벌어졌던 구사즈모를 왜 하지 않게 되었을까?", "어떻게 해서 산을 사고 팔 정도의 돈을 걸고 노천스모를 했던 것일까?" 이런 의문도 서로 이야기했다. 정리하는 중에 과제가 명확해지고, 또 깊이 탐구하게 되었다.

이와시나학교에서 열린 발표회에는 보호자나 지역의 많은 분들, 그리고 관광객도 발표나 노래를 들으러 왔다.

"매우 좋았다. 더 많은 사람들에게 들려주고 싶다", "수확제나 중요문화제 축제에서도 발표하고 싶다"고 넌지시 말하기도 하면서 아이들은 만족한 표정을 지었다.

'이와시나여, 일어서서'는 보물_ 지역의 역사를 말해주는 '실물'을 직접 대하면, 아이들은 눈을 빛내며 조사를 하고 정리한다. 지역의 많은 분들이 돈스에 담았던 생각이나, "옛날을 떠올리는 계기를 만들어주어서 고맙다"는 등의 감사하는 마음도 소중한 것이었다.

10월에는 수학여행으로 도쿄의 료코쿠^{兩國}를 방문했다. 또한 12월에는 지역 음악제에서 전교 아동이 활기 넘치게 '이와시나여, 일어서서의 노래'를 제창해서 큰 박수를 받았다.

'이와시나여, 일어서서'는 아이들의 마음에 뿌리내려 다음 세대로 이어질 것이라고 생각한다. 담임인 나도 아이들과 함께 이와시나의 역사를 들려주는 사람이나 사물에 매료되었던 느낌이 지금도 남아 있다.

'이와시나여, 일어서서'의 노래

1.

옛날, 이와시나는 스모촌이었네

들돌로 몸을 단련했네

구사즈모 응원단장은 일어서서 소리쳤네

큰 소리로 외쳤네

이와시나여 일어서서, 이와시나여 일어서서, 이와시나여 일어서서, 이와시나여 일어서서

2.

오제키가 되면 게시요마와시를 받아서

밭에 만들었던 도효에서 공개했네

스모진쿠에 환호하는 관객들

게이요마와시를 두르고 도효에 올라가

힘자랑하는 리키시들

이와시나여 일어서서, 이와시나여 일어서서, 이와시나여 일어서서, 이

와시나여 일어서서

3.

다이쇼 무렵 젊은 교장선생님

이와시나여 일어서서를 교훈으로 삼았네

이와시나학교의 아동들이여

가슴을 펴고 끝까지 하세

포기하지 말고 끝까지 하세

이와시나여 일어서서, 이와시나여 일어서서, 이와시나여 일어서서, 이

와시나여 일어서서

4.

시간은 흘러서 환성은 사라졌지만

커다란 글자의 표지판이 서 있네

어떤 날에도 모두의 마음에

계속 살아 있는 보물

어떤 날에도 모두의 마음에

계속 살아 있는 보물.

·제2장·
학교 전체에서 공부한다

1. 사무실·서고의 사료를 탐구하다

내가 근무하고 있던 아타미시립 아지로중학교는 창립 50주년을 맞이했지만, 학교의 역사를 기록한 기념지가 없다. 그것을 어떻게 만들까 하는 것이 당시 사친회 특별위원회의 목표가 되었다. 사회과 역사교사가 맡아야 할 일이었다.

"9년간을 의무교육으로 하는 6·3·3·4학제가 마련되고 남녀공학이 시행되게 되었다"(《새로운 사회·역사》, 도쿄서적). 이것은 읽기만 한다면 아무것도 아닌 교과서 서술이다. 그러나 이 문장의 배후에 숨겨진 신제 중학교 창설의 드라마를 나는 나 자신이 근무했던 중학교에서도 알지 못했다. 먼저 사료를 모아야 했다. 내가 주목한 것은 사무실과 서고였다.

사무실의 '발굴'은 교장이 담당하고 나는 서고를 뒤지는 역할을 맡아서 낡은 책들을 일일이 훑어보았다. 먼저 발견한 것은 《시즈오카현 6·3제

건설사》(쇼와 27년, 현 교육위원회 간행)와 《6 · 3제 교육의 초석》(쇼와 25년, 문부성 간행)이라는 두 권의 책이었다.

먼저 《시즈오카현 6 · 3제 건설사》를 조사하니 학교 건립의 전제조건이 열악했다는 것을 잘 알 수 있었다. 전쟁 직후 현이 관할하는 학교에는 7만 평(약 23만 평방미터)이 넘는 이재罹災 면적이 남아 있었다.

현내에서 6 · 3학제를 시행하려면, 이를 원래 상태로 회복하면서 630개 소학교와 함께 306개 중학교를 신축해야 했다. 그렇게 하는 데는 25만 평의 부지와 당시 화폐로 50억 엔의 비용이 필요했다.

그렇지만 국가의 6 · 3제 관련 예산은 당초 쇼와 22년에 7억 엔이었다. 이는 시즈오카현의 필요액에도 미치지 못했다. 다음해인 쇼와 23년에는 43억 엔으로 늘었지만, 24년에는 거꾸로 24억 엔이 삭감되었다. 당시의 '세제개혁', 이른바 도지 라인Dodge line[152]의 영향이었다. 그래서 4년 동안에 물가가 24배나 상승하는 초超인플레이션이 일어나는 가운데 중학교의 건립 부담이 가중되어, 각 지방자치단체에 떠넘겨졌다.

학교 부지의 확보와 교사의 신축은 기존의 국민학교 시설을 이용할 수 있었던 소학교와는 달리 신제 중학교가 특별히 떠안았던 곤란한 문제였다. 그 부지는 시가지 바깥에서 구하는 것 외는 다른 방법이 없었다. 소학교는 시가지에 있는데 중학교가 시가지에 적은 것은 이 때문이다.

지금까지는 실업학교, 고등소학교, 여학교에 구제 중학교, 나아가서는 취직으로 뿔뿔이 흩어진 남녀 소학교 졸업생은 모두 신제 중학교로 모여들었다. 교육과정이나 교과서 등이 있을 리 없었다. 교직원마저 한 명도

---

152) 미국의 은행가로, GHQ의 금융고문인 조지프 도지Joseph M. Dodge가 제안한 전후 일본의 경제안정책. 정부의 재정지출을 줄이고, 세금을 효과적으로 사용하는 방안을 담았다.

없는 상태에서 출발했고, 교직원을 확보할 가망성도 별로 없어 보였다. 6·3학제 시행에 따른 이런 문제 때문에 급기야 자리를 그만둔 시·정·촌장이 현내에서 62명이나 되었다.

그런데 《6·3제 교육의 초석》를 읽으니 이처럼 곤란한 상황에서 우리 아지로중학교가 현내 5개 우량시설 학교 중 하나로 뽑혀 있었다. 왜 그럴까 생각하고 있는데, 사무실에서 마침 교사건립 관련 서류철이 발견되었다. 갱지인 육군 용지에 빽빽이 기록된 〈건설에 관한 특기사항〉을 비롯한 사료들을 읽어가는 사이에 떠오른 것은 다음과 같은 학교건립의 노고였다.

우선, 신제 아지로중학교는 쇼와 22년 4월 1일에 아지로소학교의 건물을 빌려 개교했다. 하지만 그것은 일시적인 것으로, 새로운 교사를 반드시 지어야만 했다.

그 사이에 아타미시가 꺼낸 이야기는 "공동으로 조합을 세워 중학교를 세우지 않겠는가?" 하는 것이었다. 그렇게 하면 건설비나 부지 면에서 아지로정의 부담도 가벼워진다. 그러나 정장町長 무카사 조사쿠向笠長作는 그것을 거절하고 마치町에 하나의 독립 중학교를 신설하는 데 박차를 가했다.

그래서 지금의 아타미시에 속하는 3개 중학교를 창립할 때 들어간 '건설비의 재원' 그래프를 검토해보니 아지로중학교의 경우 기부금이 522만 엔 남짓으로 다른 학교에 비해 상당히 많았다. 자치단체의 재원이 차지한 비율도 아타미중학교가 5%, 다가중학교가 7%인 데 비해 아지로중학교는 36%로 월등히 높았다.

그 이상의 자세한 사정을 알기 위해 내가 생각해낸 것은 아타미시청에 있는 옛 아지로정 의회의 제1차 사료를 찾는 일이었다. 시의 서고에서 빌린 기록을 차분히 읽고 핵심적인 내용이 들어 있는 서류를 복사했다. 사흘 간에 걸친 작업을 끝내고 알게 된 사실은 다음과 같은 것이었다.

먼저, 당시의 기부자 명단에는 일반 기부자 650명, 특별 기부자 45명이 기록되어 있다. 쇼와 24년 당시 아지로정은 897호였으므로, 기부자가 많다는 것과 1호당 평균 1만 8,000엔이라는 많은 기부금 액수에 놀라지 않을 수 없었다(이와 관련하여 당시 아지로중학교 교장의 월급은 950엔이었다). 너무나 부담이 큰 데 대해서 항의하는 의원도 나타났다.

또 《일반세출》을 조사해보니 정町 당국에서 지출한 교육비 비율은 쇼와 23년도의 세출 총액 1,337만 엔의 64%를 차지하고 있었다. 그 대부분이 중학교 건설비였다.

그러나 정민町民들은 이처럼 큰 부담을 견디며 자신들의 학교를 만드는 길로 나아갔다. 쇼와 25년 4월 12일 준공식 당일, 정의회 의장 우치다 다키조內田瀧藏는 여러모로 어려웠던 건설공사를 회고하면서, "중등교육은 학문의 기초이며, 상식의 기초이며, 또한 신사 숙녀의 기초입니다. 우리나라를 재건하는 방향이 평화적 문화국가인 이상, 이제부터 더욱 더 교육의 진흥을 도모해야 합니다. 앞으로 우리 중학교에서 많은 인재가 계속 나오리라 기약하고 기다리겠습니다"라고 말했다.

또한 아지로중학교에서 현에 제출한 〈건설에 관한 특기사항〉에는 다음의 내용이 그에 따르는 것으로 기록되어 있다.

"옛날에는 '어부의 아이들에게 교육은 필요없다'는 교육경시 풍조 속에서 성인이 된 지역민이 이제 아버지, 어머니가 되고 지역의 선배가 되어, 새로운 학교교육의 중요성을 깊이 인식하여 어촌 문화 건설에 큰 기대를 걸고 있다.

착공 후 1년 10개월이 걸린 난공사였다. 낙반 사고로 몸을 다친 노동자, 숭고한 희생자, 구명 밧줄 하나에 몸을 의지한 작업, 식량 부족과 임금 문제로 얽힌 작업 포기와 공사의 지체, 자재의 운반난…… 그러나 마침내 아지로중학교는 건설되어 아지로정의 역사에 빛나는 한 면을 더 쓸 수 있게 되었다."

이렇게 '서고'와 '사무실'에서 '시청'으로 학교사료를 발굴해 나가는 과정에서 아지로중학교 건설의 노고와 당시 지역민들의 생각이 명확히 드러나게 되었다.

2. 학교사를 공부하고 기록하고 표현한다

감동을 한 나는 위에서 언급한 것을 모임에서 열심히 보고했다. 1차사료를 활용한 이야기는 남다른 깊이와 박력이 있었다. 참가자의 대부분인 아지로중학교 OB 회원들은 하나같이 감동한 표정으로 들으면서, 제시한 자료를 뚫어지듯이 들여다보았다.

이렇게 해서 자신들이 다닌 중학교가 왜, 어떠한 경위로 세워졌는지를 알게 되자, 지역의 사친회 회원들이 점차 다양한 자료를 보내왔다. 그중 하나는 쇼와 23년 3월 11일에 열린 '신제 중학교 건립 촉진대회' 기록이다. 거기에는 대회 당일의 발언과 아동의 작문까지 실려 있었다.

나는 독립 중학교 건립이라는 정장町長의 결단을 지역민들이 어떤 생각에서 지지했는지를 그 사료에서 찾아보기로 했다. 사료에서는 다음과 같은 사실을 알 수 있었다.

대회에서는 우선 소학교 6학년에서 중학교 3학년까지 여러 학생들이 자신의 생각을 담아 새로운 중학교의 건립을 호소했다.

"중학교에 입학한다면 무엇보다도 새롭고 훌륭한 교사校舍가 들어섰으면 하고 기도하고 있습니다.…… 중학교건물이 완성될 때까지는 어떤 힘든 노력도 다 하겠습니다."(소학교 6학년 이시바시 사에코石橋サエ子)

"땅이 없고 교실이 없습니다. 그러나 그것은 패전국이 겪는 비참한 상황이어서 어쩔 수가 없습니다. 그래서 우리들도 작년 4월부터 지금까지 약 1년간을 소학교 교실을 빌려서 공부해왔습니다.…… 강당에서도, 음악실에서도, 운동장에서도 마음껏 움직일 수가 없었습니다. 운동회 때도 중학교는 중학교에서 별도로 해야 한다고 생각합니다. 소학교와 함께 하면 어떻게 하더라도 경기를 제대로 할 수 없습니다.

학예회 때도 마찬가지입니다. 전람회 교실이 부족해서 소학교 교실을 빌리는 형편입니다. 새로 만든 책상과 책장 등이 새로운 학교, 새로운 교실 안에 깔끔히 정렬되어 있다면, 얼마나 기분이 좋을까요?…… 여러분, 저희들의 호소를 들어주세요. 중학교가 세워질 때까지는 저희들도 돌을 나르겠습니다. 일상의 작은 것도 절약을 해서 아주 열심히 돕겠습니다."(중학교 1학년 모리노 요시미森野ヨシ美)

이렇듯 순수한 호소를 듣고 감동받지 않을 사람이 있을까? 이처럼 아지로에서는 어른뿐 아니라 아이들도 학교 건설에 참여했다. 그것이 전후 민주교육의 한 표현이었다. 이 아이들의 소리를 토대로 치러진 대회 보고는 다음과 같은 것이었다.

"모든 면에서 볼 때 중학교를 지금처럼 둘 수는 없습니다.…… '1년의 계획이라면 땅을 일구고, 10년의 계획이라면 나무를 심고, 100년의 계획이라면 사람을 기른다'는 속담에도 명확히 나타나듯이, 이번 중학교 건설은 사람을 기르는 장소를 건설하는 일입니다. 이것이야말로 우리 고장 백년의 대계ᐟᵏ라고 하지 않을 수 없습니다. 우리들은 이 백년대계의 기초를 다지는 시운을 가지고 있습니다. 이처럼 뜻깊은 일에 학생, 아동들의 선배로서 무언가 그냥 있을 수는 없는 커다란 책임을 느끼는 것입니다."

여기에서 보고자는 중학교 건설을 '우리 고장 백년대계'로 여기고, 그 역사적 의의를 힘주어 말한 다음 '선배'의 역할을 부여하고 있다. 보고는 더 이어졌다.

"소학교에 동거하는 상태에서 어떻게 훌륭한 교육이 이루어질 수 있겠습니까? 사물에 민감하게 반응하는 아이들의 마음에 자유롭지 못한 느낌을 주는 학교생활…… 이것만으로도 아이들의 마음에 미치는 영향은 크다고 할 수 있습니다.…… 패전으로 무기를 가질 수 없는 국가가 된 우리나라가 무엇을 가지고 발전해서 융성해질 수 있을까요? 오직 하나, 문화국가를 건설하는 길뿐입니다. 이렇게 생각할 때 어떤 희생을 치르더라도 교육제일주의로 나아가지 않으면 안 됩니다."

보고자가 말하는 '우리 고장 백년대계'라는 것은 폭이 좁은 지역주의가 아니다. 자주적인 고장을 건설하는 데서 평화적이고 문화적인 국가를 건설하는 데로 나아가는 출발점으로서의 '대계'이다. 그렇다면 이러한 '교육제일주의'를 관철시키는 과정에서 지역민들은 어떤 '희생'을 치러야 하는 것일까? 이를 보고자는 다음과 같이 밝히고 있다.

"부지를 확보하는 것도, 재목을 준비하는 것도, 우선 돈이 없으면 일을 추진할 수 없습니다.…… 다른 정·촌과 비교해서 매우 작은 고장이고 특별한 자원이 없으며, 더구나 남는 평지가 없어서 부지를 만드는 일도 다른 곳보다 더 어려워, 확실히 각 호가 부담해야 할 비용도 무거울 것입니다.”

중학교 건설의 어려움은 이처럼 미리 예견되었다. 그러나 보고자는 이를 알리면서 다음의 세 가지를 호소하며 그 자리에 모인 사람들의 분발을 촉구했다.

- 자신의 땅에 훌륭한 중학교가 세워진다면, 빈곤한 가정의 아이들도 모두 진학해서 중등교육을 받을 수 있으므로, 몰인정한 생각을 하지 말아야 한다.
- 현재 22살이나 23살의 우리들이 소학교 1학년 학생일 때도 새로운 학교건물이 있었다. 그 기쁨 뒤에는 지역민들의 무한한 노고가 있었을 것이다. 당국이 떠넘겨서가 아니라, 우리들 전원이 '백년대계'를 위해 분발하자.
- 그것은 “우리 뒤를 이을 사람들에게 떠넘기기 않는다”는 한마디를 남기고 전사한 선배들의 기대에 부응하는 후배로서 걸어야 할 애정의 길이기도 하다.

이렇게 해서 '건설 촉진대회'는 고양된 분위기 속에서 끝났다.
“나라를 새로 일으켜야 한다고/ 산을 부수고 골짜기를 메워서/ 만들어 우러러보는 학원에/ 바람은 울어대고 환히 빛나”(제2대 교장 오오카 히로시ᅕ

^{岡博} 작사)라는 아지로중학교 교가 1절은 지금 생각하면 촉진대회를 계기로 미증유의 교육 건설을 완수한 아지로정 사람들의 기개를 표현한 것 같다. 아지로뿐 아니라 이토나 아타미 곳곳에서 주민들은 각지의 '산'을 부수어 자신들의 중학교를 건설했던 것이다. 개교 50주년을 계기로 지역 중학교 건설의 역사를 회고하는 것은, 그 현재를 확인하고 미래를 내다보는 것으로 이어지게 된다.

이처럼 주민들이 제공한 사료에서 알 수 있었던 것을 사친회 모임에서 보고하자, 참석한 사람들은 깊이 수긍했다. 이때 학교사료를 토대로 한 공부는 학교사를 미래에 되살리자는 결의로 이어져서, 이상의 학교사와 제1기생에서 제52기생까지의 회상·기록을 모은 《기념지 아사히자카^{朝日坂}》의 간행으로 결실을 맺었다.

한편, 학생들도 이 공부에 참가했다. 아지로중학교에 부지를 제공한 가문의 이야기, 창설의 어려움, 이전의 학교 생활을 듣고 이해하기 등은 학습발표회에서 선보인 학생극 '아지로중학교의 탄생'으로 이어졌다.

나는 학교사료, 특히 학교 창설기의 사료가 가진 힘이 크다는 것을 새삼 절감했다.

옮긴이의 말

인터넷 뉴스에서는 하루가 멀다 하고 학교 폭력이나 중·고등학생들의 범죄 사실이 보도된다. 학생이 교사를 폭행했다는 이야기도 드물지 않게 찾아볼 수 있다. 이런 뉴스를 접하다 보면 학교는 이제 망가질 대로 망가진 것 같다. 한편에서는 이런 현상이 학생인권조례의 탓인 것처럼 말한다. 학교가 학생지도를 포기하고 있는 것처럼 몰아붙인다. 요즈음 학교 이야기를 듣고 있노라면, 영화 〈말죽거리 잔혹사〉에 나오는 1970년대 학교의 모습은 이제 먼 옛날의 이야기인 것 같다. 그러나 과연 지금의 학교가 1970년대 학교와 얼마나 달라졌을까? 아니 일제하나 해방 직후 학교의 모습과 본질적으로 차이가 있을까? 학생인권조례와 같은 것으로 학생을 풀어놓아서 학교를 망가뜨린 것이라면, 과연 해방 후부터 1970~80년대까지 학교들이 교육적이었는가?

이 책 《학교사로 읽는 일본근현대사》를 읽고 있노라면, 일본이 아니리 오히려 우리 학교의 모습을 떠올리게 된다. 흔히 교육을 말할 때 가장 '비정치적'이 되어야 한다고 한다. "교육의 자주성·전문성·정치적 중립성

및 대학의 자율성은 법률이 정하는 바에 의하여 보장된다"고 헌법은 규정
한다(제31조 4항). 그러나 교육의 정치적 중립성은 그야말로 '헌법 조문' 속
의 이야기이다. 이념이나 체제와 같이 국가의 기간이 되는 커다란 문제는
논외로 하더라도, 학교교육의 내용이나 일상적인 모습 하나하나는 정치
적 변화에 영향을 받았으며, 정책에 따라 달라졌다. 근대 학교제도와 학
교생활이 자리를 잡아가는 과정은 곧 근대국가의 정책적 산물이었다. 그
러기에 학교의 모습을 보고 있노라면, 근현대사의 변화가 그대로 눈에 들
어온다. 이 책은 이를 잘 보여준다.

'학교사'를 통해 근현대사를 읽겠다는 것이 이 책의 취지이다. 학교교육
자체를 다룬다기보다는 학교의 모습을 통해 사회를 읽는 것이다. 그렇다.
학교는 사회의 여러 현상이 복합적으로 나타나는 장이다. 이 책의 내용은
사회의 모습이며, 그 속에서 살아가고 있는 우리들의 모습이다.

내가 《학교사로 읽는 일본근현대사》를 접하게 된 것은 우연한 일이었
다. 나는 역사인식의 차이로 발생하는 갈등을 해소하고자 한국, 중국, 일
본의 역사연구자와 교사, 시민들이 함께 추진한 공동역사교재 개발 작업
에 참여하고 있었다. 이 책에서 교육 부분의 집필을 맡았던 나는, 공동역
사교재 개발 회의차 일본 도쿄에 갔던 길에 자료를 구하기 위해 한 서점
에 들렀다. 그 서점에서 눈에 띈 것이 이 책이었다. 막상 책을 읽기 시작
하자 생각했던 것보다 속도가 빨라졌다. 처음에는 공동역사교재의 일본
교육 부분을 집필하기 위한 것이었지만, 길지 않은 내용으로 구성된 토픽
하나하나는 곧 나를 책 속으로 끌어들였다. 이 책에 나오는 일본 학교교
육의 모습은 곧 우리의 학교였으며, 내가 1960~70년대에 경험했던 학교

모습 그것이었다.

이 책을 흥미 있게 읽은 나는, 근무하는 한국교원대학교 역사교육전공 대학원생들에게 소개했다. 그리고 학교사에 관심을 가지고 있는 사람들을 모아 이 책을 다시 읽었다. 현직 교사가 다수 포함되어 있던 대학원생들도 책의 내용을 매우 흥미로워했다. '매력적'이라고 표현하기도 했다. 이런 과정에서 나는 더 많은 사람에게 소개하고 싶다는 생각을 하게 되었다. 오늘날 우리 학교의 모습이 메이지 시기부터 제2차 세계대전 시기까지 일본의 학교 모습과 얼마나 똑같은지, 그리고 지금도 너무나 당연히 여기는 학교의 모습이 어떤 정치적 목적과 정책의 결과인지 보여주고 싶었다.

근대 교육제도와 학교의 모습은 근대 국가의 '국민 만들기'의 일환이었다. 내가 초등학교와 중학교 때 경험했던 '국민교육헌장 낭독'과 같은 의례나 국민윤리·교련과 같은 정책 과목, 학교 새마을 운동·자연보호운동 등 학생 활동이 국가의 정책에 따른 것임은 잘 알려진 사실이지만, 우리가 너무나 당연하다고 생각해왔던 학교의 일상적인 생활 모습들도 이런 성격은 마찬가지였다. 학교 일과나 수업의 시작과 끝을 알리는 종소리, 수업 시작과 끝에 하는 선생님에 대한 경례, 학생들의 청소, 소풍이나 수학여행, 운동회 등도 교육적 목적이 아니라 국가의 필요에서 나온 정책이었다. 따라서 목적과 정책이 달라지면, 그 성격도 바뀌는 것은 당연한 귀결이었다. 예를 들어 우리나라에서도 착용과 폐지를 반복하면서 많은 논란을 거쳐 지금은 대부분의 학교들에서 입고 있는 교복은 메이지 시기에 군사교련의 목적으로 입기 시작했다고 이 책은 밝히고 있다.

근대 일본의 학교 교육과 생활은 근대교육 형성기와 일제의 식민통치를 거치면서 그대로 한국에 전달되어, 우리의 모습이 되었다. 그리고 해방 후에도 오랫동안 그대로 남았다. 어쩌면 전쟁 직후 GHQ(연합군 최고사령부)의 주도 아래 군국주의적 요소가 상당 부분 철폐된 일본보다 한국의 학교에서 그 모습을 더 많이 찾아볼 수 있을 것이다. 그 때문인지, 이 책에 나오는 학교의 모습은 지금 40대 이상의 사람들에게는 매우 익숙하다. 1970~80년대 한국의 학교에서 쉽게 찾아볼 수 있었던 것들이다.

이 책의 토픽 중에는 한국과 관련된 내용도 여럿 있다. 일본의 한국강제병합이나 간토대지진 당시 한국인 학살을 우리는 한국사 시간에 배워서 안다. 그런데 이 책은 이러한 사건들이 일본 학생이나 교사들에게 어떻게 받아들여졌는지 보여준다. 간토대지진 당시 조선인이 습격한다는 헛소문을 그대로 믿은 일본인 교사가, 천황의 어진영을 목숨을 걸고 지키겠다고 결심하는 모습은 씁쓸함을 넘어서 교육이 가져올 수 있는 오해와 편견의 무서움을 느끼게 한다. 일본이 류큐를 병합하여 오키나와현으로 이름을 바꾼 다음, 오키나와 사람들에게 강요했던 동화와 황민화 정책은 일제 말 우리에게 강요했던 정책과 너무도 닮았다. 그러나 되돌아보아야 할 것은 이 책에 나오는 일본 사회와 교육의 문제점이 한국에서도 그대로 되풀이되었다는 사실이다. 예를 들어 한센병 환자들의 생활과 교육을 다룬 '격리된 교실 ― 젠쇼학원'의 젠쇼학원은 곧 우리의 소록도이다. 일본이 자국에서 행했던 국민 격리정책을 우리나라도 그대로 시행했으며, 한센병 환자를 바라보는 일본 국민의 인식은 우리 국민들의 인식이었다.

그렇지만 우리는 이 책에서 국가의 정책에 순응하는 수동적인 학교교육의 모습만 보는 것은 아니다. 아동 중심 교육과 재미있으면서도 따뜻한 감성을 줄 수 있는 아동용 읽을거리의 창작, 패전 후 어려움 속에서 산골 아동교육에 힘쓰는 교사의 모습, 학교에 다니기 힘든 사람들을 위한 자주 야간중학교를 이 책은 소개한다. 우리는 여기에서 학교의 희망을 본다. 학교교육에 관심을 가진 사람들은 이런 이야기를 들으면서 자극을 받고, 바람직한 학교의 미래를 고민한다.

이 책을 읽는 것을 멈추고 잠시 생각을 하게 만든 것은 '시험의 역사'였다. 우리는 학교교육의 문제점을 지적할 때마다 시험 때문에 부딪히는 한계를 지적하고는 한다. 일본의 근대교육에서 시험제도는 메이지 정부가 학생들에게 한시라도 빨리 서구 문물을 받아들이기 위해 경쟁체제를 도입한 것이다. 메이지 정부에서 '시험'의 결과에 따른 구분은 종래의 신분질서를 대체하는 사민평등의 이념을 구현하는 방식이었다. 그러나 모든 학생이 똑같은 문제에 답을 하고, 그 답을 맞고 틀린 것으로 채점하는 '시험'이라는 형식은 신분질서를 대체하는 또 다른 불평등을 만들고 말았다. 이것이 신자유주의와 세계화라는 사조를 받아들여 학생 때부터 무한경쟁을 강요하는 현재의 학교교육이나 사회체제에 주는 시사점은 무엇일까?

《학교사로 읽는 일본근현대사》는 학교사가 근현대의 역사를 알 수 있는 훌륭한 자료임은 물론, 학생들의 능동적이고 적극적인 역사학습을 이끌어낼 수 있는 소재임을 보여준다. 이 책에 실려 있는 교사들의 수업실천 기록은 우리가 어떻게 학교사를 수업에서 활용할 수 있는지 잘 보여준다.

그런 의미에서 이 책은 역사교사들에게도 좋은 안내서가 될 수 있으리라고 기대한다.

이 책을 읽다 보면 장·절의 구성 형식, 참고문헌이나 각주 등이 통일되지 않은 것들이 눈에 띈다. 내용 서술이나 편집 등에서도 조금은 거친 느낌을 준다. 아마도 여러 사람이 집필을 하면서 충분한 논의와 조정을 거치지 않았기 때문일 것이다. 그렇지만 이 책의 흥미로운 내용과 가치는 이러한 문제점을 충분히 덮을 수 있으리라고 확신한다.

끝으로, 이 책을 간행하자고 제안했을 때 여느 때처럼 쾌히 받아들여준 책과함께의 류종필 대표, 거친 번역투 문체를 가다듬는 것을 넘어서 번역 내용까지 확인하고 바로잡아준 최연희 주간께 깊이 감사드린다. 역자가 잘 알지 못했던 일본 운동회의 경기와 전통놀이의 내용을 알려주고 번역 내용을 확인해준 쓰쿠바대학筑波大學의 고쿠부 마리國分麻里 선생께도 고마운 마음을 전한다. 네 사람의 이름으로 번역한 책을 내지만, 책을 읽는 데 함께 참여했던 대학원생들도 이 책의 공동 역자인 셈이다. 함께 번역을 했지만 만약 오역이나 어색한 부분이 있다면, 애초 이 책을 소개하고 또 번역 내용을 확인한 나에게 책임이 있음을 밝혀둔다. 학교가 좀 더 즐겁고 편안한 사회, 교사와 학생이 함께 어울리고 살아가는 무대, 장차 사회에서 한 사람의 구성원으로 적극적으로 의사결정에 참여하고 자신의 몫을 할 수 있는 인간을 기르는 준비의 장이 되었으면 하는 마음 간절하다.

2012년 12월

김한종

| 집필진 소개 |

역사교육자협의회(이하 '역교협')는 전전戰前 일본의 군국주의 교육을 철폐하고, 올바른 역사의식의 함양과 민주주의, 국제평화를 지향하는 역사교육을 목표로 1949년 7월 일본의 역사학자와 역사교사, 그리고 역사교육에 관심이 있는 학자·교사·시민들이 모여서 창립했다. 창립 이후 역교협은 올바른 역사교육의 실천을 위해 다양한 활동을 벌였다. 일본 교육의 우경화와 군국주의 교육의 부활을 막고 평화교육의 실천을 위한 노력을 계속했다. 이를 위해 우리나라의 〈교육과정〉에 해당하는 〈학습지도요령〉의 개정이 있을 때마다 그 내용을 검토하여 적극적으로 의견을 제시하고 여론을 불러일으켰다. 문부성이 검정제도를 통해 교과서 내용을 통제하는 것을 끊임없이 비판해왔다. 교과서 검정제도의 위헌 여부를 놓고 벌어진 '이에나가家永 소송'을 적극 지원한 것도 이러한 노력의 일환이었다.

창립 이후 역교협은 역사교육자들 간의 교류와 역사교육 실천의 공유를 위해 해마다 일본 각지를 순회하면서 전국 대회를 개최했다. 역교협의 전국대회는 1970, 80년대에는 1,700여 명의 학자와 교사가 참여할 만큼 성황을 이루었다. 또한 역교협은 1954년부터 기관지로 《역사지리교육》을 월간으로 발간하고 있다. 《역사지리교육》에는 일본 정부의 역사교육 정책에 대한 비판과 학교 현장의 다양한 역사수업 실천들이 소개되고 있다. 역교협은 '지역에 뿌리를 둔 역사교육'에 힘을 기울였다. 이는 학생들에게 친숙한 소재를 통해 역사를 가르친다는 취지와 함께, 역사교육이 현실 사회에 실천성을 가져야 한다는 의미였다.

일본 사회가 우경화되고 2000년대 들어 일본 우익의 역사교과서가 간행되자, 일본 국내는 물론 한국을 비롯한 아시아 시민단체와 학계는 그 내용을 비판하고 채택을 막기 위한 운동을 벌였다. 역교협도 이에 적극 참여했다. 이런 과정에서 역교협은 한일 간의 역사분쟁을 해소하고 올바른 역사인식의 공유를 위한 노력으로 한국의 전국역사교사모임을 비롯한 역사교육단체들과 교류를 했다. 한국의 전국역사교사모임과 일본의 역교협이 한국과 일본에서 2006년 공동으로 간행한 《마주 보는 한일사》 1·2(일본판 《向かい合う日本と韓國·朝鮮の歷史》 上·下)는 그 대표적 산물이었다. 2012년 현재도 그 뒤를 이어 공동교재 개발 작업을 계속하고 있으며, 공동수업을 비롯한 수업 교류도 해마다 하고 있다.

아사카와 다모쓰(淺川 保, 야마나시현립대학 비상근 강사): 3부 1장 6

이시이 다테오(石井建夫, 다이토분카대학 문학부 비상근 강사): 1부 4장 8; 3부 1장 8

이치조 미쓰코(一條三子, 사이타마현립 다마가와玉川공업고등학교 교사): 1부 3장 5; 2부 2장 1

이토 겐(井藤 元, 도쿄대학대학원 교육학 연구과 박사과정): 1부 3장 2

이와모토 쓰토무(岩本 努, 릿쇼대학 비상근 강사 *): 1부 1장 1~11, 13; 2장 1, 3(후반); 3장 1, 3,
     4, 7; 4장 2, 3, 9; 2부 1장 1, 3, 4, 7(칼럼)

가토 기미아키(加藤公明, 지바현립 지시로다이千城台고등학교 교사): 2부 1장 7

가토 요시카즈(加藤好一, 시즈오카현 아타미시립 다가중학교 교사): 3부 1장 2~5, 9, 10; 2장
     1, 2

가네자쓰 다카히코(金刺貴彦, 시즈오카현 시모다시립 시모다소학교 교사): 3부 1장 11

가네코 가즈오(金子和夫, 가와구치자주야간중학교 대표): 1부 5장 4

사와노 시게오(澤野重男, 히로시마현 야스다여자고등학교 교사): 2부 2장 2

세키하라 마사히로(關原正裕, 사이타마현립고등학교 교사): 1부 2장 3(전반); 4장 4

다나카 히토시(田中 仁, 교토부립 후쿠치야마고등학교 교사): 3부 1장 7

주조 가쓰토시(中條克俊, 아사카시립 아사카다이이치중학교 교사): 2부 2장 2(칼럼)

도카이린 쓰구오(東海林次男, 도쿄도 오타구립 가이즈카중학교 교사): 1부 3장 6

나가시마 다모쓰(長島 保, 지역사 연구가): 2부 1장 11

니시우라 히로모치(西浦弘望, 나라현 이코마시립 이코마미나미다이니소학교 교사): 3부 1장 1

히와타시 나오야(樋渡直哉, 도쿄도립 샤쿠지이石神井고등학교 교사): 1부 5장 3

호사카 가즈오(保坂和雄, 아사카간호사학교 강사 *): 1부 4장 5; 2부 1장 1(칼럼), 2

마쓰무라 게이이치(松村啓一, 교토부립 라쿠토洛東고등학교 교사): 2부 1장 8, 9

와타나베 겐지(渡辺賢二, 메이지대학 문학부 비상근 강사 *): 1부 1장 12; 2장 2; 4장 1, 6, 7, 10;
     5장 1, 2; 2부 1장 5, 6, 10

(근무처는 2007년 4월 현재, *은 편집위원)

학교사로 읽는 일본근현대사

1판 1쇄 2012년 12월 31일
1판 2쇄 2015년 3월 16일

엮은이 ∣ 역사교육자협의회
옮긴이 ∣ 김한종 외

편집 ∣ 천현주, 박진경
마케팅 ∣ 김연일, 이혜지, 노효선
디자인 ∣ 석운디자인
조판 ∣ 글빛

펴낸곳 ∣ (주)도서출판 **책과함께**
　　　　주소 (121-896) 서울시 마포구 서교동 444-17 덕화빌딩 5층
　　　　전화 (02) 335-1982~3
　　　　팩스 (02) 335-1316
　　　　전자우편 prpub@hanmail.net
　　　　블로그 blog.naver.com/prpub
　　　　등록 2003년 4월 3일 제25100-2003-392호

ISBN 978-89-97735-12-9 (03910)

이 도서의 국립중앙도서관 출판시도서목록(CIP)은
e-CIP 홈페이지(http://www.nl.go.kr/ecip)와 국가자료공동목록시스템
(http://www.nl.go.kr/kolisnet)에서 이용하실 수 있습니다.
(CIP제어번호: CIP2012005904)